한국의
땅
부자들

절대 변하지 않는 부를 축적하는 비결

한국의 땅 부자들

정병철 지음

유노
북스

그들은 어떻게 땅 부자가 됐나?
성공과 실패의 생생한 사례

대한민국에 내 이름으로 된 땅 1평이라도 갖고 싶다!

대한민국에 내 이름으로 된 아파트 1채라도 갖고 싶다!

당신은 어느 쪽인가?

아파트 전성시대 대한민국이지만 조용히 땅을 선망하고 찾고 갖고 싶어 하는 사람들이 있다. 그들은 땅으로 부자가 되겠다는 생각보다 흙과 땅을 소중하게 여기며 땅은 정직하고 배신하지 않는다는 생각을 한다. 땅은 마치 제비가 흥부에게 물어다 준 박씨처럼 안에 무엇이 들어 있는지는 모르지만 갖고 있으면 행복하고 희망이 생기며 언젠가 필요할 때 열어 보면 나에게 큰 행운을 줄 것 같은 존재다.

사람들에게 아파트는 안식처라는 외적 욕구를 만족시켜 준다면 땅은 소유했다는 것만으로 내적 만족을 준다. 그만큼 땅은 갖고 있을 때 든든함을 준다. 금을 갖고 있으면 당장 팔 것도 아니지만 마음의 위안을 받는 것처럼 땅은 사람들에게 그 자체로 위안을 준다. 그리고 처음 땅을 가진 사람들은 무엇인지 모를 설렘과 든든함에 계속 땅을 갖고 싶다는 욕구가 생긴다. 그렇게 땅은 바라만 봐도 든든함을 주는 존재다.

나는 토지 투자와 경매, 두 권의 실전 투자 책을 썼다. 토지 투자에 관한 강의도 전국을 다니면서 하는데 어느 날 강의를 마친 후 독자 한 분과 이런 대화를 했다.

"강사님! 저는 땅에 대한 책도 많이 보고 강의도 찾아 듣는데 여전히 토지 투자를 하기가 두려워요. 어떻게 해야 할까요?"
"책과 강의에 토지 투자를 하는 방법과 절차를 자세히 알려 주는데도 어렵나요?"
"네, 어려워요. 용어도 생소하고 법과 세무, 금융 지식은 봐도 무슨 말인지 모르겠고요. 저는 아무래도 땅 투자와는 안 맞나 봐요. 어떻게 시작해야 할지 막막해요."

그렇다. 이게 토지 투자를 마주한 일반인의 현실이다. 토지 투자를 시작해 보기 위해 많은 사람이 책을 읽고 강의를 듣고 공부한다.

하지만 땅에 관해 공부하면 할수록 점점 더 어렵다는 이유로 중도 포기한다. 그리고 쉬운 아파트 투자로 돌아간다. 이게 현실이다.

시중에 나와 있는 토지 투자 책은 대부분 어렵다. 글을 쓴 사람 입장에서는 어렵지 않지만 글을 읽는 독자 입장에서는 어렵다. 투자 사례도 대부분 두리뭉실하고 자신의 돈 번 이야기에 초점이 맞춰져 일반인에게는 동떨어진 느낌을 준다. 그때 깨달았다.

'아! 좀 더 쉬운 책을 써야겠다. 그리고 일반인이 성공 사례를 통해 토지 투자로 부자가 되는 희망을 가질 수 있도록 하고, 실패 사례를 통해 소중한 재산을 지키고 사기꾼에게 당하지 않는 방법까지 알려주는 책을 써야겠다.'

이렇게 생각하고 이 책을 준비했다. 이 책에는 대한민국 어디에나 있는 땅으로 부자가 되기 위해 땅을 나누고 쪼개고 깎고 메우고 건물을 세워서 5억 원, 10억 원, 100억 원 돈을 번 사람들의 이야기가 있다. 그런가 하면 땅 부자를 꿈꾸며 투자했지만 안타깝게도 땅을 잘못 봐서 잘못 알아서 잘못 사서 발이 묶여 처절한 눈물을 흘린 사람들의 이야기도 있다. 대한민국에서 진짜 부자는 땅이 있다며, 땅부자가 되기 위해 1,000만 원으로 땅 투자를 시작하는 서민들의 이야기가 있다. 그리고 땅 부자가 되기 위해 준비해야 하는 기본적인 방법과 절차도 담았다.

이런 성공 사례와 실패 사례를 통해 토지 투자를 꿈꾸고 준비하는 사람들이 자신감과 희망을 가졌으면 좋겠다. 사람들은 토지 투자가 어려운 걸 알면서도 땅에 대해 궁금해한다. 그 이유는 뭘까? 그것은 작은 돈으로 큰돈을 벌 수 있기 때문이다. 평범한 사람이 부자의 꿈을 꿀 수 있기 때문이다.

집은 1억 원짜리가 100억 원이 되는 일은 없다. 하지만 땅은 1억 원짜리가 100억 원이 될 수 있다. 그것이 바로 토지 투자의 매력이다. 그래서 '집 부자는 없어도 땅 부자는 있다'는 격언이 생긴 것이다. 요즘 집값은 '2025년 1분기 서울 기준 국민 평형 기준이 12억 원'이라고 한다. 과연 서민들이 12억 원짜리 집을 사서 30억 원, 50억 원이 되길 바라며 부자를 꿈꿀 수 있을까? 현실은 평생 12억 원짜리 집 하나조차 장만하기 힘들다.

이런 대한민국의 현실에서 '땅'은 서민들에게 희망을 주는 존재다. 월급쟁이로 열심히 일하면서, 자영업을 하며 열심히 일하면서 모은 소중한 돈으로 땅을 사면 언젠가 부자가 될 수 있다는 희망을 주는 아이콘이 바로 땅이다. 그래서 이 책을 읽는 모든 분이 대한민국에서 땅 부자가 되는 데 조금이나마 도움이 되길 바라며 이 책을 집필했다.

당신도 땅 부자가 될 준비가 됐는가? 그렇다면 지금부터 땅 때문에 웃고 우는 이야기 속으로 여행을 시작해 보자.

차례

1장
땅 부자 혹은 땅 부자 될 사람
: 땅 부자의 마인드

2장
조용히 땅 사고 돈 버는 사람들
: 땅 투자 성공 이야기

4장
땅 부자들의 돈 버는 지혜
: 땅 부자 되는 노하우

1장

—

땅 부자
혹은
땅 부자 될 사람

: 땅 부자의 마인드

왜 한국에서는 땅 부자가
진짜 부자인가?

서로를 너무나 아껴서 도원결의를 맺은 세 친구가 있었다. 서울에서 태어난 세 사람은 열심히 공부해 이름 있는 대학을 졸업하고 1970년대부터 대기업에서 직장 생활을 했다. 어느 날 세 친구는 내기를 했다. 각자 1,000만 원을 투자해 50년 후 가장 높은 수익률을 내는 사람에게 두 사람이 우리나라에서 가장 좋은 식당에 데려가 한턱내기로 한 것이다.

한 명은 삼성전자 주식을 샀다. 또 한 명은 강남에 최초로 분양하는 아파트를 샀다. 나머지 한 명은 명동에 땅을 샀다. 세 사람은 피를 나눈 형제 이상의 친구였기에 모두 그 약속을 지키기 위해서 50년간 투자한 자산을 팔지 않았다. 그리고 50년이 된 2025년 어느 날 세 친구가 드디어 만났다. 그 투자의 결과는 어땠을까?

강남에 아파트를 분양받은 친구는 1,000만 원이 50억 원이 됐다. 삼성전자 주식을 산 친구는 1,000만 원이 100억 원이 됐다. 마지막으로 명동에 땅을 산 친구는 1,000만 원이 500억 원이 돼 있었다. 똑같이 1,000만 원을 투자했지만 50년 후 그 결과는 달랐다.

미국에는 주식 부자가 있고 한국에는 땅 부자가 있다

"여러분 부자 되세요"라는 TV 광고 카피가 히트한 적이 있다. 그만큼 사람들은 '부자'라는 단어를 좋아하고 부자가 되기를 열망한다.

부자가 되는 방법은 다양하다. 부잣집에서 태어나거나 열심히 공부해서 전문직 또는 사업가로 자수성가하면 된다. 아니면 부자와 결혼하면 된다. 그런데 이런 방법은 극히 일부 사람들에게만 해당한다. 서민이 부자가 되는 방법은 무엇일까? 서민이 근로 소득만으로 부자가 되기는 힘들다. 종잣돈(시드 머니)을 만든 후 투자를 통해 자산 가치를 상승시켜야만 부자가 될 수 있다.

부자는 대표적으로 주식 부자와 부동산 부자가 있다. 미국과 우리나라를 비교해 보자.

미국은 대표적인 주주 자본주의 국가로 미국 주식 시장은 세계에서 가장 크며 재테크 투자의 기본이 주식인 나라다. 2025년 초 AI 반도체 기업 엔비디아의 시가 총액이 3조 달러(약 4,100조 원)를 돌파했다. 우리나라 코스피와 코스닥을 합한 시가 총액이 1조 8,000억 달러, 약 2,500조 원이다. 대한민국 전체 상장 주식의 시가 총액보다 엔비디아라는 미국 반도체 회사의 시가 총액이 더 높다. 애플과 마이크로소프트도 시총이 약 3조 달러다.

미국은 부자들이 자산의 대부분을 주식에 투자하고 부자 중에서도 주식 부자가 대부분이다. 미국은 상위 10%의 부자가 미국 주식 시장의 93%를 차지한다. 미국 국민의 40%가 미국 주식의 7%를 보유하고 있으며 나머지 미국 인구의 50%는 주식 투자를 하지 않는 서민이다. 이렇다 보니 부익부 빈익빈이 확실히 구별되는 사회다.

미국은 땅덩어리가 넓다 보니 부동산 투자는 매력이 별로 없다. 말 그대로 희소성이 없어서 일반인에게 투자 대상으로 관심을 받지 못한다. 1928년부터 2023년까지 약 100년간 미국의 연평균 투자 수익률을 비교해 보면 주식은 9.8%, 채권은 4.6%, 부동산은 4.2%다. 비교적 안전하다는 채권 수익률보다 부동산 수익률이 더 못하다.

우리나라는 어떨까? 2014년부터 2024년까지 10년간 연평균 수익률을 비교해 보면 코스피는 3%고 전국 부동산은 5.8%였다. 더 세분화해서 대한민국 시가 총액 1위 삼성전자의 주가와 땅값을 비교해 보자.

1975년 삼성전자가 상장할 당시 수정 주가가 56원이었는데 2025년 2월 8일 기준 5만 3,700원이다(종전 환산 주가 약 265만 원, 배당 이익 제외). 1,000배가량 상승했다. 즉 1975년 삼성전자 주식 10만 원이 현재 1억 원이 된 셈이다.

우리나라 토지 시가 총액은 1964년 1조 9,300억 원에서 2023년 기준 1경 2,093조 원으로 가격이 약 6,000배 상승했다. 1964년 10만 원의 땅이 현재 6억 원이 됐다는 결론이다. 참고로 물가 상승률을 보면 1963년 삼양라면 한 개의 가격이 10원이었는데 2025년 현재 1,200원이다. 약 120배가 오른 걸 보면 삼성전자와 토지의 시가 총액 상승률이 더 실감 날 것이다.

그렇다면 부동산 자산 중 아파트의 결과는 어떨까? 서울의 대표적인 아파트, 압구정동 현대아파트는 1970년대에 국민 평형(이하 국평)의 분양 가격이 865만 원이었고 60평이 1,770만 원이었다. 그로부터 50년이 지난 2025년 국평의 실거래가는 약 48억 원이고 60평은 88억 원 정도다. 재건축이 완료되면 100억 원은 될 것이다. 국평 기준 약 500배의 상승이다.

대한민국의 투자 수익 상승률을 순서대로 정리해 보면 강남 아파트가 500배, 삼성전자 주식이 1,000배, 땅값이 5,000배다. 장기적으로 땅값의 상승률이 가장 컸다. 미국을 보면 땅덩어리가 넓으면 토지의 희소성이 없기 때문에 그만큼 투자 메리트가 감소한다는 사실을 알 수 있다. 대한민국의 땅값은 국토의 면적이 좁고 그 좁은 면적 중 65%가 산지인 대한민국의 특성이 반영된 결과다.

예로부터 우리나라 사람들은 '땅은 거짓말하지 않는다'고 이야기하고 우리나라에서 땅은 삶의 근원이자 부의 상징이며 자산을 늘릴 수 있는 중요한 자원으로 인식됐다. 그래서 '땅 부자'라는 말이 생겼고 기회가 된다면 누구나 땅 투자를 하고 싶어 한다. 아무리 아파트 값이 올라도 '집 부자', '아파트 부자'라는 말은 쓰지 않듯이 여전히 대한민국 사람들에게 땅은 선망의 대상이다.

삼성은 울고 현대는 웃은 '삼성동 대첩' 이야기

땅덩어리가 좁은 대한민국에서 개발이 가능한 제한된 면적의 땅의 가치는 시간이 지날수록 상승할 수밖에 없다는 건 누구나 예측할 수 있다. 부자들이 땅을 좋아하는 이유는 좀 더 확실하다. 땅은 더 이상 생산되지 않아서 수요는 있지만 공급이 없는 상품이기 때문이다. 이것은 마치 골동품이나 명화처럼 더 이상 생산되지 않고 수요만 존재하는 것과 비슷하다. 특히 도심 내 요지에 있어 환금성이 있는 땅은 시간이 지날수록 그 가치가 오를 뿐만 아니라 지키기에도 좋은 재산이 된다.

"땅에 돈을 묻어라."

땅이 '진짜 재산'으로 인정받기 때문에 우리 조상들은 이렇게 말했다. 좋은 땅은 상속돼 집안 대대로 부가 승계된다. 회계에서 감가상각이라는 항목이 있다. 유형의 자산은 시간이 지나면 가치가 하락하는데 그런 자산은 진짜 재산이 아니다. 자동차도 건물도 시간이 지나면 가치가 하락한다. 하지만 땅은 시간이 지나면 감가상각되는 자산이 아니라 점점 가격이 오르는 자산이다.

2014년 9월 현대자동차가 서울 삼성동의 한국전력 부지를 10조 5,500억 원에 사들였다. 그 당시 경합에서 너무 높은 가격에 삼성전자가 포기한 것으로 유명한 일화다.

현대자동차 정의선 회장은 미래 가치를 보고 과감히 베팅했다. 그 결과 현재 그 부지는 약 22조 원의 가치를 지닌 땅으로 평가받는다. 경합 당시에는 '승자의 저주'라는 말이 나올 정도로 과감한 금액이었는데 불과 10년 만에 11조 원 이상의 수익을 본 것이다. 서울의 삼성동은 도시 개발이 완료돼 더 이상 나대지(건물이 없는 토지) 상태의 땅이 없다. 그래서 삼성이 그 후 땅을 치고 후회했다는 뒷이야기가 있다.

이렇듯 위치 좋은 땅은 대체가 불가능한, 완벽한, 진짜 재산이라는 게 증명됐다. 이제 다시 처음 이야기로 돌아가 보자. 주식을 사고, 아파트를 사고, 땅을 산 세 친구의 투자 결과 이야기에서 왜 진짜 부자가 땅 부자인지, 왜 진짜 부자는 땅을 좋아하는지 여러분은 이해될 것이다. 그렇다면 진짜 부자가 되기 위한 땅의 세계로 여행할 준비가 됐는가? 지금부터 본격적으로 땅 부자가 되기 위한 여행을 떠나 보자.

왜 땅 투자가
안전하고 수익도 높은가?

'주식이 좋아? 부동산이 좋아?'는 '엄마가 좋아? 아빠가 좋아?'와 같은 오랜 논쟁거리다. 하지만 현명한 투자자라면 각 자산의 특징을 이해하고 자신의 투자 성향과 맞는 투자를 할 것이다.

앞서 세 친구의 투자 이야기에서 보듯이 삼성전자 주식은 50년간 1,000배 상승했다. 하지만 그 50년간 상장 폐지돼 휴지 조각이 된 주식도 많다. 주식은 고위험 고수익을 추구하는 위험 자산이다. 반면 부동산은 사용 가치와 투자 가치가 결합돼 상대적으로 안정성이 높은 자산이다. 특히 아파트는 사용(주거)을 하는데 가치가 올라가는 특이한 자산이다.

이런 특성은 아파트의 입지와 함께 재건축 아파트와 대지 지분(땅)과의 상관관계를 알아야 이해할 수 있다. 다만 이 경우도 서울과 지방은 지난 50년간 다른 결과를 보였다. 압구정 현대아파트는 지난 50년간 500배가 올랐지만 지방에는 입지에 따라 재건축도 못하는 위치에서 슬럼화돼 가격이 떨어진 아파트도 있다.

건물값은 떨어져도 땅값은 오른다

건물은 시간이 지나면 노후돼 감가상각으로 인해 가격이 떨어진다. 하지만 그 건물이 깔고 앉아 있는 땅은 시간이 지나면 대부분 가격이 오른다. 감가상각되는 건물의 가치보다 땅값이 더 많이 상승하기 때문에 부동산의 총 가치가 상승하는 것이다.

압구정 현대아파트가 대표적인 사례다. 건물은 50년 동안 노후돼 가격이 떨어졌지만 아파트가 위치한 한강 조망의 입지로 인해 땅값이 천정부지로 솟았다. 그 결과 분양 가격 대비 500배가 오른 것이다. 결국 땅이 제 할 일을 한 것이다. 이만큼 안전한 투자가 어디 있겠나?

극단적으로 가정해 보자. 지진이 나서 건물이 무너지면 건물 가격은 0이 된다. 오히려 철거하는 데 돈이 더 든다. 하지만 땅은 지진으로 건물이 무너져도 없어지지 않는다. 그대로 있기 때문에 가치에 전혀 영향을 주지 않는다. 그래서 땅은 다른 자산에 비해서 아주 안전한 자산이다.

부동산 투자의 수익 면에서 아파트와 땅을 비교해 보자. 두 가지 자산 모두 잘 투자하면 돈을 벌 수 있다. 하지만 투자 금액 대비 아파트로 버는 돈이 더 클까, 땅으로 버는 돈이 더 클까? 어느 자산이 더 큰돈을 벌 수 있을까?

압구정 현대아파트를 50억 원에 사서 100억 원에 판다면 50억 원의 차익이 나겠지만 일반인에게 50억 원은 하늘의 별처럼 보이는 금액이다. 설령 그 돈이 있어서 아파트를 산다 하더라도 50억 원의 아파트가 100억 원이 되는 것도 쉽지 않다.

사람들은 아파트를 살 때 그 아파트의 실거래 가격을 보고 산다. 말 그대로 거래되는 가격이 시장에서 정해져 있다. 5억 원짜리 아파트를 1억 원에 살 수도 없고 마찬가지로 50억 원에 팔 수도 없다. 누구나 시장 가격을 알기 때문에 불가능하다. 그래서 아파트는 터무니없이 싼 가격에 사거나 비싼 가격에 팔 수 없다. 경매나 공매로 시장 가격보다 조금 싸게 살 수는 있지만 그래 봤자 정상 가격의 20%에서 30% 낮은 금액에 사는 정도다. 최근의 아파트 경매 낙찰 가격은 거의 실거래 가격의 90% 이상이다. 게다가 권리 분석에서 약간의 위험도 따른다.

모든 사람이 이 사실을 알고 아파트를 산다. 대신 '주변에 편의 시설도 더 들어오고 교통이 더 좋아지고 일자리가 많이 생겨 인구가 더 들어오면 최소한 지금 사는 가격보다 가격이 오르겠지'라는 입지 개선에 대한 기대를 하며 아파트를 산다. 하지만 기대 수익을 10배, 100배씩 잡고 아파트를 사지는 않는다.

10배, 100배의 잠재력을 지닌 시세 없는 투자처

반면 땅은 어떤가? 땅은 '실거래 가격'이라는 잣대를 적용하기 힘들다. 바로 접해 있는 땅도 모양과 형상, 용도, 도로 요건, 크기, 경사도, 조망권, 각종 공법상 제약 등 여러 요인으로 인해 땅값이 2배 이상 차이 나는 경우도 있고, 앞뒤로 접해 있지만 도로가 있는 땅과 도로가 없는 맹지는 땅값이 몇 배가 차이 나는 경우도 있다.

또한 공시 지가와 실제 거래되는 가격의 괴리도 크다. 어떤 사람은 감정 평가 가격은 믿을 수 있는 게 아닌지 묻는데, 땅은 감정 평가 가격이 실제 시세와 다르다. 장부상 가치를 평가한 객관적인 가격은 맞지만 그 가격에 아무도 사지 않는다면 아무 의미 없는 가격이다. 땅은 순전히 '수요와 공급'으로 가격이 결정된다.

그래서 예전에 '알 박기'라는 수법이 나온 것이다. 바둑판 가운데 자리한 흰 돌 하나처럼 개발 행위에 어려움이 생기거나 건축이 힘들어 꼭 필요한 땅이라면 비싸더라도 어쩔 수 없이 매입해야 한다. 그럼 그 땅 주인이 10배를 부르든 100배를 부르든 살 수밖에 없다. 지금은 제도적으로 많이 보완됐지만 민간 개발 사업에서는 아직도 알박기 땅이 존재한다. 그런 땅은 주인이 1억 원에 샀는데 100억 원에 팔 수도 있다.

꼭 알 박기처럼 특수한 상황만 있는 것은 아니다. 정상적으로 땅을 샀는데 그 땅 주변이 신도시로 발표돼 땅값이 10배 이상, 100배까지 뛰는 경우가 지금도 존재한다. 7년 전 제주도 제2 신공항이 발표

됐을 때 자고 일어나니 성산읍 일대 농지 가격이 70배가 뛰어 1억 원짜리 농지가 70억 원에 팔린 사례가 있다.

2023년 3월 용인시 남사읍과 이동읍 주변에 삼성전자가 300조 원을 투자해 반도체 공장을 짓는다고 발표했다. 이후 토지 거래 허가구역으로 묶이는 일주일 사이에 최소 10배에서 50배 사이에 거래된 땅도 여러 필지가 있다. 참고로 토지 거래 허가제란, 땅의 투기를 억제하기 위해 특정 지역을 거래 규제 지역으로 지정하는 제도다.

이렇듯 땅은 아파트와 다르게 시세가 없다. 그래서 땅 투자가 어려운 것이다. 정해진 가격이 없으니 싸게 살 수도 있고 비싸게 살 수도 있다. 또한 싸게 팔 수도 있고 비싸게 팔 수도 있다. 그만큼 희망을 줄 수 있는 자산이 바로 땅이다. 1억 원에 산 땅을 10억 원에 팔 수도 있고 100억 원에 팔 수도 있는 것이다. 실제로 그런 땅이 나오고, 그래서 작은 돈으로도 투자하며 부자를 꿈꿀 수 있다.

세상에 안전하면서 고수익을 주는 상품은 없다고 한다. 그런데 이 말은 적어도 땅 투자에서는 맞지 않는 말이다. 정확하게 이야기하면 '미래에 개발 가능성이 있는 지역의 땅을 여유 자금(소액도 가능)으로 싸게 사서 장기간 보유하면 어느 시점에 큰 수익을 준다'고 말할 수 있다.

그렇다면 어떻게 개발 가능성이 있는 지역을 발굴해서 시세보다 싸게 살 것인가? 이것이 관건이다. 여유 자금과 장기간 보유는 같은 맥락이다. 사용처가 정해진 돈이나 대출을 받아 이자를 내야 하는 돈은 장기간 투자가 불가능한 필요 자금이다. 여유 자금이 있어야만 대출 없이 장기간 투자가 가능하다. 땅은 언제 어느 시점에 개발 호재가 터질지 모르기 때문에 진득이 보유할 각오로 사야 한다.

"소액도 가능하나요?"라는 질문을 자주 받는다. 소액도 가능하다. 1,000만 원으로도 가능하고 몇 백만 원으로도 가능하다. 경매나 공매를 통해서 땅을 구입하면 소액으로도 충분히 투자할 수 있는 물건이 많다. 그러니 땅은 꼭 큰돈이 있어야 한다는 편견을 버리자.

다만 제대로 된 수익과 총액을 감안한다면 여유 자금이 1억 원 정도라면 더 좋을 것이다. 1,000만 원을 투자해서 10년에 10배를 벌면 총액이 1억 원이지만 1억 원을 투자해서 10년 동안 10배가 오르면 10억 원이다. 땅 투자를 할 때는 총액도 중요한 항목이다. 왜냐하면 땅은 한번 투자하면 10년 이상 장기간을 보고 투자해야 하기 때문이다. 만약 장기 투자가 싫다면 단기 투자도 가능하다. 토지 개발을 접목하는 방법이다. 이에 대한 사례는 2장 땅 투자 성공 이야기에서 몇 가지 사례로 다뤄 보겠다.

왜 땅 부자가
베이커리 카페를 차리는가?

몇 년 사이 근교에 대형 베이커리 카페가 많아졌다. 주말에 대형 베이커리 카페에 가 본 사람이라면 이런 궁금증이 들었을 것이다.

'왜 이런 한적한 곳에서 카페를 할까? 카페 규모에 비해 손님이 많지 않은데 카페에 들인 비용을 은행에 넣어 두고 이자를 받는 게 낫지 않나?'

여러분의 생각은 어떤가? 최근 대형 카페는 모든 연령층에서 인기가 있다. 커피뿐만 아니라 다양한 베이커리와 디저트를 팔아서 한 끼의 식사를 할 수 있다. 요즘 트렌드인 대형 카페는 도심 외곽의 넓은 땅에 지어져서 주차 스트레스가 없고 야외 조경 공간도 제공한다. 고

급스러운 인테리어와 개방된 넓은 공간을 제공하는 카페는 다양한 문화 공간으로 자리매김하고 있다. 고객들은 이 공간에서 장시간을 머물며 편안히 휴식과 여가를 즐긴다. 고객의 높은 만족도는 입소문을 통해 신규 고객을 유입시키고 장기 충성 고객을 유치시킨다. 이런 트렌드는 이곳을 이용하는 고객의 입장에서 이야기한 것이다.

그렇다면 반대로 카페 운영자의 입장은 어떨까? 사업을 하는 이유는 돈을 벌기 위해서다. 그렇다면 과연 사업적 측면에서 대형 베이커리 카페는 돈이 되는 사업일까? 모든 대형 카페 사업자가 단지 돈만 벌기 위해 이렇게 투자하는 것일까? 카페를 방문해 본 사람이라면 '이런 곳에서 장사를 해도 과연 돈이 남을까?'라는 의문이 들 수 있다. 화려한 인테리어와 넓은 공간, 분주히 움직이는 수많은 직원에 들어가는 막대한 초기 투자비와 운영 비용을 감안하면 멀리까지 찾아오는 고객이 굉장히 많아야 수익이 나올 것이라는 생각에서다.

고객의 우려와는 상관없이 장사가 잘되고 말고는 카페 사업자에게 크게 중요치 않을 수 있다. 도심의 소형 카페는 대부분 소상공인들이 생업을 위해 상가를 임대해서 운영한다. 하지만 대형 베이커리 카페는 두 가지 이유로 운영한다. 첫 번째는 수익을 위해서, 두 번째는 절세 효과를 위해서다.

대형 카페는 대부분 임대가 아니고 본인이 보유하거나 매입한 토지에 직접 건축해서 운영하는 카페다. 실제로 토지 증여세의 절감을 목적으로 카페를 창업했을 확률이 높다. 이런 절세 효과를 누리고자 베이커리 카페를 창업하려는 수요가 커지는 중이다.

최근 대형 카페의 급격한 증가 추세는 소비 트렌드를 넘어 다양한 경제적 요인이 얽혀 있음을 시사한다. 커피와 빵을 판매하는 대형 카페들은 단순한 음식점을 넘어 자산 관리와 세금 절감 같은 재정 관리의 복합적인 전략의 일환으로 운영되고 있다. '이건 제도를 악용하는 것 아닌가?' 당신은 이런 생각을 할 수도 있다. 다음 사례를 보고 한번 판단해 보길 바란다.

온 가족이 제주도로 내려가 대형 베이커리 카페를 차린 이유

부산시 기장군에는 해안 도로가 멋진 곳이 많다. 부산에서 신발 중소기업을 운영하는 김 사장은 돈이 생기면 땅을 사서 묻어 놓는다. 평소 '땅은 배신하지 않는다'는 신념을 갖고 있는 그는 2010년에 부산시 기장군의 바다가 잘 보이는 땅 1,000평을 5억 원에 샀다. 그렇게 묻어 두고 10년이 지나니 김 사장이 땅을 샀던 곳 인근 일대가 오시리아 관광 단지로 크게 개발돼 놀이공원도 들어오고 대형 아웃렛도 들어왔다. 김 사장의 땅도 값이 크게 올랐다. 5억 원을 주고 산 땅은 10년이 지난 시점에 10배 정도가 올라 50억 원에 팔라는 제의가 심심찮게 들어왔다.

김 사장은 그때부터 고민이 생겼다. 이 땅을 팔자니 양도 소득세가 60% 정도 나오고 자녀에게 증여하자니 땅값의 40% 정도를 증여세로 내야 했다. 그러던 어느 날 사업을 정리하고 가족 전체가 제주에 내려가서 대형 베이커리 카페를 하는 친구가 있어 머리도 식힐 겸 제주도에 여행을 갔다. 그 친구는 카페 운영은 아들에게 맡겨 놓고 골프도 치고 낚시도 다니면서 제주 생활에 너무 만족하고 있었다.

그날 저녁 친구에게 자신이 갖고 있는 땅에 대한 고민을 털어놨는데 친구가 뜻밖의 이야기를 했다. 자신이 제주도에 와서 대형 베이커리 카페를 하는 이유가 바로 절세 때문이라는 것이었다. 땅과 함께 베이커리 카페를 자식에게 가업 승계로 증여하면 세금을 대폭 아낄 수 있다는 세무사의 조언을 듣고 시작했다고 알려 줬다. 친구는 아들에게 땅과 생계 수단인 카페까지 물려줄 수 있어서 합법적으로 절세하는 방법이라고 생각했다.

노는 땅 살리고, 돈도 벌고, 절세하고, 물려주고

빵을 만들어 파는 베이커리 카페는 사업자 유형 중 '제과업'에 해당한다. 제과업은 가업을 승계하면 세금의 일부를 감면받을 수 있는 '가업 상속 공제' 업종이다. 2007년 1억 원에 불과했던 가업 상속 공제 한도는 2025년 기준 최고 600억 원까지 확대됐다. 정부에서 가업을 승계할 때 세금을 깎아 주면서 좋은 사업이 대를 이어 유지되도록 지원하고 있다. 또한 가업 승계 증여 시에는 최고 10억 원까지 증여세가 면제되고 10억 원의 초과분에 대해서는 세율을 10%만 적용한다. 부모님이 돌아가시고 자식이 상속을 받으면 사업을 운영한 기간에 따라 최소 300억 원부터 상속 재산에서 공제해 준다.

이 점을 이용해 땅 주인이 빵과 커피를 함께 판매하는 베이커리 카페를 개업해 운영하다가 자녀에게 물려주면 증여세와 상속세를 크게 아낄 수 있다. 그래서 서울·경기에 대형 베이커리 카페가 많이 생기는 것으로 추정할 수 있다. 유명해진 카페는 부동산 가치도 덩달아 오르며 절세까지 할 수 있어서 부자들 사이에 떠오르는 절세 방법이다.

김 사장 친구가 소유한 제주도 땅값은 약 50억 원이다. 일반 증여를 통해 자녀에게 땅을 주면 증여세가 약 20억 원이 나온다. 반면 베이커리 카페를 통해 가업 승계로 증여하면 증여세를 4억 원만 납부하면 된다. 16억 원 정도의 절세 효과가 있는 것이다.

여기에 더해 땅 위에 건물을 지어 법인을 설립해 베이커리 카페를 운영하다가 가업 승계의 형태로 법인 사업 자체(부동산+사업자)를 넘길 경우 자녀를 직원으로 채용할 수 있다. 그럼 실제로 일하는 자녀에게 급여를 줄 수 있고 자연스럽게 사업 경험을 쌓게 해 가업과 땅을 물려줄 수 있는 훌륭한 절세 플랜이 된다.

다만 가업 승계 특례를 적용받으려면 몇 가지 조건을 갖춰야 한다. 먼저 부모가 베이커리 카페를 주 업종으로 하는 법인을 세워 10년 이상 경영해야 한다. 자녀는 가업 승계 후 5년 동안 직접 카페를 운영해야 한다. 증여일부터 3년 내에 법인 대표 이사로 취임해 5년까지 대표직을 유지해야 하고 그 기간 안에는 1년 이상 휴업이나 폐업을 해서도 안 된다. 부모와 자녀가 최소 15년은 카페를 운영해야 한다는 의미다. 그래서 장기적인 계획을 갖고 접근해야 한다.

이 과정은 부자들이 땅을 통해 재산을 배분하는 형태와 유사하다. 부자들은 늘 장기적인 플랜을 고민하고, 결정하면 천천히 실행하는 특징이 있다.

제주도 친구에게 조언을 받은 김 사장은 부산으로 돌아와서 바로 세무사에게 조언을 구했고 현재는 부산 기장에서 이름만 대면 누구나 알 만한 대형 베이커리 카페를 운영하고 있다. 안 그래도 대학 졸업 후 제대로 된 직장에 적응하지 못한 큰아들을 제과 제빵 학원에 보내서 자격증도 따게 하고 바리스타 과정까지 공부시켰다. 현재는 큰아들이 카페 매니저로 큰 몫을 하고 있다.

참고로 커피만 파는 커피 전문점은 가업 승계 공제 업종이 아니고 '베이커리' 업종만 해당된다. 음식점, 베이커리점, 치킨 전문점, 세차장 등에 한해 특례법이 개정됐기 때문에 증여세를 절감하기 위한 방안으로 이런 대형 베이커리가 생기고 있다.

여러분이 이 사례를 보고 손님이 생각보다 많지 않고 한산한 대형 베이커리 카페를 가 보면 이제는 다른 느낌이 들 수 있다. 물론 모든 대형 카페가 전부 이런 목적을 갖고 운영되지는 않는다. 다만 부자들은 자신의 재산을 보다 안전하고 합법적으로 절세해 온전히 보전하면서 자식들에게 물려주기를 원한다. 같은 세상을 살지만 부자는 다른 방식으로 이 세상을 살아간다.

왜 땅 부자가 되고 싶으면 땅 부자를 따라 해야 하는가?

많은 사람이 '남을 따라 하는 것은 창의적이지 않다'며 모방을 단순히 '베낀다'는 좋지 않은 의미로 받아들인다. 하지만 땅 투자에서는 남을 따라 하는 방법을 권장한다. 더 정확히 이야기하면 땅을 사서 땅으로 부자가 된 사람들의 마인드와 전략, 방법을 따라 해야 성공할 확률이 높아진다.

땅 투자를 할 때는 타인의 우수한 사례를 적극 참고하여 자신의 전략과 성과를 개선하는 것, 즉 벤치마킹을 해야 한다. 여기서 중요한 점은 단순히 모방하는 것이 아니라 성공한 땅 부자들의 땅 투자 사례를 분석해서 자신의 환경과 조건에 맞게 방법을 재창조해야 한다는 것이다. 유의해야 할 점은 땅을 사서 수익을 낸 사람의 경험과 사례를 벤치마킹해야 한다는 것이다.

많은 사람이 땅을 사고 싶을 때 조언을 구하려고 주변의 친구나 지인에게 물어보는 경우가 많다.

"땅은 사기당하기 쉬우니 안 하는 게 나아."
"땅보다는 아파트 투자가 낫지."
"땅은 세금이 많이 나와서 별로야."

선무당이 사람 잡는다고, 술자리에서 소주잔 기울이며 마치 투자 선배인 것마냥 조언하는 그들은 평생 땅을 한 번도 사 보지 않은 사람일 확률이 더 높다. 그들이 땅에 대해서 무슨 조언을 해 줄 수 있을까? 인생에서는 선배일 수 있고 아파트 투자에서는 선배일 수 있지만 땅 투자에는 문외한일지도 모르는 그들에게 조언을 구하는 사람이 의외로 많다.

주변에 소소하게 땅 투자해서 수익을 보는 사람 한두 명 찾기는 그렇게 어렵지 않다. 꼭 부자가 아니어도 좋다. 땅을 사 본 경험이 있고 성공이든 실패든 손해든 수익이든 경험해 본 사람에게 조언을 구해야 한다. 책을 통한 간접 경험도 좋고 직접 투자해 본 사람에게 사례를 들어 보는 직접적인 방법도 좋다. 그렇게 해서 우리 주변에 있는 수많은 땅 부자가 어떻게 부자가 됐는지 그 유형을 분석하고 나와 가장 맞는 땅 투자 방법을 찾아내야 한다.

가장 좋은 방법은 땅 부자와 가깝게 지내며 그들의 사례를 듣고 궁금한 점을 물어보는 것이다. 현재 투자를 하고 있다면 어느 지역에 왜 투자하는지, 왜 이런 투자 결정을 하게 됐는지 밥 한 끼 사면서 그들에게 물어보라.

땅 투자의 신화 강남 최대의 땅 부자 이야기

땅 보는 안목이 너무도 탁월해서 사는 땅마다 안 오르는 땅이 없을 정도로 투자를 잘한 사람이 있다. 바로 삼호그룹 창업자 조봉구 회장이다.

1960년대 정부는 조선 왕실의 재산과 일본인이 남기고 간 재산을 정부 재정을 위해 싼값에 처분했다. 이때 이북에서 내려와 서울에 자리 잡은 종로의 상인이었던 조봉구 회장이 지금의 서울 역삼동과 도곡동 등에 60만 평 정도의 땅을 샀다. 그 당시 강남의 땅은 비만 오면 침수돼 사람이 살기에 좋지 않다고 생각해 정부도 싼 가격에 팔았다. 실제로 그 당시 사진을 보면 강남은 아무것도 없는 허허벌판이었다.

그로부터 10년 후인 1970년대부터 강남이 정부 주도로 개발됐고 조봉구 회장은 순식간에 강남 최대의 땅 부자가 됐다. 조봉구 회장은 서울 강남에 부동산 개발 열풍이 일던 1970년대에 부동산 업계에 신화를 남긴 인물이다. 그는 강남 테헤란로 주변 역삼동·방배동·도곡동과 제주도에 각각 수백만 평씩 땅을 가진 한국 최대의 부동산 재벌이었다. 그렇게 번 돈으로 삼호그룹을 세웠다. 삼호그룹은 1980년대 초반 13개 계열사를 이끌며 한국 재계 순위 9위까지 올라간 대기업이 됐다.

그 당시 '돈병철 땅봉구(돈은 삼성 이병철 회장, 땅은 삼호 조봉구 회장)'라는 소문이 날 만큼 조 회장은 땅 보는 안목이 뛰어났다. 또한 현대건설 정주영 회장과 견줄 만한 건설 사업가로도 유명했다.

땅 부자가 사는 땅 그 옆의 땅을 산 운전기사

조봉구 회장의 운전기사 역시 땅 투자로 큰돈을 벌었다는 일화가 유명하다. 어떻게 운전기사를 하며 땅 부자가 됐는지 물어보니 이렇게 답했다.

"사실 저는 땅에 대해 잘 모릅니다. 그냥 우리 회장님이 사는 땅 옆에 작은 땅을 샀을 뿐인데 부자가 됐습니다. 다 회장님 덕분이죠."

땅 부자가 사는 땅 옆에 있는 땅을 샀더니 자연스럽게 부자가 됐다는 뜻이다. 이보다 좋은 방법이 있을까?

평생 전세 아파트에 살고 있는 사람에게 아파트 투자로 돈 버는 방법을 물어보는 것보다 아파트 매수를 여러 번 해 보고 돈을 벌어 본 사람에게 아파트 투자 방법을 물어보는 것이 확률상 더 낫다. 돈 되는 땅을 사려면 실제로 땅을 사서 돈을 벌어 본 사람에게 조언을 구해야 한다. 지금부터라도 적극적으로 내 주변의 그런 사람들을 찾아보자. 의외로 직장 생활을 하며 짬짬이 시간을 내서 땅 투자를 하는 사람도 있고, 자기 사업에 필요한 땅을 샀다가 나중에 사업보다 땅값이 더 올라 부자가 되는 사람도 있다.

흥미로운 통계가 있다. 보통 땅 부자라고 하면 대대손손 상속받은 땅으로 부자가 됐을 것으로 생각한다. 그런데 대한민국 땅 부자의 80%는 물려받아 부자가 된 게 아니라 자수성가로 땅 부자가 됐다는 사실이다.

왜 부자는 땅으로
재산을 배분하는가?

자수성가 땅 부자들은 어떤 방법으로 땅 부자가 됐을까? 땅 부자도 몇 가지 유형이 있다. 지금부터 땅 부자의 세 가지 유형을 살펴보고 여러분은 어떤 유형으로 땅 부자가 될지 고민해 보자.

농사 짓다 땅값 뛰어 부자 된 사람들

첫 번째, 농사를 짓는 농지로 부자가 된 사람들이다.

2021년 LH 직원의 농지 투기로 세상이 떠들썩했던 적이 있다. 신도시 지정 전에 내부 정보를 알고 농지를 사서 보상받으려다 세상에 알려진 사건이다.

이 사건을 계기로 농지법이 강화되면서 일반인의 농지 구입이 현실적으로 힘들어지고 주말 체험 영농을 목적으로 한 소규모 면적의 농지도 구입하기가 까다로워졌다. 기존에 농사를 짓고 있던 농민은 농지 구입이 더 쉬워졌다. 농지법 강화에 농지 거래가 줄면서 농지 가격이 내리거나 주춤해졌고 농민은 농지를 더 싼 가격에 구입할 수 있게 됐기 때문이다.

땅 부자는 인구가 집중된 수도권에서 많이 나온다. 평생 농사만 짓던 땅이 어느 날 갑자기 신도시로 지정돼 수용되고 보상금이 나오는 경우다. 신도시는 대부분 경사가 있는 임야보다 평평한 농지 지역이 지정되는 경우가 많다.

이런 땅 부자들은 대부분 젊어서부터 농사를 지어서 돈이 생기면 농사짓는 곳 옆에 땅을 사는 방식으로 땅을 늘린 농사밖에 모르는 분들이다. 토지 가격이 올라서 팔라고 부추겨도 오로지 땅만 보고 열심히 농사를 지으며 끝까지 버티다가 어쩔 수 없이 수용돼 보상받고 나온다. 그렇기 때문에 그 금액이 많을 수밖에 없다.

보상을 받아 인근에 대토(공익 사업에 자신의 땅을 수용당한 사람이 일정 요건하에 같은 종류의 땅을 구입하는 것을 대토라고 하며 세금 감면 혜택이 있다) 목적으로 농지를 또 사서 농사를 짓다가 한 번 더 수용과 보상의 과정을 거친 사람은 소위 졸부로 불릴 정도로 몇백억 원대의 부자가 되기도 한다.

농지로 부자가 되는 경우는 수도권만 해당되는 것은 아니다. 이런 사례는 비수도권에서도 종종 찾을 수 있다. 대표적으로 부산시 기장군에 일광면이라는 작은 마을이 있다. 이곳은 불과 10여 년 전만 해도 시골이었는데 지금은 동부산 개발과 맞물려 일광 신도시로 탈바꿈했다.

이곳에서 대대로 농지를 갖고 농사를 짓던 농부들 중에는 한순간 몇십억 원에서 몇백억 원 부자가 된 사람이 많다. 항간에는 벤츠 타고 농사 지으러 가고 차 트렁크를 열면 농기계가 들어 있다는 우스갯소리가 나올 정도로 보상받아 부자가 된 사람이 많이 나온 동네다. 결국 그분들은 한곳에서 열심히 농사를 지은 그 우직함 덕분에 부자가 된 것이다.

우리나라에서는 앞으로도 충분히 이런 사례가 나올 수 있는 곳이 많다. 특히 수도권 농지의 경우는 확률적으로 더 기회가 많다. 보통 이런 분들이 나이가 들어 돌아가시면 농지가 유족에게 상속되는데 주식이나 현금 등 다른 재산으로 상속되는 것보다 땅으로 상속되면 세금에서 많이 유리하다. 땅으로 재산을 배분하면 과세 표준이 낮게 책정되기 때문에 수익과 절세라는 두 마리 토끼를 다 잡으면서 자식들에게 부를 승계하는 효과가 발생한다.

월급쟁이 땅 부자로 은퇴하는 사람들

두 번째, 본업은 따로 있고 틈나는 대로 땅 투자를 해서 부자가 된 사람들이다.

보통의 일반 사람들이 투자하는 유형이다. 본업과 땅 투자는 별개이며 본업은 본업대로 열심히 해서 종잣돈을 모으고 그 종잣돈으로 땅을 산다. 틈나는 대로 토지 투자 공부를 하며 카페나 밴드에서 정보를 공유하고 주말이면 임장을 다닌다. 땅을 좀 더 싸게 사기 위해 경매 학원을 다니고 공동 투자도 한다. 그렇게 기회가 될 때마다 땅을 사고 수익이 나면 팔아서 또 다른 땅에 투자한다.

이런 분들은 농지나 임야보다는 신도시의 택지와 도심 내 환금성이 좋은 땅에 많이 투자한다. 이들은 월급쟁이로 소득이 안정적이고 사회적으로 신용도가 좋기 때문에 대출이 잘된다. 그래서 대출을 활용하여 투자하고 자신이 잘 아는 지역의 택지나 대지를 구입해서 되파는 안정적인 투자를 선호한다.

이런 사람들은 시간이 지나면 지날수록 안정적으로 수익을 내며 부자의 반열에 올라간다. 그리고 이렇게 땅을 사다가 정말 좋은 땅을 합리적인 가격에 사면 오랫동안 보유한다. 때로 그 땅은 팔지 않고 평생 보유하다 상속하는 경우도 있다. 이 경우도 땅으로 재산을 배분하는 결과를 가져온다.

사업 키우며 땅도 키워 부자 된 사람들

세 번째, 본인의 사업과 땅이 연관돼 있는 사람들이다.

투자와 상관없이 자기가 하고 있는 사업에서 필요한 땅을 구입했다가 나중에 땅값이 사업 소득보다 더 많이 올라가는 경우다. 엄밀히 생각해 보면 사업 때문에 땅을 구입한다고 할지라도 사실 나중에 땅값이 오를 가능성을 가정한다고 보는 게 맞을 것이다. "사업을 위해서 땅을 샀는데 나중에 보니 땅값이 올랐네요"라는 말로 아름답게 포장하는 분들도 있지만 실상은 처음부터 땅의 가치를 염두에 두고 구입한다. 운영하는 공장의 물건을 적치할 야적장이 필요해서 인근에 땅을 사고 나중에 땅값이 오르는 경우나 사업체를 운영하다 수용돼 보상을 받은 경우도 이 유형에 해당한다.

잔디를 키워서 납품하는 이 사장이 있다. 골프장을 만들 때 잔디가 많이 필요해서 여기에 대규모 납품을 하고, 일반적으로 단독 주택을 건축하면 마당에 천연 잔디를 깔아 마무리하는데 여기도 납품한다. 또한 각종 조경에서 잔디가 빠질 수 없는 부자재로 많이 사용된다.

잔디는 잡초가 같이 자라면 안 되기 때문에 농약을 많이 사용한다. 따라서 민가가 없는 외진 곳에 농장이 있다. 잔디 농장은 비교적 큰 면적의 땅이 필요하다. 그래야 수확하는 잔디의 양이 많기 때문이다. 최근 들어 조경의 필요성이 커지면서 잔디의 수요가 늘었다. 이 사장은 이미 갖고 있는 땅만 해도 10만 평이 넘는다. 사업을 하다 보니 땅은 덤으로 계속 늘어서 이미 땅 부자가 됐다. 원래 알짜 사업은 남과 하지 않는다. 지금은 사업이 많이 커져서 이 사장의 아들 두 명도 직원으로 일하며 일손을 거든다.

이렇게 사업과 연계한 땅은 나중에 가업 승계 방식을 통해 상속되면 세금 혜택이 많다. 땅만 물려주는 것이 아니라 사업에 땅을 포함해 물려주는 방식이다 보니 여러 가지 세금 혜택이 있다. 일반적으로 상가 또는 오피스텔을 '포괄 양수도' 방식으로 계약한다. 이렇게 계약하면 임대 사업을 부동산과 포함하여 포괄적으로 넘겨서 부가세를 내지 않아도 되는 장점이 있다. 부가세만큼의 금액을 줄일 수 있는 합법적인 방법이다. 사업과 땅을 같이 물려줌으로써 땅으로 재산을 배분하는 효과를 낼 수 있다.

이 세 가지 유형이 땅 부자 유형의 전부는 아니다. 대표적인 경우만 소개한 것이고, 땅을 사서 부자가 된 유형은 더 많다. 중요한 점은 부자들은 땅을 통해 자신의 후대가 조금 더 안정적으로 살기를 바라고 그런 삶을 위해 땅으로 재산을 배분한다는 것이다.

보통 아파트나 주택은 상속 후 3개월 이내에 처분하는 비율이 70%가 넘는다. 반면 땅은 상속 후 1년 이내에 처분하는 비율이 10%가 되지 않는다. 땅은 단기간에 처분하기도 쉽지 않지만 그만큼 물려주는 입장에서는 재산을 지키고 부를 오랫동안 유지하는 효과도 있다. 그래서 부자는 땅으로 재산을 배분한다.

재벌집에서 태어나 강남 땅을 상속받는 사람은 극히 소수다. 대부분은 자신의 노력으로 종잣돈을 모아서 투자하거나 사업을 통해 번 돈으로 땅을 사서 수익을 내고 또 그 돈으로 땅을 사는 방식으로 땅 부자가 된다. 어느 땅 부자가 했던 말이 뇌리에 남아 있다.

"땅은 사는 자산이지 파는 자산이 아니다."

그래서 그분은 한번 사면 팔지 않는다는 생각으로 땅을 산다고 했다. 실제로 차곡차곡 사 모을 뿐 땅을 팔지 않는다. 그렇게 할 수 있는 이유는 무리하지 않고 자신의 능력 안에서 땅을 샀기 때문이다. '땅은 배신하지 않는다'는 믿음이 있기에 가능한 일이다.

왜 땅 부자는 땅보다
사람을 먼저 연구하는가?

사람들이 부동산 경매를 하는 이유는 부동산을 시세보다 싸게 사기 위함이다. 단돈 1원이라도 남들보다 더 써야 하는지 연구하고 입찰해서 경쟁자를 물리쳐야 비로소 싸게 살 수 있는 게임이다. 경매는 협상할 대상이 없다. 그러므로 위험을 잘 분석해야 한다. 위험은 경매 물건의 감정 평가 가격을 맹신하여 시세 조사의 착오로 시장 가격보다 높게 사는 위험이 있고 권리 분석의 실패로 입찰 보증금을 날리는 위험이 있다.

부자들도 경매를 할까? 당연히 부자들도 경매를 통해 부동산을 산다. 다만 그들은 경매뿐만 아니라 공매와 일반 매매로도 부동산을 산다. 경매와 공매는 합법적으로 부동산을 시세보다 싸게 살 수 있다는 장점이 있다. 하지만 내가 원하는 지역, 원하는 물건을 선택할

수 있는 것이 아니라 사건으로 나온 물건 중에서 투자할 만한 물건
을 선정해서 투자해야 한다. 그리고 권리적 위험 등을 분석하는 과
정을 거쳐야 한다.

아파트에는 있는데 땅에는 없는 것

일반 매매는 이런 위험성이 없지만 시세보다 싸게 사는 데도 한계
가 있다. 아파트는 실거래 가격이 공시돼 누구든지 실제 거래되는
가격과 시세를 비교적 정확하게 알 수 있다. 그래서 아무리 급매라
하더라도 시세의 10% 이상 싸게 파는 경우는 거의 없다. 그래서 부
동산은 싸게 내놓으면 금세 팔린다.

땅은 어떨까? 국토 교통부에서 고시하는 실거래 가격이 있는데 아
직까지 시장에서는 그 가격을 신뢰하지 않는다. 왜냐하면 땅은 실제
현장에서 아직도 양도세 회피 목적의 다운 계약(실제 가격보다 낮게
계약하는 것)이나 업 계약(양도세 감면 농지의 경우 세금 부담이 없
어 계약 금액을 높여서 계약하는 것)을 하기도 한다. 따라서 공시되
는 실거래 가격을 100% 신뢰할 수 없다.

아파트는 층수와 방향과 조망권 등 개별 요인을 뺀 나머지 조건은
동일 면적에 동일 구조이기 때문에 거래 건수가 많을수록 거래 가격을
신뢰할 수 있다. 하지만 땅은 바로 옆에 붙어 있는 땅도 가격이 2배 이
상 차이가 날 수 있다. 용도 지역, 지목, 행위 제한 등 공법적 요소도
다르고 크기, 형상, 도로 조건, 방향, 경사도 등 무수히 많은 개별 요

건에 의해 웬만한 전문가도 땅의 가치를 평가하기 쉽지 않다. 이런 땅을 일반인이 살 때 가격이 싼지 비싼지 어떻게 평가할 수 있겠는 가? 그래서 아파트와 다르게 땅은 감정 평가 가격을 실제 거래되는 시세로 보기 어렵다.

결국 땅은 매도인과 매수인의 의사가 합치하는 지점의 가격이 거래 가격이 된다. 땅 주인과 협상해서 얼마든지 싸게 살 수도 비싸게 살 수도 있는 것이다. 부자들은 땅을 살 때 협상에 능수능란하다. 그들은 마음에 드는 땅을 발견하면 땅 주인과 심리 싸움을 해서 싸게 산다.

싸게 사고 싶고 비싸게 팔고 싶은 것이 사람 마음

그렇다면 땅 주인의 심리는 어떨까? 매도인의 입장에서 살펴보자.

가령 개발 가능성이 있는 땅을 10년 보유한다면 팔 수 있는 타이밍은 두 번에서 세 번 온다. 그 타이밍이 왔을 때 잘 판단해서 팔아야 한다. 상담을 하며 만난 많은 땅 주인이 상담에 앞서 제일 많이 하는 말이 있다.

"몇 년 전에 평당 100만 원에 팔라고 해도 안 팔았던 땅인데…."

땅 주인은 과거의 생각에 사로잡혀서 그 가격 이하로는 팔기가 힘들다. 설령 그때는 얼마를 준다고 했는데 지금은 그 가격보다 더 낮게라도 팔고 싶다고 해도 이미 한 번 타이밍이 지난 땅은 다시 그 타이밍이 올 때까지 기다려야 한다. 땅 주인이 돈이 필요해서 땅을 파는 상황이라면 땅 주인은 '을'이 될 수밖에 없다.

덧붙이자면 몇 년 전에 평당 100만 원에 팔라고 했다는 말도 어떤 상황에서 나왔는지 냉정하게 판단해야 한다. 많은 땅 주인이 호가와 실제 거래 가격을 혼동한다.

예를 들어 어떤 사람이 찾아와 "혹시 땅 팔 생각 없습니까?"라고 이야기했다고 하자. 땅 주인은 보통 "얼마를 줄 겁니까?"라고 물어본다. 이때 상대방이 "평당 70만 원에서 100만 원 정도 생각합니다"라고 했다. 땅 주인은 자기가 원하는 가격 범위라고 판단하면 "한번 생각해 볼게요"라고 말하고 곰곰이 생각한다.

여기서 중요한 포인트는 분명 '평당 70만 원에서 100만 원'이라고 했는데 땅 주인의 머릿속에는 70만 원은 온데간데없고 100만 원만 있는 것이다. 반면 땅을 팔라고 물어본 사람의 머릿속에는 100만 원은 없고 70만 원만 있다. 아니, 정확히 이야기하면 70만 원에서 더 깎을 생각을 하고 있을 것이다. 만약 이런 상황에서 잘 협의돼 본격적으로 협상을 하더라도 계약으로 이어질 확률은 20%에서 30%밖에 안 된다.

만약 이 계약이 안 됐을 때 땅 주인은 어떤 생각을 할까? 다음번에 또 이런 상황이 오면 그 사람에게 이렇게 이야기한다.

"내가 예전에 평당 100만 원까지 팔라는 제안도 받았지만 안 팔았는데…."

  땅 주인들 대부분이 갖는 환상이다. 상대방이 그냥 던져 본 상한선의 가격 '평당 100만 원'을 땅 주인은 '내 땅의 가치'라고 인식해 버리는 것이다. 순전히 착각이다.

땅에 시세는 없지만 타이밍은 있다

  부자들은 이런 땅 주인의 심리를 알고 이를 이용한다. 이런 심리를 가장 잘 이용했던 부자가 바로 삼성의 이병철 회장이다. 이병철 회장의 사례는 2장에서 소개했다.

  부자들은 땅에 정해진 시세가 없다는 걸 알고 있기 때문에 본인의 이야기는 최대한 자제하며 땅 주인이 많은 말을 하도록 유도한다. 그 말 속에서 땅 주인의 현재 상황을 유추해 현재 땅 주인이 얼마나 급하게 돈이 필요한지, 이 땅을 얼마까지 팔 것인지 수 싸움을 한다. 그리고 땅을 살 듯 말 듯한 태도로 땅 주인을 애타게 만든다. 왜냐하면 부자들에게는 '시간과 돈'이라는 큰 무기가 있기 때문이다.

  반대로 이야기하면 시간과 돈이 땅 주인에게 유리한 타이밍도 있다. 그 땅이 개발로 인해 수요자가 몰리고 팔 땅이 귀한 시기가 왔을 때는 땅 주인이 '갑'이 된다. 이것은 마치 서울 아파트값 상승기에 집 주인들이 집을 거둬들이고 하루 사이 가격을 몇 억 원씩 올리는 현상과 비슷하다. 땅은 그 현상이 더 심하다. 그래서 그런 타이밍이 왔을 때 튕기면서(가격 협상 주도권을 매도인이 갖는 것) 땅을 판다. 웬만한 조건은 땅 주인에게 유리하게 해서 팔 수 있는 것이다.

그래서 부자는 땅보다 사람을 먼저 연구한다. 10억 원짜리 아파트는 일반 매매에서 5억 원에 절대 살 수 없다. 하지만 10억 원짜리 땅은 때에 따라서 5억 원에 살 수도 있다. 그게 바로 땅의 매력이다. 잊지 마라. 땅 투자는 시간과 돈이 있는 사람이 돈을 버는 게임이다.

왜 부자가 풍수지리 명당터를 더 따지는가?

"왕이 되려는 자, 명당을 차지하라. 두 임금을 배출한다는 천년의 명당 가야산 가야사를 차지하라."

영화 〈명당〉에 나오는 유명한 대사다. 이 영화를 본 사람은 '대한민국의 명당은 어딜까?'라는 호기심이 들 것이다. 명당이란 '운명을 바꿀 수 있는 땅의 기운'이다. 실제로 흥선대원군이 자신은 왕이 되지 못한다는 사실을 깨닫고 몰락한 왕족이지만 자손(고종, 순종)들이 왕이 될 수 있기를 바라며 명당을 찾아 자신의 묫자리를 일찍 만들고 왕이 될 명당을 차지하려고 한 이야기를 영화로 만들었다. 가야사를 불태운 역사 실화를 바탕으로 했으니 실제로 가야사는 명당의 터인 것 같다.

부자들이 모이는 대한민국 대표 명당 네 곳

풍수지리상 서울에서 가장 명당은 어디일까? 잘사는 동네를 상상해 보라. 부자들이 땅의 기운을 밟고 사는 곳을 상상해 보라. 풍수지리를 잘 모르는 사람도 알 만한 곳이다.

첫 번째, 서울에서 가장 명당 '영구음수형(靈龜飮水形)' 길지는 바로 한남동이다.

대한민국 재계 서열 3위까지 총수의 저택이 이곳에 있다. 북쪽으로 남산과 매봉산을 등지고 남쪽으로 한강을 내려다보는 전형적인 배산임수의 남향 땅에 거북이 물을 마시러 내려오는 형태의 영구음수형 길지, 그래서 알을 어마어마하게 낳는 거북이처럼 대대손손 돈이 어마어마하게 쌓이는 땅이 바로 한남동이다. '한남더힐', '나인원한남' 등 대한민국 최고가의 아파트가 이곳에 있는 게 우연은 아닌 듯하다.

두 번째, 강북에 한남동이 있다면 강남에는 '복치형(伏雉形)' 명당 압구정동이 있다.

풍수지리에서 산과 물이 명당터에 큰 영향을 미친다. 압구정동은 한강이 삼각형의 뾰족한 부분을 감싸 부의 기운이 모이는 모양에 한강 너머 위치한 응봉산의 기운을 피해 납작 엎드린 꿩의 형태인 땅이다. 대한민국 대표 부자 아파트 압구정 현대아파트가 여전히 상류층이 거주하는 단지로 자리매김하고 있는 이유가 바로 이곳이 명당이기 때문이지 않을까?

세 번째, 정치적인 요소를 배제하고 보면 수도권에서 내로라하는 명당이 바로 판교 대장 지구다.

이곳은 풍수지리상 용이 물을 찾았다는 '비룡심수형(飛龍尋水形)' 명당이다. 태봉산이 둘러싸고 물의 입구가 산으로 둘러싸여 기운이 나가지 않는 전형적인 배산임수의 주거지로 최고의 입지다. 그래서 판교 대장 지구 북쪽에는 기업 회장이 많이 거주하는 고급 빌라가 자리 잡고 있다.

네 번째, 최근 연예인들이 많이 선택하는 명당으로 경기도 구리 아치울 마을이 있다.

행정 구역상 경기도 구리지만 서울 생활권이다. 아치울 마을은 남쪽으로 한강이 있고 마을 안에 아치울천이 흘러 이중으로 물이 있는 형상인 데다가 아차산과 용마산, 망우산으로 둘러싸여 있어 풍수지리적으로 배산임수의 명당으로 꼽힌다. 트리플 역세권, 더블 역세권에 비유하자면 트리플 배산에 더블 임수의 명당이다. 최근 배우, 가수, 스포츠 스타 등 유명 인사들의 이주 소식이 자주 들리는 명당 중의 명당이다.

최첨단 AI 시대지만 부동산 가격을 보면 배산임수의 입지로 풍수지리상 명당이라는 곳의 가치가 입증되고 있다. 아치울 마을을 보면 아직까지 우리나라에 명당이 많이 존재하는데 어느 시점에 주목받을지 알 수 없기 때문에 명당에 위치한 땅을 갖고 있다면 언젠가는 빛을 보게 될 것이라는 생각이 든다.

배산임수 명당의 현대판 재해석

예로부터 우리나라는 풍수지리를 믿었고 땅을 선택할 때 중요한 요소로 생각했다. 풍수지리를 중요하게 생각하는 이유는 기후와 연관이 있다. 우리나라는 북반구에 위치해 있어 편서풍의 영향을 많이 받는다. 그래서 겨울에는 북서 방향에서 찬바람이 불어오고 여름에는 남동 방향에서 따뜻한 바람이 불어온다. 이런 지리적 위치로 인해 북쪽 방향에 산이 있으면 겨울에 찬 바람을 막아 주고 남쪽 방향에 물이 있으면 여름에 뜨거운 바람이 식어 시원한 바람으로 바뀌는 배산임수형 형태의 땅이 좋은 땅으로 인식됐다.

나는 업무 특성상 국내선 여객기를 자주 이용하는데 항상 창가 자리를 예약해 하늘에서 땅을 바라보며 산과 평야, 강과 호수를 기점으로 어떻게 도시가 형성돼 있는지 유심히 살펴본다. 그리고 향후 어떤 지형에 신도시가 들어설지, 또 수도권 상공에서 가장 도시가 생기기 쉬운 지형과 배산임수의 지형을 두루 살펴본다.

예전에 동탄 신도시가 생기기 전 하늘에서 봤던 동탄은 산이 있고 지형이 넓은데 도시 가운데로 경부 고속 도로가 지나는 형태여서 도시가 생기면 참 좋을 형상이라고 생각한 적이 있다. 몇 년 뒤 동탄이 신도시로 지정됐고 지금은 경기 남부의 대표 도시로 성장했다.

　과거의 명당과 현재의 명당에서 배산임수는 의미가 다르게 해석될 수 있다. 배산임수가 예전에는 '산과 물'이라는 고정된 자연만을 의미했다면 현대에는 바람을 막아 주는 인공 구조물을 산의 역할로 해석할 수도 있고 물을 '흘러가는 흐름'이라는 의미로 재해석할 수도 있다.

　즉 물의 의미는 '자동차가 막힘 없이 지나는 흐름인 도로'일 수도 있고 '지하철 노선이 뚫려 열차가 물길처럼 지나는 흐름길'로도 해석할 수 있다. 21세기 명당은 꼭 산과 물을 보고 배산임수를 판단하는 게 아니라 도심 내에서도 존재한다는 사실이 흥미롭다. 지하철 역세권의 부동산 가격이 비싼 이유도 지하철 자체가 원활한 흐름을 말하는 배산임수의 물의 역할을 하기 때문일지도 모른다.

　부자들은 풍수지리를 염두에 두고 땅을 사는 경우가 많다. 그들 옆에는 풍수지리를 조언해 줄 전문가가 많다. 그런데 꼭 풍수지리 전문가가 돼야 좋은 명당을 볼 수 있는 것은 아니다. 몇 가지 중요한 점만 알면 일반인도 얼마든지 명당이 될 만한 땅을 찾을 수 있다.

　풍수지리에서 말하는 명당은 '배산임수', 뒤에 산이 있고 앞에 물이 있는 땅이고, '북좌남향', 북쪽에 자리 잡고 있으며 남쪽 방향을 보는 땅이다. '북고남저', 북쪽이 높고 남쪽이 낮은 땅이고, '전착후관', 앞쪽 입구는 좁은데 뒤쪽 안으로 들어가면 넓은 땅을 말한다.

남쪽에 가리는 것 없이 트여 있어 주변을 내려다볼 수 있다는 것은 하루 종일 햇빛이 잘 든다는 의미다. 지역이 높은 땅이라는 것은 비가 왔을 때 침수될 우려가 적고 배수가 잘된다는 뜻이다. 이 내용을 종합해 보면 약간 높은 지대에 위치해서 북쪽 산을 뒤로하고 남향에 물이 보이고 앞이 트여 있는 땅이 바로 명당이라는 의미다.

사실 이런 땅은 우리 주변에 어렵지 않게 찾을 수 있다. 바로 '오래된 묘'가 있는 땅이다. 차를 타고 지나다 보면 양지바른 곳에 자리 잡고 있는 묘를 어렵지 않게 볼 수 있다. 우리 조상들은 자손이 더 잘되길 바라는 마음에서 조상의 묘를 명당에 묻었다. 묘지를 사서 이장하고 부자가 된 사례가 있는데 어쩌면 그 땅이 명당이기 때문에 부자가 됐을지 모른다는 생각이 든다.

과거의 명당과 현재의 명당, 해석에 차이는 있어도 좋은 땅을 사고 싶다는 생각은 부자나 일반인이나 다 똑같지 않을까?

왜 돈 많은 부자가
신도시 외곽 땅을 사는가?

10년 차 공인 중개사로 수도권에서 토지 전문 부동산을 운영 중인 지인이 나에게 요즘 땅 거래가 안 되는데 무슨 방법이 없겠느냐며 상담을 했다. 상황을 정확히 파악하려면 수요가 있는지 알아야 했다.

"땅을 찾는 사람이 없는 건가요? 아니면 금액이 안 맞는 건가요?"
"찾는 사람은 있는데 1억 원에서 2억 원 사이의 투자용 땅을 구해요. 그런 땅은 여기 인근에는 없어요."

지인의 사무실은 신도시 택지 지구에 있다. 그 근처의 땅을 사기 위해서는 최소한 7억 원에서 10억 원의 자금은 있어야 했다. 대출 이율이 높으면 대출을 받아 땅을 사는 사람이 거의 없다. 저금리 시대에는 이자가 비싸지 않기 때문에 대출 이자를 감수하고서라도 택지를 사면 시간이 지남에 따라 자연스럽게 택지 가격이 상승하여 수익이 보장됐는데 금리가 높은 시기에는 대출 이자가 부담스러울 수밖에 없다. 땅을 사려는 수요자의 니즈와 금액을 맞추는 게 맞는 방법이다. 즉 매도인 우위 시장이 아니라 매수인 우위 시장이다. 그래서 지인에게 이렇게 이야기했다.

"지금은 일반인이 대출 없이 투자용으로 살 수 있는 인근 소규모 면적의 주말 체험용 농지나 임야의 수요는 있으니 이런 땅을 보유한 부동산과 연계해 공동 중개를 하는 게 나을 겁니다."

조언하고 몇 달 뒤 지인에게 전화가 왔다.

"이번에 경기도 안성에 있는 관리 지역 농지를 현지 부동산과 연계해서 2억 원에 거래했어요. 조언 감사해요."

나 역시 뿌듯하다. 어려운 시기에 작은 계약이라도 한다면 그것만큼 좋은 일이 있겠는가?

보통 사람은 현재 가격을 보지만 부자는 미래 가격을 본다

보통 일반인이 가장 많이 찾는 땅의 가격대가 1억 원에서 2억 원 사이다. 하지만 수도권에서 이 가격대의 투자용 땅은 수요는 많은데 공급이 거의 없다. 또한 이 수요층은 땅에 대한 구매 욕구가 아주 강하지 않다. 그래서 땅을 사고자 하는 수요자 10명 중 1명 정도만 땅을 산다. 나머지 9명은 본인이 원하는 금액대의 땅을 5년이고 10년이고 찾기만 하고 사지는 못한다. 그 사이 땅값은 오른다.

반면 부자들은 많은 수요가 몰려 있는 1억 원에서 2억 원 대 구간의 땅을 찾는 게 아니라 일반인이 접근하기 힘든 구간의 위치 좋은 땅을 노린다. 예를 들어 감정가 20억 원의 도심 내 땅이 경매에서 유찰돼 10억 원에 살 수 있게 됐다고 가정해 보자. 일반 사람들이 단독으로 입찰할 수 있을까? 부자들은 이런 땅을 입찰해서 낙찰받는다. 왜냐하면 도심 내 건축이 가능한 땅이고 시간이 가치를 회복시켜 줄 것이기 때문이다. 현재 가치가 20억 원인데 경매에서는 10억 원에 살 수 있으니 낙찰받아 15억 원에 되팔아도 5억 원이 남는다.

일반인도 당연히 이 사실을 안다. 하지만 살 수 없다. 왜냐하면 돈이 없기 때문이다. 일반인과 부자는 경쟁하는 구간이 다르다 보니 돈을 벌 확률도 다르다. 단적인 예시지만 돈이 돈을 번다. 일반인보다 부자가 땅 투자로 돈을 벌 확률이 높은 이유다.

부자는 일반인이 부담스러워하는 도심 내 위치가 좋은 비싼 땅을 더 선호한다. 왜냐하면 입지가 좋은 땅은 강남의 아파트처럼 건물이 올라갈 확률이 높기 때문이다. 일반인은 가격(총투자 금액) 때문에 접근하기가 부담스럽고 힘들다. 일반 투자자들도 10억 원 이상의 땅

을 투자할 수 있는 부자들의 시장으로 올라가면 안정적으로 수익이
나는 땅에 투자할 수 있다.

부자들이 눈여겨보는 땅의 대표 조건들

그렇다면 10억 원 이상의, 일반인들과의 경쟁이 없는 여유로운 시
장에 투자하는 부자들은 어떤 땅을 좋아할까?

첫 번째, 신도시 주변의 땅을 좋아한다.

신도시는 기존의 농지나 임야를 갈아엎고 계획적으로 만든 새로
운 도시다. 신도시 안에 포함된 땅은 가격도 높고 규제로 인해 제한
된 개발만 가능한데 신도시 외곽 주변은 신도시 안쪽 땅보다 규제가
덜 미쳐서 상대적으로 가격도 저렴하고 개발도 용이한 곳이 많다.
그래서 부자들은 신도시에 수용될 땅에 투자하는 것보다 수용되지
않을 지역의 땅을 찾아서 투자한다. 신도시에 수용된 땅을 보상받으
면 감정 평가 가격의 현금을 받고 끝나지만 신도시가 형성된 후 여
기에 수용되지 않은 땅은 신도시 안의 실거래 가격까지 상승할 확률
이 높기 때문이다.

두 번째, 학군지(중고등학교)보다 역세권 땅을 더 선호한다.

사람들이 궁금해하는 것 중 하나가 학군지와 역세권이다. 아파트
는 별개로 하고 땅의 관점으로 본다면 학군지보다 역세권 땅이 더

매력적이다. 따라서 신규로 생기는 역세권이 있다면 그 인근에 분양하는 땅이나 건축이 가능한 땅을 부자들은 선호한다. 다만 부자들은 기본 계획 단계에서의 투자보다는 좀 더 비용을 지불하더라도 중간에 무산될 확률이 없는 실시 계획 단계 이후에 땅을 매입한다. 불확실성을 비용으로 헤지(hedge)하는 방법을 사용하는 것이다.

세 번째, 도로망을 따라 IC 인근 물류가 이동하기 좋은 곳이나 신설 산업 단지 부근의 땅을 좋아한다.

현대는 물류 속도전 시대다. 쿠팡의 로켓배송 이후 많은 기업이 이를 따라잡기 위해 분주하게 움직이고 있다. 소비자에게 빠른 시간 내에 물건을 배송하는 것이 기업의 사활과 직결되는 시대다. 그렇다 보니 원재료나 완제품을 빨리 실어 나를 수 있는 곳에 창고나 물류 시설을 만든다. 고속 도로 IC 중에서 공항이나 항만이 가까운 곳의 땅은 수요가 폭발한다. 기존의 IC 인근 땅은 값이 많이 올랐기 때문에 새로 만들어지는 고속 도로의 IC 주변을 부자들은 유심히 살핀다. 서울~세종 고속 도로, 당진~대산 고속 도로, 동광주~광산 고속 국도 등을 찾아보면 돈이 보이는 땅이 있다. 부자들은 이런 땅을 좋아한다.

이 세 가지 외에 부자들이 좋아하는 땅의 속성이 또 있다. 강남 아파트가 비싸도 더 올라갈 확률이 높듯이 부자들은 위치 좋은 메인 도로에 접한 건축 환경이 좋은 땅을 선호한다.

땅의 가치는 땅 위에 지어질 건물의 종류에 의해 결정된다. 똑같은 한 필지의 땅에 단독 주택만 지을 수 있는지, 10층의 주택만 지을 수 있는지, 20층의 상가를 지을 수 있는지에 따라 그 땅의 가치는 천지 차이다.

온라인 쇼핑이 대세인 지금에도 무너지지 않는 상권이 있다. 바로 메인 도로에 접한 상권이다. 그 메인 상권에 건물을 지을 수 있는 땅을 부자들은 초기에 노린다. 어느 도시나 초기가 있다. 부자들은 제일 초기에 그 땅을 매입한다. 그리고 사람들의 수요가 최고로 다다를 때 땅을 팔거나 아니면 아예 건물을 지어서 건물로 팔아 수익을 낸다. 부자들은 도심 내 핵심 상권에 수요가 많은 땅을 초기에 사서 나중에 큰 수익을 낸다. 지도 앱을 유심히 살펴보라. 도시는 어느 곳이든 비슷한 모양과 형태로 계획된다. 땅값도 먼저 형성된 도시의 가격을 살펴보면 뒤에 형성되는 도시의 가격도 예측이 가능하다.

이렇게 부자들이 좋아하는 땅을 알아봤다. 요약해 보면 부자들은 일반인의 자금으로 사기 힘든 금액대의 수요가 많은 땅을 초기에 사서 파는 방식을 선호한다. 사람은 누구나 처음부터 부자일 수 없다. 이런 땅 부자들도 대부분은 자수성가한 경우가 많다. 여러분도 이 책을 통해 성공적인 땅 투자 방법을 배운다면 부자가 될 수 있고, 부자가 되면 더욱 부자가 될 수 있는 땅을 살 수 있을 것이다.

왜 그 사람들은
돌과 나무만 보고 다니는가?

돌 좀 아는 덕분에 12억 원 번 포크레인 기사

지방에서 포크레인 기사로 어린 시절부터 열심히 일해서 알부자가 됐다고 소문난 박 씨는 업무의 특성상 산에서 땅을 파고 쌓고 고르는 작업을 많이 한다. 그러다 보니 흙이 많은 땅보다 돌이 많은 땅이 작업하기가 더 힘들고 작업의 난이도가 훨씬 높다는 걸 안다. 그런 땅에서 작업할 때는 일당도 더 받는다. 그런데 이 일을 하다 보니 남들은 돈을 주고 버리는 돌이 돈이 된다는 것을 알았다. 건물을 지을 때 필수적으로 조성해야 하는 조경 공간에 자연석 돌이 필요하고 수요가 많은 만큼 돌이 비싸게 팔린다는 사실도 알았다.

그러던 어느 날 박 씨는 노후에 지낼 전원주택을 미리 준비하고자 고향인 강원도 영월의 임야 경매 매각 물건을 알아보던 중 특이

한 물건 하나를 발견했다. 감정 가격이 4억 원 정도인 임야(준보전산지)인데 몇 번에 걸쳐 유찰돼 8,000만 원 정도면 낙찰받을 수 있는 9,000평의 물건이 있었다.

'벌써 낙찰됐을 금액인데 왜 계속 유찰되지? 무슨 문제라도 있나?'

박 씨는 그곳이 고향이고 어느 정도 아는 위치라 시간을 내서 현장에 가 봤다. 그제야 왜 그렇게 유찰됐는지 이해가 됐다. 도로도 있고 경사도 완만했지만 나무보다 돌이 많았다. 한눈에 봐도 암반으로 이뤄진 돌산이었다. 이런 산은 일반 전원주택을 짓기에는 토목 비용이 많이 들고 개발 행위나 건축 허가를 받기 까다롭기 때문에 계속 유찰된 것이다.

하지만 박 씨는 포크레인 기사로 일하면서 자연석이 돈이 된다는 사실을 알고 있던 터라 그길로 군청 개발 행위 허가 관련 담당자에게 가서 자연석 반출이 되는지 문의했다. 보통은 자연석 반출 허가가 까다롭고 민원이 많아 쉽지 않다. 하지만 영월군은 지속적인 인구 감소 지역이라 인구가 들어오는 전원주택 사업은 예외적으로 허가해 준다는 답변을 받았다.

군청에서 확인을 한 박 씨는 그 땅을 8,200만 원에 단독 낙찰받았다. 그리고 자연석을 팔아서 5,000만 원 정도 수익을 봤다. 나머지 잔금은 대출로 충당했다. 말 그대로 자신의 돈은 한푼도 들이지 않고 돌산을 정비해서 전원주택 땅으로 만들었다. 그리고 평소 알고 지내던 업자에게 자신이 사용할 전원주택 건축용 토지 1,000평을 제외한 나머지 8,000평을 평당 15만 원에 매각하여 12억 원의 수익을 올렸다. 돈 팔고 대출 받아 자신의 돈은 한푼도 들이지 않고 1,000평의 땅과 12억 원이라는 수익까지 얻은 사례다.

나무 좀 아는 덕분에 알부자 된 이야기

이와 유사한 형태로 돈을 번 최 씨의 사례도 눈여겨볼 만하다. 최 씨는 대학에서 산림자원학을 전공하고 현재 산림 법인에 근무하며 묘목을 심어 판매하는 부업도 하고 있다. 최 씨는 나무를 워낙 좋아해서 아버지에게 물려받은 시골 땅에 어린 묘목도 가꾸고 가끔 마음에 드는 나무가 생기면 옮겨 심어 놓고 관리하며 틈틈이 조경수로 판매해서 부수입을 올리기도 한다. 휴일이면 땅을 보러 다니기도 하는데, 최 씨의 목적은 소나무 반출이 허가가 나는 지역의 저렴한 산을 사는 것이었다.

일반인은 산을 볼 때 땅의 관점에서 가치를 평가하는데 최 씨는 사실 땅에는 관심이 없다. 그의 관심은 오로지 산 위에 심겨 있는 소나무를 '굴취'할 수 있는지였다. '나무는 베는 행위'인 벌채와 '뿌리째 살려서 조경수로 내보내는 행위'인 굴취로 구분한다. 벌채는 주무 관청의 허가를 받아야 하고 굴취는 주무 관청이 개발 행위를 허가하면 가능하다.

벌채의 허가는 벌채 자체를 목적으로 내주는 허가다. 굴취의 허가는 나무가 있는 산을 전원주택 지역이나 공장으로 개발 허가를 받으면 당연히 나무를 없애야 공사가 가능하므로 자연스럽게 굴취가 가능한 것으로 이해하면 된다. 따라서 멀쩡한 산의 나무를 굴취만 하는 허가는 없다. 전문 용어로 벌목 허가는 '간벌 허가'라고 하고 굴취 허가는 '산지 전용 허가'라고 하는데 이 허가를 받으면 가능하다.

사실 목재는 큰돈이 되지 않고 굴취가 돈이 된다. 최 씨는 굴취가 가능한 산을 저렴하게 매매하거나 또는 경매를 통해 낙찰을 받는다. 그래서 산지 전용 허가를 받아 나무는 굴취로 팔고 땅은 전원주택지나 공장 용지 등으로 만들어 되팔아 남들은 모르는 알부자로 살고 있다.

일반인이 오해하는 것 중 하나가 자기 소유의 산에 심긴 나무는 무단으로 벌목 또는 굴취가 가능하다고 생각하는 것이다. 그런데 본인 소유의 산이라도 허가 없이 목재를 반출하는 것은 산림법 위반이다. 굴취할 수 있으려면 그 산을 농지, 주택, 공장 등 개발 행위 허가를 받아서 다른 용도로 변경해야 하며 정식으로 산림 훼손 허가를 받아야 한다.

이때 중요하게 봐야 할 점이 '벌기령'이다. 벌기령은 쉽게 설명하면 나무의 나이다. 개인이 심은 나무는 30년 이상, 나라에서 심은 나무는 50년 이상 돼야 벌채든 굴취든 가능하다. 따라서 아직 나무가 자라고 있는 산은 벌기령에 도달하지 않아 개발 허가가 안 난다. 이런 산을 사면 벌기령이 도래할 때까지 개발을 못 하니 나무가 많은 산을 살 때는 이 점을 꼭 명심하고 사야 한다.

최 씨는 나무 전문가라서 이런 점에 주목해 벌기령이 도래한 개발 가능한 산을 싸게 사고 나무를 팔아 돈을 벌 수 있었다. 땅을 보는 안목만 필요한 게 아니라 나무를 보는 안목도 필요한 이유다.

산이 겨울에만 보여 주는 것

두 가지 사례를 보면 땅을 살 때 땅 위에 무엇이 있는지 반드시 살펴야 한다. 도심 내 택지는 맨땅이기 때문에 상관없지만 임야는 땅 위에 다양한 보물이 있을 수 있다. 보물을 보고 보물인지 모르는 땅 주인은 땅을 싸게 파는 경우가 많다. 초보 투자자는 보통 용도 지역, 지목 등 공법 규제나 모양, 형상 등 자연적 조건만 분석한다. 하지만 그 땅 위에 있는 돌이나 나무를 놓치면 안 된다.

일반적으로 땅 위에 자연석이나 소나무가 있으면 개발 허가가 잘 나지 않아 평생 마음고생하며 땅 산 걸 후회하는 경우가 많다. 하지만 지자체의 사정에 따라 예외적으로 허가가 나기도 한다. 그래서 구입 전에 꼭 확인이 필요하다.

참고로 2025년 1월 7일부터 인구 감소 지역의 관할 지방 자치 단체 조례를 통해 개발 가능 평균 경사도를 25도에서 30도로 20%까지 올리는 것으로 산지 전용 허가 기준이 완화됐다. 지역마다 조례에 의해 다른 규정이 적용되기 때문에 무조건 안 된다고 생각하지 말고 땅을 사기 전에 확인해 보자. 자연석 반출이나 소나무 반출이 허용

될 경우 대박 날 확률도 있다.

산은 겨울에 봐야 비교적 정확히 그 땅을 평가할 수 있다. 봄에는 형형색색의 꽃이, 여름에는 무성한 나뭇잎이, 가을에는 화려한 단풍이 있어 땅 모양과 경사도를 제대로 파악할 수가 없고, 경치에 혹해서 땅에 대한 판단이 흐려지기 때문이다.

이에 반해 겨울에는 잎이 거의 떨어지고 나뭇가지만 남아 있어 그 땅의 모양과 가능성을 제대로 파악할 수 있다. 다만 겨울에 땅을 고르더라도 눈이 왔을 때 땅을 보는 것은 금물이다. 눈도 일종의 화장이다. 눈에 덮여 있으면 땅의 경사도나 지형을 파악하기 어렵다. 그래서 땅을 보려면 눈이 오기 전 11월에서 12월 초순에 보는 것이 가장 좋다.

그래서 땅 전문가들은 땅은 겨울에 보라고 한다. 특히 주거용 땅, 눈이 빨리 녹는 땅, 얼음이 얼지 않는 땅은 사람이 살기 좋은 명당임에 틀림없다. 이런 땅은 햇볕이 잘 들 뿐만 아니라 찬 바람을 막아주는 구릉이나 산이 있어 사람이 살기에 적합하다. 또한 겨울에 땅을 볼 때는 웬만큼 좋은 땅이 아니면 좋아 보이지 않는 만큼 눈높이를 조금 낮출 필요가 있다. 부자들은 땅도 보지만 땅 위에 있는 자연석과 나무도 본다는 사실을 땅을 투자하는 투자자라면 꼭 명심하고 기억해야 할 점이다.

왜 부자들은
불황에도 돈을 버는가?

2024년 11월, 미국의 제47대 대통령으로 도널드 트럼프가 당선됐다. 그는 제45대 대통령을 하고 재선에 실패 후 다시 대통령이 되는 저력을 보여 줬다. 미국인들은 왜 그를 다시 대통령으로 뽑았을까? 아마도 노동자의 시선으로 미국을 바라보고 그들이 진정 원하는 게 무엇인지 고민하고 그들을 달래 줄 수 있는 정책을 추진한다고 외쳤기 때문으로 생각한다.

다른 나라에서 온 이민자들에게 일자리를 뺏기고 중국에서 값싼 물건들이 수입돼 미국 내 많은 제조업이 사라졌다. 특히 산업이 쇠퇴해 가는 러스트 벨트 지역을 중심으로 백인들의 불만이 끊임없이 쏟아졌다. 미국이 세계의 보안관을 자처하며 자신들이 모든 걸 감수해야 한다는 뉘앙스에 불만이 쌓여 있었는데 그 불만을 트럼프가 들어 준 것이다. 기존에 정치인들은 백인들의 불만인 이민자, 여성, 소수자, 다른 종교 문제에 관한 이야기를 극도로 꺼렸는데 트럼프는 대놓고 아메리칸 퍼스트 정책을 외치며 백인 우선주의를 주장했다. 그 결과 대통령에 두 번이나 당선됐다.

트럼프가 대통령일 때 미국 주식이 최고가를 썼으며 환율도 강달러였다. 반면 우리나라는 트럼프의 자국 우선주의에 대한 우려로 주가가 바닥에서 회복하지 못하고 원화도 약세다.

땅은 팔고 싶을 때 못 판다는 말의 진실

이것은 마치 부동산 시장에서 임대인과 임차인의 입장과 비슷하다. 일명 '팝업 성지'로 뜬 성수동 일대처럼 사람들이 많이 모이는 지역이 있다. 이로 인해 기존에 있던 임차인은 임대료 인상을 버티지 못하고 내쫓기는데 임대인은 오히려 들어올 임차인이 줄을 섰다며 임대료를 더 인상한다. 서로의 관점과 입장 차이가 분명히 있는 것이다.

많은 일반인이 '장기간 돈이 묶이고 내가 팔고 싶을 때 못 팔 수 있다'는 부정적인 시각으로 땅을 본다. 반대로 땅 부자는 '땅을 사서 부자가 될 수 있다'는 긍정적인 시각으로 땅을 본다. 땅을 사서 부자가 된 사람들은 땅은 한정돼 있는 자산이기 때문에 값이 올라간다고 확신했다. 그래서 장기적인 안목을 갖고 여유 자금으로 땅을 샀다. 당장 써야 할 생활비를 줄이지 않고 매달 남는 여유 자금을 저축으로 모아 일정 금액이 되면 땅을 샀다. 그 사람들은 늘 땅에 관심을 갖고 찾는다. 그리고 꾸준히 땅을 늘린다는 생각으로 사 모으는 것이다.

땅은 큰돈이 들어가는 땅도 있지만 찾아보면 몇백만 원, 몇천만 원 짜리의 괜찮은 땅도 있다. 그런 땅을 여유 자금으로 사서 오랫동안 보유한다. 땅으로 장기 저축을 한다는 표현이 더 맞을지도 모른다. 이렇게 땅을 사 모으다 보면 어느 순간 수십 배, 수백 배 오르는 땅이 나온다. 물론 그들은 수요가 없는 곳의 땅을 사지 않는다. 냉철하게 분석하고 고민해서 땅을 사기 때문에 그 땅들이 오르는 것은 시간의 문제라고 믿는다.

땅 부자들이 현금을 들고 불황을 기다리는 이유

땅은 처음부터 정해진 가격이 없다. 누군가의 필요에 의해 땅을 팔 때는 아파트보다 더 높은 부가 가치를 받을 수 있고 그 가격은 땅 주인이 결정할 수 있다. 보통 땅을 파는 사람 입장에서는 현재 호재가 있어 너도나도 땅을 사겠다고 하지 않으면 대부분은 매수할 사람들이 주도권을 쥐고 가격을 흔드는 경우가 많다. 그래서 안 사면서 살 것처럼 하며 시간을 질질 끈다면 매도인이 사정이 급하면 급할수록 가격을 점점 더 내리게 돼 궁극적으로 매수인이 어느 정도 원하는 가격으로 살 수 있다. 왜냐하면 매수인은 급할 게 하나도 없기 때문이다.

이렇게 협상의 주도권을 가져와야만 더 싼 가격으로 땅을 살 수 있다. 기본적으로 싸게 사야만 그만큼 더 큰 수익을 볼 수 있고 마음의 여유가 생긴다. 그래서 땅 투자에서 중요한 게 바로 시간과의 싸움이다. 중요한 건 조급하면 싸움에서 진다는 사실이다. 이것을 알면 그 싸움에서 이길 수 있다.

사람이 살아가다 보면 갑자기 돈이 필요할 때가 온다. 그때 땅을 팔아야만 해결할 수 있는 상황이라면 급매로 팔 수밖에 없다. 땅은 아파트처럼 싸다고 금방 팔리지 않고 매수인을 찾는 데 일정 기간 시간이 걸린다. 싸게 내놨는데도 안 팔리면 더 파격적으로 낮은 가격에 내놓아야만 팔 수 있는 확률이 높아진다. 때에 따라서는 손해를 봐야 팔리는 경우도 있다.

살다 보면 돈이 급한 상황은 누구나 올 수 있지만 그때 땅을 팔아야만 해결할 수 있다면 그런 땅 투자는 계획적이지 못한 투자다. 언제나 현금 유동성을 확보하고 여윳돈으로 땅을 사는 것이 합리적이다. 그러기 위해서는 일단 싸게 사는 게 중요하고, 여유 자금으로 사야 하고, 나중에 다른 사람이 사기 수월한 작은 땅을 사는 게 낫고, 꾸준히 저축하듯 땅을 사 모아야 한다.

그래서 부자들은 항상 여유의 현금을 보유한다. 그리고 불황이 오기를 기다린다. 불황기에는 정말 좋은 땅이 시장에 급매로 나온다. 땅 주인이 대출 이자를 감당하지 못했기 때문이다. 그때 부자들은 여유 자금으로 땅을 사 모은다.

재개발 지역의 땅 지분에만 투자해서 100억 원대 부자가 된 사람이 있다. 그는 2000년대 초반부터 서울 강북의 재개발 가능성이 있는 동네에 자투리 지분으로 된 땅만 찾아서 소액으로 투자를 했다. 보통 지분으로 된 땅은 잘 팔리지 않는다. 왜냐하면 투자 가치가 없기 때문이다. 또 팔려고 해도 땅을 공동으로 소유한 다른 지분권자 전체가 전부 동의해야만 팔 수 있기 때문에 사는 순간 어쩔 수 없이 강제 장기 투자가 된다. 유일한 출구는 그 땅이 있는 지역이 재개발이 확정돼 딱지(입주권)로 보상받든지 현금으로 보상받는 길밖에 없다. 이 사람은 재개발 지역의 지분으로 나오는 땅만 매매든 경매든 가리지 않고 여유 자금으로 샀다. 그렇게 해서 1억 원으로 20년 만에 100억 원대의 자산가가 됐다.

땅 부자가 되는 방법은 의외로 간단할지도 모른다. 유망한 지역의 땅을 여유 자금으로 싸게 사서 기다리면 언젠가는 기회가 오고 그 기회를 잡아서 부자가 되는 것이다. 지금부터 땅을 사서 성공한 땅 부자! 그들의 이야기를 들어 보자.

부자의 역사는
땅에서 시작됐다

부동산 부자는 로마 시대부터 존재했다. 현존하는 최초의 부동산 재벌은 로마 시대 마르쿠스 리키니우스 크라수스(기원전 115년~기원전 53년)였다. 크라수스는 기발한 방법으로 땅 부자가 됐다.

요즘은 화재 보험이 있어 집에 불이 나도 보상을 받을 수 있지만 그 당시에는 소방관과 소방차도 없었던 만큼 집에 불이 나면 불을 끄기보다는 다 탈 때까지 기다리는 방법을 사용했다. 왜냐하면 '소방'의 개념이 없었던 시대였기 때문이다.

불이 나서 폐허가 된 집과 땅을 크라수스는 헐값에 사들였다. 여기에 한 발 더 나아가 크라수스는 자기의 노예들에게 불 끄는 훈련을 시켰다. 소방 훈련을 받은 노예들을 현장에 투입해 화재를 진압했다. 불을 꺼 주는 조건으로 집주인이 집을 팔지 않으면 집이 잿더미로 변할 때까지 방관했다.

집기 하나라도 건지고 싶은 집주인은 헐값에 집을 팔았고, 크라수스는 그렇게 헐값에 산 집과 땅에 더 크고 높은 건물을 세워 분양함으로써 큰 수익을 남겼다고 한다. 현재의 개념으로 보면 용적률(높이)을 잘 활용했던 것이다.

항간의 소문에는 돈을 벌기 위해 크라수스가 일부러 시내의 집에 불을 질렀다고 한다. 역사학자 플루타르코스는 "그렇게 로마 대부분이 크라수스의 수중에 들어갔다"라고 기록했다. 이처럼 기원전 로마 시대부터 땅 투자가 존재했다.

그렇다면 우리나라도 예전에 땅 투자 존재했을까? 조선 시대 〈정조실록〉을 보면 사람들이 돈을 벌면 땅과 집을 사 모은다는 기록이 있다. 조선 시대는 농경 시대이니 농작물을 생산하기 위해 땅이 필요하고, 소작을 주어 소작료를 받아서 돈을 벌면 더 많은 땅을 사는 것은 당연하다. 오히려 그 당시에는 땅 말고는 투자할 대상이 없어 돈을 벌면 무조건 땅을 샀다고 한다.

조선 후기에 와서는 대표적인 문신인 허균이 그의 저서에 땅으로 돈을 벌기 위한 가장 중요한 요소는 '입지'라고 해서 우리나라 최초로 부동산의 입지론에 대해 언급을 했다. 조선 시대에 입지의 중요성을 알아낸 걸 보면 실로 대단한 분이 아닐 수 없다. 그 당시 부자들은 주로 궁궐 주변에 살았는데 그는 입지를 두고 "궁궐로 출퇴근이 편하고 '육의전'으로 부르는 전통 시장이 가까이 있어 도성에 사는 누구라도 이러한 곳에 살기를 원한다"라고 했다. 이렇게 어느 시대에나 투자에 관심 있는 사람은 항상 있었다.

이번에는 현대로 와서 미국의 땅 이야기를 해 보자. 유명한 사업가 마이크로소프트 창업자 빌게이츠는 주식 부자로 알려져 있지만 사실 빌게이츠는 땅 부자다. 빌게이츠가 소유한 땅의 면적은 약 3억

3,000만 평이다. 어느 정도인지 잘 와닿지 않을 건데, 서울시 면적의 2배 정도 크기다. 그런데 빌 게이츠보다 무려 8배 더 많은 땅을 소유한 땅 부자가 있다. 바로 존말론이라는 미국의 미디어 재벌이다. 그는 무려 27억 평을 갖고 있다. 이는 서울 면적의 15배 정도라고 한다. 국가 하나 면적의 땅을 갖고 있다고 생각하면 된다. 그렇다면 존말론은 왜 이렇게 많이 땅을 사 모았을까? 그는 언론 인터뷰에서 이렇게 말했다.

"땅은 더 이상 만들 수 없고 땅은 신뢰할 수 있는 투자 자산이며 인플레이션을 방어할 수 있는 자산이다."

동서고금을 막론하고 땅은 사람들의 마음속에 부자가 되고 싶은 욕구를 만족시킬 수 있는 자산으로 예전부터 사랑받는 대상이었다.

2장

—

조용히
땅 사고
돈 버는 사람들

: 땅 투자 성공 이야기

영원한 땅을 꿈꾼 남자의
용인 땅 구매기

나의 집에서 차로 20분 거리에 대한민국 대표 테마파크 '에버랜드'가 있다. 가끔 주말에 아이와 에버랜드에 가 보면 아이들보다 더 신난 듯한 어른들의 표정을 본다. 그만큼 아이나 어른 모두 즐겁게 보내고 올 수 있는 곳이다. 1980년대에는 이 테마파크가 '용인 자연농원'으로 불렸고 단골 수학여행지였다. 지금은 대표 놀이 기구가 'T익스프레스'인데 그 당시에는 '지구마을'이었다. 배를 타고 세계 각국의 인형을 관람하는 곳으로 가장 인기가 많았다. 지금부터 30년도 더 지난 그때의 에버랜드는 도심과 떨어진 산속에 덩그러니 놀이 기구가 있는 큰 농원이었다. 주변에는 아무것도 없었다.

당시 이 땅을 사서 개발한 사람이 우리나라 대표 기업 삼성의 창업주 이병철 회장이다. 자연농원은 조경 사업과 양돈 사업으로 시작해서 현재는 대한민국 대표 테마파크로 탈바꿈했다. 1960년대에 땅을 매입해 조성한 자연농원이 에버랜드로 이름을 바꾼 건 1996년도다. 지금부터 이병철 회장의 에버랜드 땅 구매기 비하인드 스토리를 보자.

한국 최대의 테마파크가 생긴 '평당 1만 원' 비화

이병철 회장은 왜 용인에 땅을 매입했을까? 6·25 전쟁이 끝나고 사업을 일구던 이병철 회장이 일본 출장에서 돌아오던 비행기 안에서 하늘 아래를 내려다보니 전쟁으로 폐허와 민둥산이 된 대한민국 강산의 모습이 보였다. 그래서 국토를 개발해야겠다는 결심을 했다. 결심한 후 전국에 후보지 네 군데를 두고 개발할 지역을 고민했다. 경주와 문경새재, 추풍령과 용인을 두고 고민하다 서울과의 접근성을 고려해서 최종 개발 지역으로 용인을 낙점했다.

그 당시 삼성은 성장 중인 재벌이었기에 땅을 사서 국토 개발을 한다고 하니 다들 재벌이 땅까지 사서 투기하는 게 아닌지 의심의 눈초리를 보냈다. 하지만 이병철 회장은 아랑곳하지 않고 열심히 직접 뛰어다니며 땅을 알아봤다. 농부의 아들로 태어나 땅에 대한 애착이 많았기 때문에 바쁘지만 이 땅만큼은 직접 발로 뛰며 알아보기로 한 것이다.

이병철 회장은 나무도 심고 가축도 기르고 저수지도 만들어서 말 그대로 자연 친화적 농원을 만들 계획이었다. 하지만 현실의 벽이 기다리고 있었다. 사들일 땅이 45만 평 정도로 워낙 넓다 보니 땅 주인만 2,000명이 넘었다. 땅도 크고 주인도 많아서 땅을 사기가 만만치 않았다. 그런데 이병철 회장은 땅 주인의 심리를 잘 이용해서 땅을 매입하는 데 성공했다. 과연 어떤 방법으로 땅을 구매했을까?

그 당시 재벌이 용인 땅을 매입할 것이라는 소문 때문에 어떤 땅 주인은 터무니없는 금액을 부르기도 했다. 그래서 이병철 회장은 먼저 땅 주인에게 정장을 잘 차려입은 비서를 보내서 땅을 팔라고 했다. 물론 삼성이 땅을 산다는 사실은 함구하고 협상을 시작했다.

"이 땅을 평당 1,000원에 살 테니 파십시오."

사실 그 당시에 땅 주인은 본인 땅의 시세조차 잘 알지 못한 시기였다. 하지만 재벌이 땅을 살 계획을 안 이상 갑자기 찾아온 사람이 부르는 가격에는 팔기가 싫었을 것이다. 그래서 안 판다고 하고 돌려보냈다. 내심은 돈이 필요해 팔고 싶었지만 '최소 10배 이상은 받을 수 있지 않을까'라는 생각으로 이번 기회에 비싸게 팔고 싶었던 것이다.

몇 달 후 이병철 회장이 이번에는 등산복을 입은 중년 남성을 보냈다.

"이 땅을 평당 5,000원에 살 테니 파십시오."

처음 왔던 사람보다 5배를 더 준다니 팔까도 생각해 봤지만 왠지 더 많이 받을 수 있을 것 같아서 거절했다.

몇 달 후 이병철 회장이 이번에는 부동산 중개인을 보냈다.

"이 땅을 평당 3,000원에 살 테니 파십시오."

땅 주인은 고민에 빠졌다. 몇 달 사이에 세 명이 와서 땅을 팔라는 게 아닌가? 첫 번째 온 사람은 평당 1,000원을, 두 번째 온 사람은 평당 5,000원을 말했는데 세 번째 온 사람은 부동산 중개인인데 평당 3,000원을 이야기하니 땅 주인은 이런 생각이 들었다.

'내 땅의 가치는 1,000원과 5,000원 사이인 평당 3,000원 정도가 적정한 가격인가? 하지만 재벌이 이곳 용인에 땅을 살 거라는 소문을 들었으니 시세보다 비싸게 받아야 하지 않을까?'

그렇게 고민하던 어느 날, 웬 나이가 지긋한 사람이 허름한 농부 차림에 밀짚모자를 쓰고 땅 주인을 찾아와서는 물어보는 것이다.

"내가 이제 노년에 나무나 좀 심고 농사나 좀 지어 볼 땅을 찾고 있는데 땅을 팔 생각이 없습니까?"

땅 주인은 상대가 돈이 있을 행색이 아니라서 돌려보내려다가 금액이라도 들어 보자 싶어서 얼마를 줄 거냐고 물어봤다. 그랬더니 농부가 이렇게 대답하는 것이다.

"평당 1만 원 정도 하면 안 되겠습니까?"

순간 땅 주인은 '이분이 행색도 초라하고 농사를 지을 사람이라 시세나 물정을 잘 모르는구나' 생각하고 "알겠소. 그럼 내가 평당 1만 원에 내 땅을 팔겠소"라고 이야기했다. 속으로는 세상물정 잘 모르는 농부에게 비싸게 팔았다고 생각하고 기분 좋게 땅 매매 계약을 했다.

땅 팔 생각 없는 땅 주인의 마음을 돌리는 지혜

사실 땅 주인은 처음에는 땅을 팔 생각이 없었다. 하지만 몇 사람의 땅 구매 제안에 자기 땅의 시세를 알게 됐고 그 시세보다 3배 더 준다는 사람이 나타나니 얼른 땅을 판 것이다. 그렇게 허름한 농부 차림으로 시세보다 더 주고 땅을 산 사람이 바로 이병철 회장이다.

처음부터 이병철 회장은 땅 주인들에게 시세보다 더 쳐주고 땅을 매입하려고 했다. 왜냐하면 팔지 않아도 되는 땅을 팔라고 설득하려면 당연히 시세보다 더 줘야 한다고 생각했기 때문이다. 그래서 세 사람을 보내 땅 주인이 시세를 알게끔 해 줬다. 마지막에는 본인이 직접 허름한 농부 차림으로 가서 땅 주인의 경계를 풀고 시세보다 더 많은 금액을 제시했다. 그럼으로써 땅 주인이 마음의 무장을 해제하고 만족스러운 금액으로 계약하게 한 것이다.

땅 거래에서 가장 어려운 일이 바로 땅을 팔 생각이 없는 땅 주인을 찾아가 땅을 팔라고 하는 것이다. 십중팔구 팔지 않겠다는 대답이 돌아올 때가 많고 혹시라도 땅을 팔라고 제안하면 "얼마 줄 건데요?"라고 물어보는데, 웬만한 시세로는 팔지 않겠다는 대답이 돌아올 확률이 많다. 팔 생각이 없는 사람이 팔게 하는 것, 이병철 회장은 에버랜드 땅을 매입할 때 사람의 심리를 이용한 것이다.

그렇게 용인 땅 45만 평을 매입했다. 그리고 1976년 4월 17일, 용인 자연농원을 개장했다. 조경과 정원, 동물원 등 볼거리와 그 당시 생소했던 놀이 기구 등을 도입해 명실상부 대한민국 최고의 놀이공원이 됐고 20년이 지난 1996년 3월 '영원한 땅'이라는 의미가 담긴 '에버랜드'로 이름을 바꿔 운영되고 있다.

현재 에버랜드 대부분의 땅은 삼성물산 소유다. 삼성물산은 삼성 그룹 지배 구조의 최정점에 있는 지주 회사다. 이병철 회장의 묘소 또한 에버랜드가 있는 호암미술관 옆에 있다. 그만큼 에버랜드 땅은 이병철 회장이 삼성이라는 회사를 이끌면서 머릿속에 구상했던 가장 핵심 사업이 아니었나 하는 생각이 든다. 삼성의 최초 사업이 대구에서 상속받은 논에 벼를 심어 수확했던 농업이었던 만큼 이병철 회장에게 땅은 모든 사업의 근간이었다.

또한 이병철 회장은 에버랜드 땅을 매입할 때 가장 걸림돌이었던 국유지 매입을 '교환' 제도로 해결했다. 당시 에버랜드 땅 45만 평 중

많은 부분을 차지했던 국유지 때문에 매입에 애로 사항이 많았다. 그래서 이병철 회장은 이곳 국유지 면적의 2배의 땅을 사서 에버랜드 부지 내의 땅과 교환할 것을 산림청에 공식 요청했다. 산림청이 이를 수용하면서 완벽하게 땅을 매입할 수 있었다. 이만큼 땅에 대한 열정이 있었기에 오늘날 에버랜드가 존재하고 삼성이라는 대한민국 1위의 회사도 존재할 수 있는 게 아닐까?

사람의 심리를 잘 이용해서 땅을 구매한 이 사례는 현재에도 충분히 통할 수 있는 방법이다. 소위 부동산 용어로 '지주 작업'이라고 한다. 팔 의사가 없는 땅 주인이 땅을 팔게 하는 기술이다. 중요한 건 땅 주인이 땅을 팔 수 있는 상황을 만드는 것이다. 이병철 회장의 에버랜드 토지 매입 과정은 상황을 어떻게 만들어야 하는지 보여 주는 좋은 교훈의 사례다.

제주도 마트 사장님이
장례식장 짓고 땅 부자 된 비결

국토 교통부가 2023년 7월에 발표한 토지 소유 현황 통계에 따르면 대한민국 전체 인구 5,133만 명 중 1,903만 명, 약 37.1%가 토지를 소유한 것으로 나타났다. 이는 2022년 대비 26만 명(1.3%) 상승한 수치다. 당신은 37.1%에 속한 사람인가? 속하지 않는 사람인가? 그런데 통계 결과를 보면 의문이 든다. 대한민국에 땅을 가진 사람이 이렇게 많은가?

이 통계는 착시가 있다. 우리가 흔히 '땅'이라고 생각하는 건물이 없는 토지 외에 아파트나 다세대 주택이 깔고 앉은 토지인 '대지권'이라는 토지가 포함된 통계라는 것이다. 보통 아파트를 소유하면 등기부에 전체 단지의 대지 면적을 가구 수로 나눈 면적이 표시된다. '대지 지분'이라고 하는 이것이 바로 땅이다. 아이러니하게 보통 아파트를 가진 사람들은 자신이 땅을 갖고 있다는 사실을 인지하지 못하고 산다.

또 하나 재미있는 사실은 땅을 갖고 있는 상위 1%가 전체 땅의 32%를 차지하고 그 평균 면적은 10만㎡(약 3만 평)가량 된다는 것이다. 금액 기준으로 따져 보니 100억 원 이상의 땅을 보유한 땅 부자가 1만 명이 넘고 1억 원에서 5억 원 미만의 땅을 가진 사람도 630만 명가량 된다. 땅 주인이라고 다 같지 않다는 이야기다.

평생 땅을 한 번도 소유해 보지 못하는 사람들도 많다. 고기도 먹어 본 사람이 그 맛을 알듯이 땅도 사 본 사람이 그 매력을 알고 또 산다. 최근 대한민국 부동산 투자의 트렌드는 아파트 투자다. 너도 나도 아파트 투자에 혈안이 돼 있고, 청약 시장과 재건축 시장은 과열돼 있고, 입지 좋고 투자 가치가 높은 아파트를 찾아다니고 있는 아파트 광풍의 시대다. 누구나 할 수 있지만 아무나 성공하지 못하는 아파트 투자와는 달리 땅은 소수의 사람들이 투자하고 독점하고 있다.

예로부터 "땅 부자는 있어도 집 부자는 없다"라는 말이 있다. 한정된 토지의 특성상 땅값은 상승할 수밖에 없고 한번 호재를 만나면 10배, 100배씩 오르는 땅이 나온다는 사실을 그들은 알고 있다. 그래서 토지 투자에서는 통계에서도 보듯이 땅따먹기하듯 차곡차곡 사 모아서 땅 부자가 된 사람이 생각보다 많다. "땅은 사 모으는 자산이지 파는 자산이 아니다"라고 말한 어느 땅 부자의 이야기가 생각난다.

지금 소개할 제주도 땅 부자 강 회장도 본인의 사업을 열심히 하면서 현금이 생길 때마다 사업장 주변 땅을 조금씩 계속 사 모아 땅 부자가 된 사례다.

부지런히 돈 벌어 땅 사 모은 마트 사장님

최근 제주도 관광객들 사이에 핫 스폿인 장소가 있다. 제주 동쪽에 위치한 '송당 동화마을'인데 제주의 나무와 돌, 사계절 꽃을 테마로 공원을 설계해서 제주 내에서도 가장 제주다운 공원으로 소문이 났다.

무엇보다 동화마을이 주목받은 이유는 세계적인 커피 체인 스타벅스 리저브 매장이 국내 최대 규모로 들어섰기 때문이다. SNS를 통해 관광객들 사이에 새로운 무료 관광지로 입소문을 타고 사계절 문전성시를 이루고 있다. 제주를 여행하는 관광객이라면 한 번쯤은 가 보고 싶은 동화 속 마을로 자리 잡고 있다.

원래 동화마을은 세프라인월드(9만 9,953㎡)로 운영된 부지였다. 2020년 주식회사 명의의 마트를 운영하는 강 회장이 이 부지를 210억 원에 인수 후 3년간 공사를 거쳐 오픈했다. 총사업비가 약 464억 원이 들었다. 스타벅스를 비롯해 제주도에서 유명한 맛집 10곳을 유치해 맛있는 음식을 먹고 커피 한잔하며 테마 공원을 산책할 수 있어서 연중 사람들의 방문으로 문전성시를 이룬다고 한다.

또한 이곳은 2024년 9월 6일 기본 계획 고시된 제주 제2공항 초입에 위치하여 향후 제주 신공항 개항 시 수혜 지역인 구좌읍 송당리에 있다. 10년 뒤에는 제주 신공항 개발 효과로 큰 땅값 상승이 예상되는 지역이다. 아마도 강 회장은 10년 뒤 상황까지 생각하고 제주도 동쪽에 이렇게 큰 투자를 했을 것이다.

강 회장은 제주도 애월읍 봉성리의 가난한 농부의 2남 중 장남으로 태어났다. 젊은 시절에 안 해 본 일이 없을 정도로 고생도 많이 했다. 그렇게 모은 돈으로 제주 시내 주차장 땅을 구입해서 운영하다가 현금 장사가 돈이 된다는 사실을 깨닫고 그 땅 위에 자그마한 건물을 지어서 마트 사업을 시작했다.

그 당시에는 신용 카드가 대중화되지 않은 시기였으므로 마트의 특성상 매일매일 현금이 들어왔다. 그때 강 회장은 현금이 생기면 모아서 땅을 사 모았다. 그렇게 열심히 마트의 규모를 키운 만큼 장사도 잘됐다. 하지만 워낙 돈 없이 시작하다 보니 시내에 땅을 사는 건 엄두가 나지 않았다. 그래서 시내 중심지에 땅을 임대해 큰 마트를 지어서 점점 사업 규모를 늘렸다.

한번은 제주시 내 큰 대로변에 규모가 큰 친환경 마트를 하던 정치인 출신 사장이 강 회장을 찾아와서 제안을 했다.

"자네, 내가 운영하는 친환경 마트를 싸게 줄 테니 인수할 의향 없는가?"

그 당시 제주는 자연환경이 좋아서 사람들이 집 앞 텃밭에서 직접 채소를 키우면서 살았기 때문에 요즘처럼 친환경에 대한 중요성을 느끼지 못했다. 사람들이 농약도 치지 않고 채소를 직접 키우다 보니 친환경 마트가 잘될 리가 없었다.

그래서 강 회장은 고민에 고민을 해 봤지만 친환경 마트는 아니라는 생각에 몇 번이고 고사했다. 하지만 거듭된 인수 제의와 파격적으로 낮아진 인수 가격에 결국 헐값에 인수를 하기로 결정했다. 대신 친환경 마트가 아닌 전혀 다른 업종인 아이스 링크를 해 보기로 했다. 결과는 대실패였다. 사업 수완이 뛰어난 그였지만 그 당시 제주도에서 아이스 링크는 얼마 가지 못하고 폐업을 하게 됐다. 강 회장은 고민했다.

'과연 이 땅에 어떤 사업을 해야 성공할까?'

생각을 전환해 기회를 잡은 자수성가 땅 부자

강 회장은 고민 끝에 마트 사업과 연관성 있는 사업을 해야겠다는 결론을 내렸고 당시 제주에 제대로 정착되지 않았던 장례식장을 해 보기로 했다. 왜냐하면 장례식장의 수익은 장례식 비용보다 조문객을 위한 음식 주문량에서 결정된다는 사실을 알았기 때문이다. 본인이 운영하던 식자재 마트와 연관성이 많았던 것이다.

여기서 강 회장의 부동산 감각이 엿보이는 대목이 있다. 폐업한 아이스 링크 자리에 장례식장이 생기니 주변의 땅값이 떨어지기 시작했다. 일반적으로 장례식장은 혐오 시설로 인식돼 그 주변은 땅값이 오르지 않는다. 일반 사람들의 땅 구매 수요가 없다 보니 가격이 떨어졌다.

강 회장은 이런 사실을 간파하고 장례식장 주변에 싸게 나오는 땅을 현금이 생길 때마다 조금씩 매입했다. 장례식장 건축 후 이곳에서 벌어질 상황을 예상하고 그 계획에 따라 차근차근 주변 땅을 싸게 사 모은 것이다.

이곳은 현재 제주시의 연북로 주변인데 그 당시에는 제주시 외곽이었지만 지금의 연북로는 제주시 내 신제주와 구제주의 중간에 있는 교통 요지다. 강 회장은 마트와 장례식장을 운영하며 버는 현금으로 장례식장 주변 땅을 많이 사들였다.

그러던 어느 날 제주에서 가장 큰 장례식장이 매물로 나왔다는 소식을 듣고 강 회장은 기존의 장례식장을 옮기기로 결정했다. 혐오 시설인 장례식장이 이전한다고 하니 그동안 매입했던 저평가된 땅값이 순식간에 오르면서 강 회장은 큰돈을 벌었다. 이 모든 그림을 강 회장은 예전부터 상상하며 천천히 실천에 옮겨 제주도의 땅 부자가 된 것이다.

강 회장은 현재 제주도에서 가장 큰 마트를 운영하고 제주도에서 가장 큰 장례식장을 운영하며 송당 동화마을이라는 테마 공원을 창업해 운영한다. 최근에는 한라산 중산간에 있던 폐업 골프장 땅을 경매로 낙찰받아서 총사업비 450억 원 정도의 대규모 관광지로 개발하기 위한 프로젝트를 진행 중이다.

　강 회장의 사례에서 우리가 배울 점은 단순 명료하다. 자신의 사업을 열심히 해서 돈을 벌고 그 돈으로 꾸준히 땅을 모아 갔다는 점이다. 투기와 투자는 엄연히 다르다. 강 회장은 '땅은 거짓말하지 않는다'는 신념으로 땅에 투자를 했다.

　아이스 링크를 일반 사람들이 혐오 시설로 생각하는 장례식장으로 업종을 전환한 것은 의도했든 의도하지 않았든 주변 땅값을 떨어뜨렸다. 강 회장은 그 기회를 놓치지 않고 더 많은 주변 땅을 모았다. 그리고 마침내 장례식장 이전으로 그동안 사 모았던 땅의 가치를 제대로 인정받아 땅 부자가 됐고, 매각한 돈으로 또 다른 땅 투자에 나설 수 있었다.

　여기서 우리는 중요한 팁을 하나 얻을 수 있다. 바로 혐오 시설 주변의 땅값은 저평가돼 있다는 사실이다. 만약 혐오 시설을 옮길 수 있거나 옮길 계획을 미리 알 수 있다면 그 주변의 땅값을 정상적으로 평가받을 수 있다.

　부동산 관점에서 혐오 시설은 축사, 쓰레기 소각장, 장례식장, 묘지, 군부대 등 여러 시설이 있다. 이런 시설 중에서 옮길 수 있는 혐오 시설 주변을 잘 연구해서 투자하면 큰 기회를 잡을 수도 있다. 국가나 지자체의 홈페이지 공고와 지역 신문을 늘 살피고 정보를 찾다 보면 이런 정보를 남들보다 빨리 알 수 있다. 결국 저평가된 땅을 꾸준히 발굴하고 저축하듯이 사 모으는 우직함이야말로 땅 부자로 가는 기본 방법임을 잊지 말자.

5,000만 원으로 산 묘지 땅
100억 원으로 만든 택배 기사

2024년 기준으로 대한민국 국토의 65.3%가 산이다. 우리나라는 대부분의 도시와 평야를 제외하면 산으로 이뤄져 있다. 그래서 땅에 관한 이야기 중에 빠질 수 없는 부분이 바로 산이다. 특히 산은 보통의 땅과는 다르다. 경사와 고도가 있고 나무와 돌, 묘지 등 특수한 방해물이 있기 때문에 일반인에게 결코 쉽지 않은 땅이다.

사람들이 산에 관심을 갖는 가장 큰 이유는 모든 토지 중에서 단위 면적당 가격이 가장 싸기 때문이다. 가끔 몇만 평의 산이 단돈 몇천만 원에 매매로 나오거나 감정가 몇억 원의 산이 반의반 값에 낙찰되는 경우가 있다. 이렇듯 산은 분명 일반 땅보다 저렴하다는 매력이 있다. 그렇다면 산은 왜 싼 것일까? 여러 가지 이유가 있지만 이번 사례에서는 '묘지' 이야기를 해 볼까 한다.

일반적으로 묘지는 산에 만든다. 그래서 산에는 묘지가 많다. 특히 우리나라는 예로부터 배산임수의 명당 자리에 조상의 묘를 써서 자손들이 좋은 기운을 받아 잘되기를 바랐다. 이런 풍습으로 접근성 좋은 양지바른 산을 보면 백발백중 묘가 자리 잡고 있다. 심지어 한 기, 두 기가 아닌 집단으로 조성된 종중의 묘가 있는 산도 많다.

묘가 있는 산은 나지막하고 위치 좋은 곳에 있음에도 묘지 자체가 혐오 시설로 인정돼 제값을 받기가 힘들다. 가끔 '묘지 뷰 아파트' 기사를 언론에서 보는데 묘가 아파트 가격에 큰 영향을 미치는 게 사실이다.

이런 묘는 특수한 권리가 있다. '분묘 기지권'이라는 법정 지상권이다. 분묘 기지권이 있는 묘는 내 땅에 남의 묘가 있더라도 함부로 옮길 수 없다. 일반인의 입장에서는 골치 아플 수밖에 없는 땅이 되는 것이다. 산은 안 그래도 경사도 등으로 개발할 수 있는 면적이 작은데 분묘가 이곳저곳에 흩어져 있으면 아예 개발을 할 수 없어서 난처할 경우가 많다.

하지만 이런 배산임수의 나지막하고 접근성 좋은 산은 묘지만 제거하면 금싸라기 땅으로 바뀐다. 현재는 핸디캡이 있지만 제거할 수 있는지 없는지 판단해 볼 수 있는 것이다. 조건을 이것저것 전부 따지다 보면 사실 살 수 있는 산이 거의 없다. 이 산은 경사가 높아서 안 되고, 저 산은 도로가 없어서 안 되고, 또 묘지가 있어서 안 되고…. 산을 살 수 없는 이유는 수백 가지다. 그런데 이런 묘지 많은 산을 사서 부자가 된 사람이 있다.

효심 깊은 묘 주인 덕분에 묘지 경매에 눈뜨다

곽 씨는 경기도 하남에서 택배 기사로 1톤 차를 지입해 운영하며 열심히 사는 30대 가장이다. 택배 기사의 특성상 하남시 인근 산골까지 배달을 가곤 한다.

곽 씨에게는 어릴 때부터 꿈이 있었다. 이 땅에 태어나서 내 이름으로 된 땅을 1평이라도 가져 보는 것이다. 하지만 가진 게 많지 않던 곽 씨는 수중에 여유 자금이 5,000만 원밖에 없었다. 평소 땅을 싸게 사는 방법은 경매라고 생각하고 그런 땅을 사기 위해 주말이면 경매 학원도 다니고 틈틈이 책도 보면서 자신의 자금에 맞는 땅이 나오길 기다렸다.

그때 하남시 항동의 감정가 5억 원짜리 임야 5,000평이 다섯 번의 유찰에 최저 8,400만 원으로 경매가 진행 중인 걸 알게 됐다. 이곳 임야는 개발 제한 구역에 포함돼 있고 여기저기 산재된 묘가 6기나 있는 데다가 할 수 있는 행위도 극히 제한적이어서 아무도 입찰하지 않았던 것이다.

곽 씨는 하남 토박이고 택배업을 하다 보니 누구보다 이곳의 위치적 장점을 잘 알고 있었다. 서울과 가깝기 때문에 언젠가는 이곳도 개발될 것이라는 확고한 신념이 있었다. 그래서 다섯 번째 입찰에서 9,500만 원에 낙찰받았다. 2순위 입찰 가격이 9,400만 원이었는데 100만 원 차이로 낙찰을 받아서 기쁨이 2배였다.

그렇게 취득세 등을 합해 1억 원 정도에 이 땅을 매입하고 모자란 5,000만 원은 대출로 충당했다. 곽 씨는 이 땅을 야적장으로 임대하여 그 수입으로 대출 이자를 충당하기로 했다. 곽 씨가 낙찰받은 이 땅 옆에는 소규모 공장들이 밀집해 있었다. 그래서 물건을 적치할 야적장이 많이 부족했는데 야적장은 분묘가 있어도 크게 상관이 없었다.

그러던 어느 날 묘 주인이라는 사람에게 연락이 왔다. 현재 곽 씨 땅 안에 있는 무덤 2기가 자기 조상님 묘인데 야적장에 적치된 물건 때문에 마음이 불편해서 잠이 안 온다는 것이었다. 묘 주인은 왠지 조상님께 죄짓는 것 같으니 묘가 있는 부분만 100평을 잘라서 자기에게 팔라고 했다.

곽 씨는 묘 주인과 협의해서 묘 1기당 1,000만 원씩 2기를 2,000만 원에 팔았다. 그러고 나니 나머지 묘도 처리할 수 있겠다는 자신감이 생겼다. 그래서 나머지 묘 주인도 수소문했다. 무연고 묘 3기는 개장 공고를 통해 1기당 300만 원씩 비용을 들여 처리하고 나머지 1기는 묘 주인이 협의를 하고 무상으로 이장해 가기로 했다.

그렇게 이 땅의 가치를 떨어뜨렸던 묘지 6기를 다 해결했다. 정산해 보니 1,000만 원가량이 남았다. 눈엣가시 같았던 묘지도 처리하고 땅의 가치도 회복하고 그야말로 일거양득의 효과였다. 그 이후 곽 씨는 야적장 임대 보증금 3,000만 원과 묘지 정산금 1,000만 원을 합한 4,000만 원으로 또 묘지가 있는 산을 낙찰받아 묘지 주인과 협의하는 방식으로 투자를 했다. 그리하여 13년 만에 전국에 약 3만 평의 땅을 소유하게 됐다.

최초에 낙찰받았던 하남의 산은 보유한 지 10년 정도 지난 2021년에 하남 교산 지구 신도시에 포함돼 보상을 받았다. 그 금액만 수십억 원에 이르러서 현재 100억 원대 자산가가 된 곽 씨는 택배 사업소를 운영하며 여전히 열심히 살고 있다.

곽 씨의 사례에서 우리가 배울 점은 묘지가 있어 가치가 저평가돼 다른 사람들은 섣불리 입찰하지 않았던 땅을 과감히 입찰한 것, 그리고 우연히 찾아온 묘지 주인과 협상해 묘지 주인이 처한 상황을 오히려 잘 활용했다는 것이다.

곽 씨의 경우 묘지가 땅의 가장자리에 위치해 있어 분할이 가능해 팔 수 있었다. 이렇게 수익을 본 것이 곽 씨가 다른 묘도 처리할 수 있는 방법을 연구하는 계기가 됐다. 그리고 본인 땅에 있는 묘지를 다 해결해서 땅의 가치를 원래대로 회복했다. 이 경험으로 비슷한 사례의 경매 물건만 집중적으로 찾아서 입찰하고, 또 땅의 핸디캡인 묘지를 해결함으로써 적극적으로 산의 가치를 제대로 평가받을 수 있도록 노력했다.

유찰되는 묘지 땅, 협상 잘하면 돈이 된다

묘지는 일반 사람들에게는 혐오 시설로 인식돼 묘지가 있는 산은 매매든 경매든 일단 사람들이 꺼린다. 하지만 반대로 묘지가 있어 제대로 평가받지 못하고 개발하지 못하는 산에 묘지가 없어진다면 그만큼 가치를 제대로 평가받을 수 있다는 이야기가 된다.

우리나라에는 특이한 관습법인 분묘 기지권이 있다. 타인의 토지에 무덤을 만들어 20년간 평온, 공연하게 점유해서 취득하는 권리다. 이로 인해 내 땅에 타인의 무덤이 있어도 함부로 옮기지 못했는데 '대법원 2021. 2. 27. 선고 2020다 295892 판결'에 의해 이제는 사용료를 청구할 수 있게 됐다. 만약 2년 이상 지료(땅의 사용료)가 연체되면 분묘 기지권의 소멸 청구가 가능하다. 주인이 없는 무연고묘는 지자체에 개장 공고를 내고 처분하면 되는데 요즘은 업체에서 소액 비용으로 전부 대행해 준다.

의외로 가장 협상하기 좋은 케이스가 관리가 잘되는 묘다. 종중은 더욱더 관리가 잘된다. 현장에 가 보면 비석과 벌초 상태만 봐도 파악할 수 있다. 무덤을 관리하는 개인이나 종중이 각자 살아가기 바쁘다 보니 산이 경매에 넘어갔다는 사실조차 모르는 경우가 많다. 막상 낙찰 후 묘를 옮겨 달라고 연락해 보면 그때야 부랴부랴 사태를 수습하려고 한다.

대부분은 분묘 기지권 성립을 이유로 버티지만, 관리되는 묘지라는 것은 그만큼 조상을 섬기는 자손이라는 의미다. 역설적으로 효심이 깊은 자손을 설득하기도 더 쉽다. 무덤만 놔두고 그 주위로 개발을 한다고 포크레인 한 대만 갖고 땅만 조금 파도 먼저 협상을 하자고 나온다. 왜냐하면 편히 누워 계시는 조상님 묘지 옆의 땅을 판다는 사실만으로도 큰 충격이기 때문이다.

이렇게 관리가 되는 무덤은 그 위치가 땅의 가장자리라서 분할이 가능하다면 협상해 분할해서 팔고, 만약 땅의 가운데나 분할하기 힘든 위치에 있다면 이장할 수 있도록 협상하면 된다.

요즘은 묘지 자체가 경매에 자주 나온다. 수백만 원에서 수천만 원 정도의 비교적 소액으로도 얼마든지 낙찰받을 수 있고 묘지 주인과 협상을 잘하면 통상 2~3개월 내에 수익화가 가능하다. 그래서 일반인도 많이 하고 있다.

묘지가 포함된 임야 경매는 경매 사이트에 검색해 보면 쉽게 찾을 수 있다. 따라서 유찰이 많이 된 임야(묘지 포함)를 싸게 낙찰받아 협상 또는 분할을 통해 수익을 올리는 방법으로 땅 투자를 해 보는 것도 좋은 방법이다.

대물로 받은 맹지에 묻혀 있던 2,400%의 대박 가능성

여러분은 맹지에 대해 어느 정도 알고 있나? 땅은 보통 현장을 가보기 앞서 서류상 확인을 먼저 한다. 지적도나 위성 지도를 통해 땅의 위치나 형상을 보고 판단한다. 여기서 질문 하나를 하겠다.

지적도상 땅이 4차선 도로에 접해 있다. 그런데 그 도로가 고속 도로나 자동차 도로일 경우 그 땅은 맹지일까? 아닐까?

정답은 맹지다. 그래서 건물을 짓기 위해 그런 땅을 사면 소위 '망하는' 것이다. 고속 도로나 자동차 전용 도로는 IC를 통해서만 진입할 수 있고, 차들이 고속으로 달리기 때문에 교통사고의 위험이 있다. 그렇기 때문에 땅이 도로에 접해 있다 하더라도 건축 허가를 내

주지 않는다.

땅을 살 때 현장에 가 보고 산다면 이런 상황을 알 수 있지만 지도 만 보고 현장을 가 보지 않는다면 오판할 수 있다. 왜냐하면 지도상 으로는 도로에 잘 접한 아주 훌륭하고 좋은 땅이기 때문이다.

이렇게 개발이나 건축이 안 되는 땅을 '맹지'라고 부른다. 땅을 잘 모르는 사람도 맹지라는 용어는 들어 봤을 것이다. 맹지는 땅 주위 가 모두 다른 사람의 땅으로 둘러싸여 도로에 접하는 부분이 전혀 없는 토지를 말한다. 또한 도로와 접해 있지만 건축법상 허가가 안 나는 도로와 접해 있는 땅도 맹지다.

건축법상 도로의 정의는 땅을 투자하는 사람이면 무조건 알아야 하는 중요한 내용이니 이번 기회에 꼭 기억하자.

건축법상 도로는 보행 및 자동차 통행이 가능한 4m 이상의 도로 이고 해당 토지와 2m 이상 접해야 건축 허가가 난다.

정말 중요한 내용이다. 차만 다녀도 안 되고 보행만 가능해도 안 된다. 둘 다 가능해야 한다. 그럼 왜 맹지가 안 좋은 땅일까? 그 이유 는 도로가 없으면 건축 행위를 할 수 없는, 말 그대로 쓸모없는 땅이 되기 때문이다. 하지만 반대로 도로가 없는 맹지에 도로가 생긴다면 어떻게 될까? 여기 맹지를 갖고 있어서 자식에게 대대손손 물려줘야 할거라고 생각했는데 뜻밖에 그 땅에 4차선 도로가 생기면서 대박 을 맞은 사례가 있다.

돈 떼먹고 준 맹지, 알고 보니 개발지였다

2000년 초 용인에서 중소기업에 자재를 납품하던 조 씨는 어느 날 납품하던 회사 사장으로부터 청천벽력 같은 소리를 들었다. 납품처 사장이 도박에 빠져 납품 대금으로 줘야 할 돈까지 전부 도박에 사용하고 납품 대금을 줄 수 없다는 것이었다. 양심은 있어서 그 대신 경기도 용인시 삼가동에 맹지 500평이 있는데 그거라도 대신 주겠다고 했다.

조 씨가 받을 돈은 5억 원인데 어쩔 수 없이 납품 대금 대신 맹지 500평을 받았다. 그 당시 용인시 삼가동 일대의 땅값은 평당 50만 원 정도였다. 하지만 받은 땅은 맹지이기 때문에 아무리 비싸게 잡아도 평당 10만 원 정도밖에 안 되니 500평이라고 해도 5,000만 원밖에 되지 않았다. 하지만 돈을 떼이는 것보다는 맹지라도 받는 게 낫겠다 싶어 조 씨는 땅을 받고 난 뒤 그대로 잊고 까먹은 돈을 만회하려고 더 열심히 일했다.

그렇게 몇 년이 지난 어느 날 집에 시청에서 우편 서류가 하나 왔다. 2004년 용인시청 신청사가 이전하면서 조 씨 땅이 도로에 일부 편입돼 보상금이 지급된다는 내용이었다. 용인 신청사가 들어오고, 용인시 구갈동과 포곡읍을 잇는 경전철(18.3㎞) 공사를 2005년부터 시작하면서 2000년 초에는 불과 평당 50만 원 정도 하던 용인시 삼가동 땅값이 천정부지로 치솟았다. 도로와 인접한 땅은 평당 1,000만 원에서 1,500만 원까지 올랐다. 그렇게 500평 중에서 200평이 도로에 편입돼 조 씨는 보상금으로 2억 원을 받았다.

더 놀라운 사실은 도로가 없는 맹지가 4차선 도로와 접해져서 알짜배기 땅으로 바뀌었다는 것이다. 조 씨 땅에서 용인시청까지는 차로 10분밖에 걸리지 않았다. 음식점을 하겠다는 사람이 평당 350만 원에 300평을 산다고 해서 조 씨는 10억 원에 땅을 팔았다. 보상금 2억 원과 합하니 무려 12억 원이 됐다. 납품 대금으로 울며 겨자 먹기로 받은 5,000만 원짜리 맹지가 무려 2,400%의 수익을 주는 보물이 되어 돌아온 것이다.

만약 조 씨가 그 땅을 팔지 않았다면 2025년 현재 기준으로 30억 원 정도 돼 있을 것이다. 이 이야기를 들은 중소기업 대표는 그 땅을 준 걸 땅을 치고 후회했다고 한다. 하지만 이미 버스 떠난 뒤 손 흔들어 봐야 뭐 하겠는가? 자기 자신을 원망하는 수밖에 없었다.

맹지인 척하는 맹지를 골라내는 두 가지 기준

땅에 처음 투자하는 사람들은 맹지라면 대부분 처음부터 거들떠보지 않는데 예외도 있다. 몇 가지 경우에 해당하면 오히려 맹지로 돈을 벌 수 있다. 말 그대로 맹지라고 다 같은 맹지가 아니다. 겉으로 보기에는 맹지이지만 실제로는 맹지가 아닌 두 가지의 경우가 있다. 바로 돈 되는 땅이라는 의미다.

첫째, 지적도상 맹지인데 현장에 가 보니 도로가 있는 경우다.

이 도로를 '현황 도로'라고 한다. 예전부터 도로로 사용되던 현황

상 도로가 있는 것이다. 그래서 땅은 늘 현장에 가 봐야 한다. 이런 현황 도로는 대부분 동네 사람들이 옛날부터 농사를 짓거나 통행하기 위해 사용한 길이다. 관습법상 이뤄진 권리로 지목의 일부가 도로인 경우가 있지만 대부분이 다른 지목(전, 답, 대)이다. 사실상 도로의 기능을 제공하는 땅의 현황 도로, 관습상의 도로의 개념까지 포함하며 국공유지(나라가 소유한 땅)인 경우가 많다.

현황 도로가 있으면 개발이나 건축이 가능한 경우도 많다. 다만 지자체의 조례에 의해 될 수도 있고 안 될 수도 있기 때문에 땅을 사기 전에 지자체 개발 행위 담당자나 건축과에 가능 여부를 확인해야 한다.

지자체별로 다른데, 제주도의 경우는 섬이라는 특성 때문에 현황 도로(시멘트 포장도로, 비포장도로 포함)의 폭이 2m 정도만 돼도 주택 건축 허가 정도는 가능한 곳이 있다. 물론 제주도 전체가 전부 가능한 것은 아니고 해당 읍·면사무소마다 차이가 있다. 하지만 육지보다는 현황 도로를 완화해서 판단해 준다. 대도시 주변으로 오면 현황 도로의 조건을 더 엄격히 판단한다고 보면 된다. 그리고 산에 있는 '임도'는 도로가 아니다. 따라서 주의해야 한다.

둘째, 지적도상에는 도로가 있는데 현장에 와 보니 도로가 없는 경우다.

여러 가지 이유로 아직 도로가 개설되지 않은 상태다. 지적도상에 도로로 표시돼 있다면 언제든 도로를 낼 수 있다는 뜻이다. 도로가 나서 주변 땅 주인들도 같이 이익을 보는 경우라면 보통 서로 협의하여 직접 도로를 개설·포장하는 것도 가능하다. 시골은 마을 이장이나 마을 사람들을 통해 지속적으로 면사무소 등 행정 기관에 민원을 넣으면 빠른 시간 내에 예산을 받아 도로 개설이 가능하다. 정말 급하다면 자비로 도로를 개설해도 상관없다. 어떤 방법이 더 이익이될지 땅값과 도로 개설 비용 등 수지 분석을 해 보고 땅 매입을 결정하면 된다.

이 두 가지의 경우에 해당하면 도로가 생겼을 때 맹지 수준의 싼값에 산 땅을 현재 시세대로 팔 수 있어 맹지가 돈이 되는 땅이 된다. 그러므로 잘 생각해서 맹지를 판단하면 된다.

여기서 주의해야 할 점이 있다. 두 번째 경우처럼 도시 계획 시설의 계획 도로가 지적도상에 표시돼 있는 것은 아직 정식 도로가 아님을 유의해야 한다. 계획 도로는 말 그대로 도시 계획선이 그려진 미래의 도로일 뿐이다. 계획 도로가 실제 도로로 개설된다면 토지를 보상받고 맹지를 탈출하게 되어 좋겠지만 그렇지 못하고 계획 도로로 지정 후 20년이 지나도록 도로가 개설되지 못할 경우에는 계획 도로의 효력이 자동으로 상실된다(일몰제). 간혹 계획 도로가 있으니까 맹지가 아니라고 하는 사람도 있는데 계획 도로는 도로가 아님을 꼭 명심하자.

만약 이런 땅을 두고 고민한다면 하나만 기억하자. 도시 계획 시설 도로를 결정하는 과정은 다음 순서로 이뤄진다.

1단계: 계획 수립.

2단계: 사업 시행자 결정.

3단계: 실시 계획 인가 고시.

4단계: 토지 보상.

5단계: 사업 시행.

이 과정에서 실시 계획 인가 고시가 난 계획 도로라면 땅을 매입해도 된다. 실시 계획이 인가가 났다는 건 도로가 날 확률이 80% 이상은 된다는 뜻이다. 지자체 도시 계획과나 도로과에 해당 번지를 알려 주고 어느 단계까지 와 있는지 물어보면 계획 도로가 실제 도로가 될지 판단하는 데 큰 도움이 된다.

삼 남매 키우는 거제도 선장님이 농지를 산 이유

2010년 개통한 부산과 거제를 잇는 거가 대교, 2021년 개통한 충남 대천항과 안면도를 연결하는 보령 해저 터널. 우리나라에서 섬과 육지가 다리로 연결된 대표적인 경우다. 두 터널은 해상 교량일 뿐만 아니라 바다 아래에 터널을 만들어 섬과 육지를 연결한 해저 터널이다. 이로 인해 접근성이 대폭 개선되면서 섬의 땅값이 급등했다.

특히 거가 대교는 대한민국 제2도시 부산과의 연결로 거제도에 관광객이 대규모로 유입되는 효과를 가져왔다. 거제가 이전에는 고립된 섬이었다면, 부산에서 거가 대교를 거쳐 기존의 거제 대교(통영~거제)로 빠져나가는 경로가 생겨서 관광객이 통영, 남해, 여수로 이동할 수 있게 됐다. 관광 동선이 지속적이다 보니 유동 인구가 상당히 늘어났다.

보령 해저 터널 또한 섬이었던 원산도와 안면도의 땅값 상승률을 높였다. 대천 해수욕장에서 원산도와 안면도를 관통해 태안으로 이동하는 관광 루트가 완성됐기 때문이다. 이처럼 교통망의 개선은 땅값에 큰 영향을 미친다. 특히 섬이 교량이나 해저 터널로 연결되면 보통 땅값이 상승한다.

깜깜한 땅을 살 수 있었던 뱃사람의 확신

거제도는 우리나라에서 제주도 다음으로 큰 섬이다. 거제도 장목면 외포리에는 외포항이 있는데 겨울이면 이곳은 외지인들로 붐빈다. 그 이유는 '대구'라는 생선이 우리나라에서 가장 많이 잡히기 때문이다. 매년 겨울이면 이곳에서 대구 축제가 열리는데 자그마한 항구에 대구 생선을 사기 위해 엄청난 사람들이 몰린다. 또한 이곳은 김영삼 대통령이 태어난 곳이고 생가가 현재도 잘 보존돼 있어서 관광객이 많이 찾는다.

섬 거제도에 다리가 놓이면서 부자가 된 사람들이 많다. 이곳 외포리에서 태어나 선장이었던 아버지를 이어 평생 어부로 산 윤 선장의 이야기다.

윤 선장에게는 눈에 넣어도 아프지 않을 삼 남매가 있다. 섬에서 뱃일을 하다 보니 혼기를 놓쳤는데 다행히 국제결혼을 통해 아내를 맞이했다. 뱃일을 마치고 집에 와서 아이들이 잠든 모습을 보면 늦게 결혼한 만큼 더 열심히 일해서 돈을 벌어 아이들을 잘 키워야겠다고 생각했다.

그런 윤 선장에게는 고민이 있었다. 윤 선장은 대를 이어 대구잡이 뱃일을 하며 가끔 먼 곳으로 조업을 나가곤 하는데 풍랑으로 죽을 고비를 몇 번 겪었다. 그렇다 보니 '혹시나 내가 잘못되면 아내와 애들은 어떡하지?'라는 생각을 하게 됐다.

그래서 윤 선장은 뱃일의 비중을 서서히 줄이고 농사도 병행해야겠다는 생각으로 주변에 농지를 구입하기 시작했다. 많은 사람이 거제는 섬이기 때문에 어부만 많을 것으로 생각하는데 실제로 거제도는 면적이 넓어 농사를 짓는 농부도 많다.

윤 선장은 거제가 연중 따뜻한 지역이니 열대 과일 등 특용 작물을 재배하면 돈이 될 것 같았다. 아내도 농사가 주업인 나라에서 자라고 농사일을 잘 알았기 때문에 둘이서 농사를 하면 금방 자리 잡을 수 있다고 생각했다. 그래서 뱃일이 없는 날에는 아내와 함께 농사를 지으며 농사일을 익혔다. 다행히 비싼 생선인 대구가 잘 잡혀서 돈을 많이 모을 수 있었다. 돈을 모으기 무섭게 농지를 구입해 어느덧 3,000평가량의 땅을 보유하게 됐다.

윤 선장은 고향 외포에서 땅을 많이 사면 왠지 눈치 보일 것 같았다. 그래서 고향 마을에서 북쪽으로 차로 30분 정도 가면 있는 농소마을에 땅을 샀다. 농소마을은 거제도에서도 북쪽에 위치해서 거제대교에서는 차로 1시간 30분이 걸리는 아주 외진 마을이었다. 하지만 산 아래부터 바닷가 쪽으로 계단식 땅으로 이뤄져 집을 지으면 바다 전망도 잘 나오고 농사를 짓기에도 적당했다. 무엇보다 땅값이 저렴해서 평당 1만 원이면 땅을 살 수 있었다. 2000년대 초반에 외포리의 농지 가격이 평당 5만 원 정도 했던 것에 비해 농소마을은 평당 1만 원 정도 했기 때문에 윤 선장은 5,000만 원을 들여서 5,000평 정도 농지를 샀다.

윤 선장이 농소마을에 땅을 산 이유는 땅값이 싸다는 이유 외에도 다른 이유가 있었다. 당시 거제는 부산과 거제를 잇는 거가 대교 건설에 관한 여론 수렴을 하고 있었고 마을 주민 모임에서도 거가 대교 관련 이야기들이 심심찮게 나오던 시기였다. 하지만 다리가 놓일지 안 놓일지는 알 수 없었다. 더군다나 바다 밑을 통과하는 해저 터널 이야기도 있고, 대통령 별장이 있는 '저도'라는 섬이 군사 시설 보호 구역인데 교량 통과 지역에 위치해 있었기 때문에 성사 여부가 불투명했다.

윤 선장이 조업을 위해 바다에 나가서 부산과 거제 사이의 모습을 보면 좁은 바다를 사이에 두고 부산 쪽은 밤에 불을 켜 놓은 건물과 아파트들로 환한데 거제는 간간이 불빛이 있을 뿐 칠흑 같은 어둠에 싸여 있었다. 윤 선장은 극명하게 다른 모습을 보고 언젠가는 다리가 놓일 것이고 다리가 놓인다면 거제도 개발이 되어 땅값이 오를 것이라고 생각했다. 그래서 고향이 아니라 부산 쪽과 가까워 다리가 생길 확률이 최대한 높은 농소마을 인근으로 땅을 산 것이다.

땅을 사고 10년이 지난 2010년 12월, 거가 대교가 교량과 해저 터널 방식으로 개통돼 부산과 거제를 일일 생활권으로 만들었다. 거가 대교 개통 후 거제도에 관광객이 급증했고 땅값 상승률이 2011년 1월 기준 개별 공시 지가 23.8%로 전국 1위였다.

실제 거가 대교 인근에 관광객을 위한 펜션 등 숙박 시설이 많이 들어서면서 평당 1만 원 하던 땅이 최대 평당 100만 원까지 올랐다. 왜냐하면 펜션을 짓기 위해 땅을 찾아서 온 부산 사람들에게는 평당 100만 원도 싸 보였기 때문이다. 윤 선장이 갖고 있던 땅도 펜션 단지를 짓는 사람이 계속 팔라고 해서 결국 매각했다. 5,000만 원에 산 땅은 10년 만에 60배인 30억 원에 매각됐다.

현재 거제시 장목면 농소마을에는 한화리조트가 생겼고, 2030년에는 거제에 마산~거제 간 교량이 개통될 예정이다. 이 정도면 거제는 이제 섬이 아니라 육지라고 생각해도 될 것 같다.

외딴 섬과 땅이 이어지면 기적이 일어난다

윤 선장의 사례에서 보듯이 섬은 접근성이 제한돼서 배가 아니면 접근하지 못하는 특수한 땅인데 교량이나 해저 터널로 연결되면 육지와 똑같은 가치로 평가받는다. 다리가 있다 하더라도 하나의 다리를 통해 섬으로 들어갔다가 하나의 다리로 다시 나와야 하는 고립된 섬 또는 대도시에서 접근이 제한된 위치에 교량이 있을 경우 땅값이 상승하는 데 제한이 있다. 하지만 섬은 끊임없이 개발 계획이 발표되니 이런 정보에 항상 관심을 둔다면 땅 투자의 기회가 생길 것이다.

특히 2024년 12월 착공에 들어가서 2031년 준공 예정인 남해~여수 해저 터널 사업은 기존에 여수에서 남해까지 1시간 30분이 걸리던 거리가 해저 터널이 개통되면 10분이면 오갈 수 있게 되는 획기적인 국책 사업이다. 여수시 신덕동과 남해군 서면을 잇는 총 8,085㎞의 사업으로 약 10년 뒤에 개통되겠지만 땅 투자에서는 충분히 기회가 있다. 우리나라에는 3,300여 개의 섬이 있다. 지금 말한 큰 섬이 아니라 지역의 작은 섬이 교량으로 연결되는 경우도 땅값에 영향이 있다.

또한 섬은 아니지만 바다나 강이 물리적으로 막고 있는 곳에 교량이 연결되는 경우를 유심히 살펴봐야 한다. 우주항공청이 개청한 경상남도 사천시 사남면과 곤양면 검정리를 연결할 예정인 가칭 사천 항공 산업 대교의 경우 2027년 1월을 준공 목표로 2024년 6월 현재 공정률이 약 28%다. 이 다리는 섬과 육지를 연결하는 것이 아니라 육지와 육지인데 바다로 단절돼 있는 구간을 연결한다. 항공 국가 산업 단지의 물류 이동 편의성을 위해서 남해 고속 도로와 획기적으로 연결될 것으로 예상한다.

교량이 개통된다면 그동안 낙후됐던 지역을 중심으로 땅값이 상승할 것이다. 이미 땅값 상승이 시작됐지만, 개통 시점에는 더 많이 상승하고 편의 시설이 들어오면 추가로 더 상승하는 현상이 나타난다.

이렇듯 전국의 많은 곳이 개발되고 있다. 이런 정보는 항상 개발 뉴스와 정보에 관심을 갖고 지자체 홈페이지를 들여다보며 지역 뉴스를 검색해 보면 어렵지 않게 찾을 수 있다. 땅을 투자해서 돈을 버는 사람들은 늘 부지런하다. 개발 정보를 검색하고 현장을 다니고 공부하고 임장을 간다. 관심을 갖는 순간 50%의 성공이고 비로소 눈에 보인다. 아무것도 하지 않으면 아무 일도 생기지 않는다.

기발한 방법으로 투자한
두 사람의 결과

땅 투자에서 중요한 것 중 하나가 투자 지역 선정이다. 보통 땅 투자는 본인이 살고 있는 지역에 많이 한다. 투자 지역에 살면 무엇보다 호재와 악재 정보를 비교적 정확히 알 수 있고 가격이나 시세도 파악하기가 용이하다. 하지만 살고 있는 지역만 국한해서 보고 판단하기 때문에 투자할 물건이 제한적이다. 설령 물건을 잘 골랐다 하더라도 나중에 팔 때 수요자 역시 그 지역에 국한돼 수요자를 찾는데 시간이 오래 걸리고 제한적일 수밖에 없다.

어느 땅을 언제 사고 언제 팔 것인가?

그래서 전업 투자자들은 대한민국 전체 지역의 땅을 보고 호재가 있는 지역에 투자한다. 대규모 신도시 발표 예정지 인근이나 국책 사업 후보지 인근, 그리고 신공항 후보지나 신설 철도망이나 고속 도로 IC 인근 등 전 국민이 관심을 가질 만한 지역에 투자를 한다.

국책 사업은 다른 사업보다 무산될 확률이 낮다. 특히 신공항이나 고속 도로 철도망 신설 등 교통망 확충과 관련한 사업은 땅값에 민감할 수밖에 없다. 대규모 국책 사업이 진행되는 곳은 많다. 보통 국책 사업은 발표 때 한 번, 착공 때 한 번, 마지막으로 준공 때 한 번, 총 세 번의 땅값 상승을 동반한다. 그래서 충분히 투자 진입 시점을 가늠하고 들어갈 수 있다.

2025년 1월 1일 서울~안성 간 1단계 구간이 개통된 서울~세종 고속 도로(일명 제2 경부 고속 도로)는 2026년 말 2단계 구간인 안성~세종까지 개통되면 기존에 108분 소요되던 시간이 74분으로 단축된다. 이 고속 도로는 물류에 상당히 영향을 미쳐서 IC 인근 땅은 발표 후 공사가 진행되는 과정에서 가격이 꾸준히 상승하고 있다. 고속 도로 IC가 생기는 곳 주변 지역의 경제가 활성화되고 교통 혼잡도 완화되며 물류비의 획기적인 절감으로 단순히 고속 도로 하나 생기는 것 이상의 효과가 발생한다.

그렇다면 향후 땅값의 추이는 어떻게 될까? 아직 고속 도로가 개통 초기이기 때문에 고속 도로 효과를 체감하기는 이르다. 이 도로를 이용해 본 이용자들이 경험한 편리함과 시간 단축 등 장점이 널리 퍼지는 시점에 본격적으로 효과를 체감할 수 있다. 사람은 자기 눈으로 봐야만 느끼는 속성이 있다. 하지만 장점을 느낄 때 투자하기는 이미 늦다.

땅 투자에서 타이밍은 정말 중요하다. 아무리 좋은 땅도 비싸게 주고 사면 안 좋은 땅이 된다. 나에게 수익을 줄 수 없는 땅은 결코 좋은 땅이 아니다. 우리나라 대표 우량주인 삼성전자가 반도체 위기에 5만 원대로 떨어졌다. 대한민국 국민 누구나 삼성전자 주식이 좋다는 걸 알지만 고점에 산 사람은 5만 원으로 떨어진 상황에서 삼성전자 주식이 좋은 주식일 리 없다. 마찬가지로 아무리 개발 호재가 많고 좋은 위치의 땅도 고점에서 사면 애물단지일 수밖에 없다. 그래서 투자에서는 타이밍이 아주 중요하다.

반대로 생각해 보자. 종목이 삼성전자가 아닌 SK하이닉스라면 어떨까? 똑같은 반도체 주식인데 SK하이닉스는 2024년 초에 12만 원대였던 주가가 불과 6개월 만에 24만 원까지 올랐다. 만약 당신이 2024년 초에 삼성전자와 SK하이닉스 두 개의 주식을 두고 투자를 고민했다면 어떤 선택을 했을까? 그리고 그 결과는 어땠을까?

땅 투자에도 이런 고민의 순간이 온다. 특히 대한민국 대표 개발 정책인 신공항 후보지에 투자를 하는 사람들은 더 고민될 수밖에 없다. 둘 중 어느 한 지역의 후보지는 떨어지고 한 곳만 선정된다.

여기 2015년 공항 후보지가 선정된 후 10년이 경과된 2024년 9월에 기본 계획 고시된 제주 신공항(성산) 주변의 땅을 사서 큰부자가 된 농부가 있다.

어느 땅을 사야 할지 알아맞히지 않은 제주 농부

고 씨는 서귀포시 남원읍에서 귤 농사를 짓고 살았다. 제주도 토박이라 귤 농사만 지어도 자식들 공부시키고 먹고살기에 크게 문제는 없었다. 제주도가 이주 열풍과 중국인 투자로 인해 땅값이 크게 상승할 때도 고 씨는 별 신경 쓰지 않고 농사만 열심히 짓고 살았다. 그런데 주변에 다른 주민들은 제주시와 관광지 인근 땅을 사서 몇 배씩 수익을 보는 것이었다. 귤 농사를 지어 먹고사는 건 문제가 없지만 주변 사람들이 땅으로 돈을 버는 걸 보니 고 씨도 이번 기회에 땅 투자를 해 보기로 결심했다.

농사를 짓고 있는 농부이기 때문에 제주도의 농지를 사는 건 큰 문제가 없었다. 그래서 귤 농사도 지으면서 투자도 할 수 있는 땅을 알아보기 시작했다. 제주는 2010년 초부터 연예인들의 이주와 중국인 투자 이민으로 인해 인구가 폭발적으로 늘어났고 제주시에 있는 공항이 포화 상태에 이르렀다. 그래서 제2공항의 필요성이 꾸준히 제기됐다. 공항은 1분에 1대 꼴로 이륙과 착륙이 반복되는 포화 상태를 더 이상 견디기 어려운 상황이었다.

국토 교통부는 제주 신공항 후보지로 제주도 동서남북 네 곳을 발표했다. 북쪽은 구좌읍 김녕리, 남쪽은 남원읍 위미리 앞바다, 서쪽은 대정읍 신도리, 동쪽은 성산읍 신산리였다. 이곳 중 유력한 곳이 두 곳이었는데 서쪽인 대정읍 신도리와 동쪽 성산읍 신산리였다. 고 씨는 고민에 빠졌다.

'과연 신공항 후보지가 어디로 결정될까?'

마을 주민들과 의견을 나눠 봐도 어떤 사람은 동쪽이다, 어떤 사람은 서쪽이다 우열을 가릴 수 없이 의견이 팽팽히 갈렸다. 하지만 확률이 더 높은 곳은 서쪽인 대정읍 신도리였다. 아무래도 평평한 농지에 사업비도 제일 적게 나오는 곳이다 보니 제주 도민들도 대체로 서쪽이 선정되지 않겠느냐고 예상했다. 무엇보다 제주는 섬이어서 사면이 뚫려 있다 보니 비와 바람의 영향이 많은데 동쪽인 성산 쪽은 눈비가 많이 오고 바람도 많이 불어 서쪽보다 기후가 더 안 좋다는 단점이 있었다. 항공기가 이착륙 시에 기후의 영향을 많이 받으니 동쪽은 확률상 떨어질 수밖에 없었다.

땅값 역시 서쪽 신도리 인근이 동쪽 성산보다 더 빠르게 상승했다. 후보지 인근은 이미 토지 거래 허가 구역으로 지정돼서 토지 구입이 까다로워졌지만 땅값은 빠르게 올랐다. 더 이상 땅 구입을 미룰 수 없었다.

며칠을 고민 끝에 고 씨는 기발한 생각을 해냈다. 현재 땅에서 대출 5억 원을 받아 두 군데 전부 땅을 사는 방법을 택했다. 다만 확률이 높은 서쪽 신도리는 땅값이 올라서 총 투자 금액의 3분의 1만 투자하고 땅값이 덜 오른 동쪽 신산리 주변에 3분의 2를 투자하기로 했다.

서쪽이 선정되면 금액은 작지만 더 크게 땅값이 오를 테니 손해는 안 볼 것이고, 만약에 동쪽이 선정되면 서쪽은 작은 금액을 투자했기 때문에 손실이 작을 것이니 어떤 결과가 나와도 손해는 아니라고 생각했다. 탈락된 지역의 땅은 원래 목적대로 귤 농사를 지으면 되고, 시간이 지나면 제주도 땅값은 또 회복될 것이라고 생각했다. 그렇게 서쪽 신도리 옆에 1억 5,000만 원, 동쪽 신산리 주변에 3억 5,000만 원의 과수원 귤밭을 샀다.

동쪽과 서쪽을 오가며 농사를 짓던 어느 날, 동쪽 신산리 과수원에서 한창 귤을 수확하고 있는데 하늘이 시끄러워 쳐다보니 제주에서는 보기 드문 경비행기가 신산리 주변을 저공 비행하며 계속 맴돌았다. 일주일 이상을 그렇게 저공 비행을 하길래 서쪽 신도리 주변 귤밭에서 일하는 아내에게 전화해서 그쪽도 경비행기가 있냐고 물어보니 없다고 했다. 고 씨가 주변 농부들에게 물어봐도 경비행기의 목적에 대해서는 알지 못했다. 궁금한 건 참지 못하는 성격이어서 면사무소를 통해 수소문해 봐도, 도청에 알아봐도 알 길이 없었다.

그러던 중 신공항 선정 이슈로 부쩍 늘어난 외지인들이 농장 앞에서 대화하는 모습을 보고 그 앞을 지나가다가 결정적인 이야기를 들었다.

"저 경비행기, 일주일째 항공 측량한다고 비행하고 있어."

정체는 모르지만 무리 중 한 명이 하는 말을 똑똑히 들었다. 그제서야 고 씨는 깨달았다.

'역시 개발 정보는 현지인보다 외지인이 더 빠르구나. 공항은 동쪽으로 선정되겠구나.'

그로부터 한 달 뒤인 2015년 11월, 제주 신공항은 동쪽인 성산읍 신산리와 온평리로 결정됐다. 고 씨의 성산읍 땅은 순식간에 10배 이상 뛰었다. 3억 5,000만 원에 산 과수원을 35억 원에 사겠다는 사람이 나타났다. 불과 4년 만에 10배의 수익이 가능했다. 고 씨는 4년 이상 경작했기 때문에 땅을 판 돈으로 대토를 하여 양도 소득세도 줄일 수 있어 일석이조였다.

그럼 서쪽 신도리 인근에 산 과수원은 그 후 어떻게 됐을까? 고 씨가 산 땅은 대정읍 무릉리인데 신공항 선정 후 땅값이 반으로 떨어졌다. 하지만 고 씨는 동쪽 땅을 팔아 큰 수익을 봤다. 서쪽 땅은 1억 5,000만 원의 액면상 절반인 7,500만 원 정도 손해를 봤다고 생각하고 아랑곳하지 않고 귤 농사를 지었다. 이미 충분한 수익을 봤기 때문에 그 정도 손해는 손해도 아니라고 생각했고, 땅을 팔지 않았기 때문에 실제로 손해를 본 것은 아니었다.

서쪽 땅에서 농사를 지은 지 2년 정도 지난 시점에 부동산에서 1억 5,000만 원에 팔라는 제의가 왔다. 2년이 지나니 신공항 선정의 충격에서 벗어나 원래 가격으로 돌아온 것이다. 하지만 고 씨는 팔지 않았고 계속 농사를 지으며 지금까지도 보유하고 있다. 팬데믹 시기에 인근 제주 영어 교육 도시에 유학생이 늘면서 주변 땅값도 올라 현재는 5억 원 정도 한다.

반대로 고 씨가 팔았던 동쪽 성산읍 신산리 주변 땅은 어떻게 됐을까? 그 땅은 오히려 땅값이 내렸다. 35억 원에 판 땅은 현재 시세가 20억 원 정도다. 왜냐하면 2015년 제주 신공항 신설을 발표할 때 2025년 개항을 목표로 한다고 했는데 10년이 지나서야 기본 계획 고시가 이뤄졌기 때문이다. 이 기본 계획 고시도 향후 환경 영향 평가 등의 과정에서 또 지체될 수 있고 착공을 언제 할지 장담할 수 없다.

설상가상으로 2024년 연말에 일어난 제주항공 여객기 참사로 인해 조류 충돌이 이슈로 대두됐다. 제주 성산 2공항 역시 철새 도래지가 네 곳이나 되기 때문에 그 불안감으로 향후 공항 개항에 영향을 줄 소지가 다분하다. 그리고 10년 동안 극렬한 찬반 논쟁으로 제주 도민들도 많이 분열돼 있다. 그런 영향으로 오히려 땅값이 내린 것이다.

결국 동쪽 땅을 팔고 서쪽 땅을 보유한 고 씨가 승자다. 후보지 두 군데를 다 투자하는 기발한 방법으로 성공한 케이스로 우리에게 시사하는 바가 크다.

투자할 때는 출구 혹은 버티는 힘을 만들어 두라

하지만 모든 투자에서 이 방법이 통용되는 것은 아니다. 후보 경쟁 지역 두 곳에 모두 투자했다가 실패한 투자자도 있다. 시장은 항상 우리가 원하는 방향으로만 가지 않는다. 제주 신공항이 발표된 그 즈음에 또 하나의 신공항 후보지가 뜨거운 감자였다. 동남권 신공항 후

보지를 두고 경남 밀양과 부산 가덕도가 뜨겁게 한판 붙었다.

땅 투자자 중에 고수라고 자부하던 땅 고수 장 씨는 두 군데 전부 땅을 매입하고 느긋하게 발표를 기다리고 있었다. 그런데 이게 웬 날벼락인가? 국토부의 결과를 보고 장 씨는 아연실색했다. 김해 공항을 확장하는 걸로 결론이 났기 때문이다.

장 씨는 청천벽력 같은 소식을 듣고 급하게 땅을 내놨지만 더 이상 찾는 사람이 없었다. 손해를 많이 보고 내놨지만 찾는 사람이 없어 강제로 버티는 상황이 됐다. 설상가상으로 장 씨는 농부가 아니었기 때문에 농사를 짓지 않으면 과태료를 부과한다고 연락이 왔다. 어쩔 수 없이 큰 손해를 감수하고 두 군데 땅을 겨우 처분할 수 있었다.

그런데 김해 공항 확장으로 결론 났던 그로부터 4년 뒤 김해 공항 확장은 정부가 정치적 이슈로 잘못 판단됐다고 번복하고 사실상 백지화됐다. 그리고 우여곡절 끝에 동남권 신공항은 부산 가덕도로 결정됐다. 만약 장 씨가 제주도 고 씨처럼 출구 전략을 갖고 보유했더라면 가덕도 땅은 10배 이상 상승했을 것이다. 섣부른 판단과 결정으로 얼마나 큰 손실이 날 수 있는지 보여 주는 사례다.

이 두 사례에서 우리는 교훈을 얻을 수 있다. 땅에 투자할 때는 최악의 경우 물린다고 생각하고 어떤 변수가 생겼을 때 이후 어떻게 할지를 생각하고 투자해야 한다. 이것은 마치 주식 시장의 현물 투자, 선물 투자를 병행해서 손해를 헤지하는 원리와 비슷하다. 다만 주식은 잘못 투자하면 휴지 조각이 되지만 땅은 그대로 있다. 시간에 투자하면 또 다시 기회가 오는 투자처가 바로 땅이다. 그래서 땅을 투자할 때는 무리하게 대출을 받으면 안 된다. 본인이 감당할 수 있는 만큼의 대출만 이용하고 최악의 경우에는 이자를 아주 오랫동안 감당할 각오를 하고 투자해야 한다.

고수들은 땅 이자를 내기 위해 월세가 나오는 수익형 부동산을 보유하는 경우가 많다. 장기간 갖고 갈 수 있는 플랜을 세우고 땅 투자를 한다. 가장 좋은 방법은 여유 자금으로 투자하는 것이다. 그래야 다시 기회를 잡을 수 있기 때문이다. 투자에서 중요한 건 수익이지만 그보다 더 중요한 건 소중한 내 돈을 잃지 않아야 한다는 점이다. 워런 버핏의 두 가지 원칙을 잊지 말자.

첫째, 절대로 돈을 잃지 말라.
둘째, 첫 번째 원칙을 절대 잊지 말라.

발상을 전환해서
2억 원으로 6억 원을 번 사업가

발상을 전환하면 새로운 것이 보인다. 땅의 가치는 그 땅 위에 어떤 개발 행위를 할 수 있는지, 어떤 건물을 지을 수 있는지에 따라 결정된다. 1층만 지을 수 있는 땅과 100층을 지을 수 있는 땅은 가격이 차이가 날 수밖에 없다. 그런데 현재 아무것도 없는 땅의 모습만 보이니 '땅은 다 비슷한 거 아냐?'라고 생각하는 사람이 많을 수밖에 없다.

도심을 벗어나면 농지가 많다. 농지는 농사를 짓기 위한 땅이다. 그 외의 목적으로는 사용이 제한돼 있고 그 외의 목적으로 사용하기 위해서는 허가를 받아서 농지를 다른 용도의 땅으로 전환해야만 개발이 가능하다. 그 과정에서 여러 가지 비용도 발생한다.

예를 들어 지목이 농지인 땅이 대지로 바뀌면 값이 오르기 때문에 공시 지가의 30%를 세금으로 납부해야 한다. 그 세금을 '농지 전용 부담금'이라고 한다. 농지를 농사 이외의 목적으로 사용하기 위해 행위를 허가받을 때 내는 세금으로 이해하면 쉬울 것이다. 농지 100평의 공시 지가가 평당 10만 원이라면 30%인 평당 3만 원에 100평을 계산해 300만 원의 세금을 추가로 더 내야 한다는 뜻이다.

또한 일정 면적 이상의 땅을 개발하면 공시 지가가 상승하기 때문에 일정 부분 세금을 매긴다. 그 세금을 '개발 부담금'이라고 한다. 이렇듯 땅은 개발할 때 여러 가지 세금이 부과된다. 그 세금은 나중에 땅을 팔 때 매수자에게 고스란히 전가될 수밖에 없다.

땅에 투자하는 방법은 여러 가지가 있는데 대표적으로 세 가지 방식이 있다.

첫째, 땅을 사서 땅으로 파는 방법이다.

둘째, 땅을 사서 땅의 용도를 바꿔 땅으로 파는 방법이다. 눈에는 보이지 않지만 땅의 성격이 바뀌는 것이다.

셋째, 땅을 사서 건물로 파는 방법이다. 눈에도 보이고 땅의 성질도 바뀐다.

세 번째 방법은 토지의 환금성 면에서 투자 회수 시간을 줄이는 장점이 있다. 단기간에 수익을 볼 수 있고 건물을 건축함으로써 들어가는 비용으로 양도 소득세도 절세하는 장점이 있다. 그럼 어떻게 활용이 가능한지 사례로 확인해 보자.

농지를 사서 건물로 팔아 1년 만에 3배 불린 비결

부동산 개발과 투자를 전문적으로 하는 시행사 대표 정 씨는 행정 구역상 읍·면 지역의 주변에 산업 단지가 발달해 근로자가 풍부하며 지속적으로 원룸에 대한 임대 수요가 있는 지역을 찾아 원룸 건물(다가구 주택)을 건축해서 판매하는 사업을 하고 있었다. 그러던 중 지방 읍·면 지역에 아파트도 있고 주변에 오래된 낡은 상가도 있는데 덩그러니 벼농사를 짓고 있는 농지를 발견했다.

읍·면은 예로부터 시골이고 농사가 근간인 지역이다. 이런 곳 주변이 개발되면 산업 단지가 1차로 들어오는데 산업 단지를 조성하기 위해 선제적으로 건설 인력이 몇 년간 계속 들어온다. 그럼 건설 인력이 머물 숙소가 필요한데 지방 읍·면 지역에는 낡은 빌라와 아파트가 대부분이고 신축 원룸 건물은 많지 않다. 그래서 건축을 업으로 하는 많은 업자가 이런 곳에 땅을 사서 원룸 건물을 건축해 임대를 완료하고 건물을 매각해 수익을 보는 주택 신축 사업을 한다.

정 씨가 눈여겨본 땅은 지목은 '답'이고 물을 대고 벼농사를 지었다. 도심 내에 있다고 보기에는 위치적으로 아주 생뚱맞은 농지였다. 이 땅 바로 옆에는 나홀로 아파트와 초등학교가 있었다. 용도 지역은 도시 지역의 2종 일반 주거지였고 실제는 농사를 짓고 있었지만 위치상으로는 농지로서의 가치가 없는 땅이었다. 그래서 이 땅 주인을 만나 봤다.

이 땅의 원래 주인은 대대로 이 지역에서 농사를 짓는 농부인데 얼마 전 돌아가시고 땅이 배우자와 자식들에게 상속된 상태였다. 땅주인은 안 그래도 나이가 들어 농사를 더 이상 짓기 힘들어서 팔려던 참이라고 했다. 정 씨는 300평의 땅을 평당 230만 원에 7억 원을 주고 샀다. 2차선 도로와 접해 있었기 때문에 분할하면 100평의 땅 세 필지가 나올 수 있는 땅이었다.

정 씨가 투자한 돈은 생각보다 적은 2억 원 정도다. 도심 지역 내 농지라서 감정 가격이 잘 나왔고 특히 농지는 농협에서 대출이 잘 나오기 때문에 지역 농협에서 대출 금액을 많이 받을 수 있었다. 레버리지를 최대한 활용한 것이다.

그리고 땅을 분할해서 건물을 지었다. 건물은 1층과 2층을 상가로, 3층과 4층을 원룸으로 계획해서 실용성을 높였다. 매매 금액은 매수인의 자부담 금액과 대출금, 건축 후 들어올 보증금까지 삼중으로 나눠서 초기 부담금을 낮췄다. 설계까지 마친 후 지역 부동산을 돌며 홍보를 하기 시작했다. 투자자 입장에서 초기에 큰돈이 들어가지 않아도 된다는 장점 때문에 도면 상태에서 건물이 매매됐다.

그 당시는 건축비가 폭등하기 전이었다. 그래서 건물 한 채당 원가는 100평 기준 땅값 2억 5,000만 원 정도에 건축비 5억 원과 세금까지 약 8억 원이었다. 이곳 주변에 산업 단지 건설 수요로 방을 구하지 못한 인력이 많아 건물이 지어지기도 전에 임대 예약이 꽉 찼다. 부동산에 내놓기 무섭게 한 건물당 10억 원에 미리 팔린 것이다.

그렇게 받은 계약금 30% 3억 원은 건축비로 충당하고, 모자란 건축 비용은 제2 금융 기관에 기성고 대출(공정 단계별 건축을 확인하고 받는 건축 자금 대출이며 금리는 일반적으로 6%에서 7%로 높다)로 2억 원 정도 받아서 건축 비용은 전액 외부에서 충당했다. 잔금 40%는 건물 준공 후 임대 보증금과 완공된 건물을 담보로 추가 대출을 받아서 충당하는 방식으로 했다. 통상 공사 계약금은 30%, 중도금 30%, 잔금 40% 정도로 계약한다.

건물 매수자는 자기 자본금 3억 원으로 10억 원의 건물을 사서 매달 몇 백만 원의 임대료를 받을 수 있으니 좋고, 이 땅을 사서 건물을 지은 정 씨는 본인 투자금 2억 원으로 건물 한 채당 2억 원, 3채의 건물에서 6억 원(세전)의 수익을 1년 만에 볼 수 있었다.

고정 관념을 깨면 투자 수익이 달라진다

이 사례에서 우리가 배울 수 있는 점은 땅을 사서 건축 행위를 통해 개발하면 건물로 팔 수 있고, 어떤 건물을 건축하느냐에 따라 그 수익도 달라질 수 있다는 사실이다. 중요한 건 주변의 수요를 정확히 파악하는 것과 타이밍을 잡는 시점이다.

10년 전 경기도 평택에 삼성전자가 대규모 반도체 팹 공장을 건설하며 전국에서 많은 건설 인력이 몰려들었다. 그 시기에 타이밍을 잘 잡은 사람들은 땅을 사서 원룸 건물을 짓고, 짓기 무섭게 임대가 되고 매매가 되어 떼돈을 벌던 시절이 있었다. 하지만 이때도 너무 일찍 들어가서 땅을 산 사람들은 대출 이자에 허덕이다가 결국 수익은커녕 손해까지 보며 땅을 팔았다. 또 너무 늦게 들어간 사람들은 땅값이 너무 올라 건축 후 수지타산이 안 맞아서 그중 본전에 나온 사람들도 있다.

이렇듯 모든 투자에는 타이밍이 있다. 오히려 평택의 경우는 일반 인이라면 땅을 값이 쌀 때 미리 사 놓고 나중에 건설 인력이 본격적으로 들어오는 시점에 건축업자에게 팔았다면 땅을 땅으로 파는 방법으로 많은 수익을 남길 수 있었다. 왜냐하면 그 당시 평당 200만 원에서 300만 원 하는 땅값이 불과 1년 만에 1,000만 원 이상으로 올랐기 때문이다.

땅을 사서 건물로 되파는 토지 개발의 관점을 여러분이 이해한다면 땅 투자로 더 많은 수익을 만드는 기회를 얻을지 모른다. 토지 개발의 관점에서 땅은 장기 투자의 대상이 아닌 단기 투자의 대상이다. 많은 사람이 땅은 너무 오랫동안 투자해야 해서 꺼린다. 한번 사면 10년 이상 투자해야 하는 줄 아는데 절반은 맞고 절반은 틀린 생각이다. 땅은 최소 10년은 지나야 제대로 수익을 보는 건 맞지만, 그건 땅을 사서 땅으로 팔 때 이야기고 땅을 사서 개발 후 건물로 팔 때는 이야기가 달라진다.

혹자는 양도 소득세 때문에 단기 매매는 세금 내면 남는 게 없지 않느냐고 반문한다. 보통 토지 개발을 하는 사람들은 1인 법인을 설립해서 하는 경우가 많다. 법인의 경우 양도 소득세 개념이 없고 모든 이익을 법인세로 내는데 그 세율이 최고 20% 정도로 양도 소득세보다 훨씬 작다. 그리고 주택 매매업으로 사업자 등록을 하면 세금 부담이 크지 않다. 국세청에 사업자 코드가 있어 생각보다 세금이 많지 않고 공제받을 수 있는 항목도 많기 때문이다. 이처럼 땅도 응용하면 얼마든지 무궁무진하게 투자를 확대할 수 있다.

땅 투자는 무조건 땅을 사서 땅으로만 팔아야 한다는 고정 관념을 깬다면 투자 기회가 훨씬 많아진다. 또한 무조건 시장에서 매매로만 산다는 생각도 하지 말자. 경매나 공매 시장에 나오는 반값 우량 토지도 많으니 늘 관심을 갖자. 관심을 가져야 물건이 보인다.

이 사례는 내 첫 번째 책 《지금은 땅이 기회다》에 나오는 나의 땅 투자 사례다.

3,000만 원으로 30억 원 땅 부자가 된 월급쟁이

'땅 투자는 어렵지 않나? 땅에 투자하려면 큰돈이 필요할 텐데. 땅은 한번 사면 오래 묵혀야 수익이 난다던데. 그래서 나는 땅 투자가 맞지 않아!'

보통 사람들이 땅 투자를 하지 않는 이유다.

땅 투자가 어렵다? 이 말은 사실이다. 아파트는 누구나 사서 상승장을 만나면 누구나 돈을 번다. 반대로 누구나 사서 하락장에는 누구나 손실을 본다. 땅은 누구나 살 수 있지만 불황기와 호황기가 없다. 땅을 산 사람의 실력에 따라서 어떤 사람은 돈을 벌고 어떤 사람은 손해를 본다. 그래서 땅은 어렵다. 이 말은 일반적인 논리로 보면 맞는 말이다.

땅 투자에는 큰돈이 들어간다? 이 말에는 동의하기 어렵다. 큰돈에 대한 기준이 없다. 1,000만 원이면 큰돈일까? 1억 원이면 큰돈일까? 지극히 주관적인 판단이다. 그렇게 본다면 아파트는 누구나 생각하는 큰돈이 들어가는 부동산이다.

서울부동산정보광장 통계에 의하면 2024년 11월 서울 아파트의 평균 거래 가격은 12억 4,105만 원이다. 서울에 아파트를 한 채 사려면 12억 원 정도는 있어야 한다. 12억 원은 누구나 생각하는 큰돈이다. 대출을 받는다면 집값의 반 정도만 있어도 되지만 그래도 6억 원 정도의 돈이 있어야 한다. 전세금을 낀 갭 투자를 하면 그보다도 더 작은 금액이 들어간다. 하지만 아무리 작아도 몇천만 원으로 갭 투자를 하기는 힘들다.

하지만 땅은 몇천만 원으로도 투자할 수 있다. 아니, 몇 백만 원짜리 땅도 투자가 가능하다. 그 방법은 경매와 공매다. 일반 부동산에서는 소액 물건을 취급하는 경우가 거의 없다. 하지만 경매와 공매로 땅을 찾아보면 무수히 많은 물건이 나온다. 따라서 땅은 아파트보다 오히려 더 작은 금액으로 투자할 수 있다.

많은 사람이 땅은 장기간 투자해야 수익이 나고, 세금이 많다고 이야기한다. 맞는 말이다. 하지만 땅도 단기 투자하는 방법이 있다. 경매, 공매로 지분 땅을 매입해 공유물 분할 판결을 통한 현물 배당으로 단기간(통상 1년에서 2년)에 수익을 보는 방법이 있다.

또 토지 투자 법인 설립으로 양도 소득세(최대 45%)보다 세율이 작은 법인세(최대 19%)로 세금을 줄여서 단기간에 파는 방법도 있다. 때에 따라서는 땅의 용도를 변경해서 가치를 상승시킨 후 팔거나 아예 건축을 해서 수익을 극대화하는 방법도 있다. 이런 사례의 자세한 방법은 나의 책《나는 부동산 경매로 부자를 꿈꾼다》에 소개해 놓았으니 참고하길 바란다.

평범한 임 과장은 어떻게 경매로 땅 부자가 됐나?

평범한 대한민국 직장인이 근로 소득만으로 부자가 되기는 힘들다는 것은 여러분이 더 잘 알 것이다. 종잣돈을 모아서 주식이든 부동산이든 투자를 통해 자산 소득을 늘려야만 부자가 될 확률을 높일 수 있다. 여기 3,000만 원 여윳돈으로 10년 만에 30억 원의 땅 부자가 된 직장인 임 과장이 있다. 임 과장은 경기도 화성의 유통 기업 총무팀에서 일하는 평범한 사무직 직장인이다. 회사의 규모가 성장하는 시기에 새벽같이 출근해서 저녁 늦게까지 일하는데 퇴근할 때면 문득 이런 생각이 들었다.

'이렇게 월급만 받아서는 부자가 되기는커녕 애들 교육이나 제대로 시킬 수 있을까? 갈수록 집값은 올라가는데 언제 전세를 벗어나서 내 집을 마련할 수 있을까?'

그러던 어느 날, 회사의 사세 확장 정책으로 새로운 물류 센터가 필요해졌다. 임 과장이 다른 부서 직원들과 확보할 물류 센터의 후보지를 검토하기 위해 출장을 가게 됐다. 임 과장은 후보지 몇 곳을 둘러보면서 한 가지 공통점을 발견했다. 모든 후보지가 수도권 고속 도로 IC에서 반경 3㎞ 안에 있었던 것이다. 물류 센터는 화물차 수송의 편의와 비용을 고려해서 고속 도로와의 연결성이 최우선이라는 걸 생각할 수 있었을 것이다.

임 과장은 이곳에 땅을 갖고 있다면 그냥 땅보다는 훨씬 더 높은 가격을 받을 수 있고 수요 또한 높겠다는 생각이 들었다. 그래서 출장을 다녀온 그날부터 땅에 대해서 공부를 시작했다. 서점에 가서 땅에 관한 책이란 책은 모조리 사서 읽고 또 읽었다. 어느 정도 땅 투자에 대한 기본을 이론으로 익히고 나서 소액으로 땅 투자를 하려면 경매를 공부해야겠다는 생각을 하고 경매 학원을 다녔다. 이제까지 너무 우물 안 개구리처럼 살았다고 생각하며 새롭게 알게 된 토지 경매에 빠져서 물건을 검색하고 주말이면 임장도 가서 직접 물건들을 살펴봤다.

임 과장은 앞서 봤던 물류 센터 부지를 떠올리며 고속 도로와 인접하거나 새롭게 개설된 지방도와 고속 도로 인근 땅도 살펴봤다. 경매 물건 검색은 매주 수요일과 일요일에 검색해 새로 나온 물건을 놓치지 않고 꼼꼼히 보고 괜찮은 물건이 있으면 토요일에 몰아서 임장을 다녀왔다.

그렇게 해서 2014년 어느 날 여유 자금 3,000만 원을 각각 1,000만 원씩 토지 지분 경매 세 곳에 투자했다. 1,000만 원씩 분산한 이유는 언젠가 세 곳 중 한 군데는 개발 호재가 발표될 것으로 예상했고, 그럼 땅값이 몇 배는 오를 것으로 생각했다. 나머지 두 곳은 또 언젠가 호재를 만날 수 있을 것이라고 생각했다.

임 과장의 생각대로 되기 위해서는 수도권 교통망 호재가 있는 곳을 선정해서 투자해야 했다. 만약 한 군데가 팔리면 그 돈으로 또 몇 곳에 소액으로 낙찰받아 투자할 생각이었다. 여유 자금으로 투자했으니 이자 걱정도 없었다. 물고기를 잡기 위해 여러 군데 통발을 쳐놓은 것과 같은 여유로운 심정으로 기다려 보기로 한 것이다.

임 과장이 투자한 곳은 서울을 중심으로 동쪽과 남쪽의 임야 지분이었다. 소액이다 보니 토지 전체를 입찰할 수 있는 물건은 없었고 지분으로 나온 토지 물건 중에 고르기로 했다. 본인이 거주하는 화성시 인근은 서해와 가까워서 산이 없고 평지가 많은 곳이라 경매물건이 많지 않았다. 반면 서울 동쪽과 동남쪽은 지형적으로 산이 많아 임야 경매 물건이 많이 나왔다. 그래서 서울 동쪽은 남양주시 진건읍에, 동남쪽은 용인시 처인구 남사읍에, 마지막은 안성시 원곡면에 나온 지분 경매 땅을 매입했다.

4년이 지난 2018년 어느 날, 같이 지분을 보유한 주인에게 연락이 왔다. 현재 갖고 있는 지분 1,000만 원의 2배를 줄 테니 팔라는 것이었다. 임 과장은 남양주 땅에 어떤 호재가 있음을 직감했다. 협상을 해 보니 3배까지도 줄 생각이 있었다. 사실 그 땅은 전체 땅에서 6분의 1밖에 되지 않는 지분이었기 때문에 6분의 5를 갖고 있는 주인이 굳이 3배까지 주고 매입할 이유가 전혀 없어 보였다. 그런데 기를 쓰고 지분을 매입하려는 걸 보니 분명 호재가 있을 거라고 생각했다.

이리저리 수소문해 보니 서울에서 온 사람들이 이 땅 전체를 사려고 하는데 임 과장의 땅 6분의 1까지 같이 매입해야 온전한 땅이 돼서 꼭 필요한 상황이라는 것을 알았다. 임 과장이 고민하는 중 주인이 계속 재촉했다. 행동이 수상해서 알아보니 서울에서 온 사람들은 더 큰 금액을 제시했는데 6분의 5를 가진 지분권자가 중간에서 좀 더 싸게 매입하려고 했던 것이다.

이를 안 임 과장은 안 판다고 버텼다. 결국 서울에서 온 사람들은 임 과장의 지분을 기존 6분의 5를 가진 공유자보다 더 비싸게 주기로 했다. 금액은 1억 원에 매입하기로 하고 땅을 계약했다. 그로부터 얼마 후 2018년 12월 이곳 바로 옆이 3기 신도시로 지정됐다. 이곳이 바로 남양주시 왕숙 지구다. 이 땅은 수용되지 않는 위치였는데 왕숙 지구의 경계와 접해서 그 가치가 천정부지로 솟았다. 서울에서 온 사람들은 그 사실을 알고 땅을 매입한 것이었다. 6분의 5의 공유자는 땅을 싸게 팔았다고 땅을 치고 후회했다.

노력을 배신하지 않은 두 번의 수혜

임 과장은 1,000만 원이 1억 원이 되어 10배의 수익이 났기에 너무 흐뭇했다. 세금을 내고 남은 돈은 기존의 안성과 용인 땅 중 협상이 가능했던 용인 땅의 지분 공유자에게 지분을 인수하는 금액으로 사용했다. 그렇게 용인 땅을 추가로 매입했다. 총 매입 금액은 수익 원금 1억 원에 저축 자금 1억 원, 대출 자금 1억 원을 더해 총 3억 원이 소요됐다.

용인 땅을 조금 무리해서 매입한 이유는 지난 몇 년간 회사에서 용인 남부 쪽으로 물류 센터를 또 알아보는 것을 알았기 때문이다. 임장을 다녀 보니 남사읍 쪽이 땅이 평평해서 향후 신도시가 생길 수도 있고 큰 물류 센터가 생길 수도 있고 도로망도 개선될 여지가 많은 지역이었다. 무엇보다 수도권과 가까운 것치고 땅값이 그렇게 높지 않았다. 용인 땅 공유자는 마침 돈이 필요해서 본인의 지분 중 일부를 매도했다. 임 과장은 지분의 50% 정도를 확보해서 서로 합의해 분할을 했다. 이제 임 과장은 용인에 500평 정도 한 필지의 땅을 보유한 어엿한 땅 주인이 됐다.

그로부터 5년 후인 2023년 어느 날 임 과장이 회사 구내 식당에서 식사를 하는데 깜짝 놀랄 뉴스를 들었다. 용인시 남사읍에 세계 최대의 반도체 클러스터가 조성되고 삼성이 300조 원을 투자한다는 뉴스가 보도됐다. 임 과장의 예상이 맞았던 것이다. 신도시보다 더 파급력이 큰 국가 산단이 들어오는데 임 과장의 땅이 수혜 지역에 포함됐다.

다음 날부터 부동산에서 전화가 빗발쳤다. 30억 원 줄 테니까 팔 생각 없느냐며 서로 땅을 팔라고 전화가 왔다. 하지만 임 과장은 팔지 않을 생각이다. 땅은 시간이 지날수록 더 가치가 올라갈 것이라고 굳게 믿기 때문이다. 임 과장은 지금도 수도권에 소액으로 토지 지분 투자를 하며 주말이면 임장을 간다.

임 과장이 3,000만 원으로 시작해 30억 원 땅 부자가 될 수 있었던 가장 큰 이유는 개발이 예상되는 수도권 지역에 소액 경매로 분산 투자한 덕분이다. 물론 자신이 하는 물류 센터 일에서 땅의 중요성과 도로의 중요성을 알았기 때문이다. 또한 무리하지 않고 여유 자금으로 투자했다는 이유도 주요하다.

요즘 아파트 투자는 너무 무리한 대출을 받거나 타인의 전세금을 이용해 여러 채를 갭 투자하는 경우가 많다. 결국 과도한 대출 이자의 부담과 예기치 못한 경기 상황으로 아파트 투자에서 손실을 보는 사람도 많다. 어떤 투자든 무리해서 좋을 건 없다. 수입과 지출 상황을 고려해 자신이 감당할 수 있는 범위 안에서 레버리지를 활용하는 투자를 해야만 성공할 수 있다.

땅은 경매를 이용하면 얼마든지 소액 투자를 할 수 있다. 땅은 소수의 부자들만 투자한다는 고정 관념을 깨는 순간 새로운 기회가 보인다는 사실을 잊지 말고 관심 갖고 발품을 팔아 보길 바란다.

두 번 내쫓기고 50억 원 땅 부자 된 고물상 주인

누구나 은퇴 후 노후를 마주한다. 모든 사람이 은퇴 후 연금을 받으며 생활비에 구애받지 않고 취미 생활도 하고 편안히 보내길 바란다. 하지만 현실은 어떤가? 최근 아파트 경비 일을 하는 분들 중에 전직이 대기업 임원과 대학교수가 심심찮게 있다는 기사를 읽었다. 이렇듯 대한민국에서 은퇴 후 편안히 노후 생활을 하는 것이 쉽지 않은 현실이 돼 버렸다.

여러분은 폐지 줍는 노인을 본 적이 있는가? 우리 시대의 노인 빈곤을 대표하는 단어가 돼 버린 '폐지 줍는 노인'들은 하루 종일 신문이나 광고 전단지, 빈 박스를 모아 동네 외곽에 있는 고물상에 내다 팔아서 몇천 원을 번다.

혐오 시설로 착각하는 알짜배기 가족 사업

고물상은 폐지뿐만 아니라 고철이나 알루미늄, 구리, 철 등 여러 가지 고물을 취급해서 쌓아 둘 공간이 필요하다. 그래서 보통 고물상에 가 보면 동네 외곽의 넓은 땅에 각종 폐지와 고철 등이 어지럽게 있다. 일반인은 고물상을 혐오 시설처럼 취급하고 고물상을 하는 사람도 가난할 것이라는 선입견을 갖고 있다.

하지만 생각처럼 고물상을 운영하는 사장님은 가난하지 않다. 오히려 부자가 많다. 동네에서 수거해 오는 웬만한 물품에 대한 값을 현찰로 줘야 하기 때문에 구리나 비철 등 고가의 물건도 값을 현금으로 지불할 수 있는 능력이 기본이다. 그래서인지 고물상 사장님이 고물상에서는 허름한 옷을 입고 일하다가 퇴근할 때는 양복 입고 외제차 타고 간다는 우스갯소리도 있다. 그만큼 고물상은 돈이 되는 사업이다.

사업 자체도 부가 가치가 높지만 돈을 버는 방법은 따로 있다. 보통 고물상은 폐지 줍는 노인이나 수거상들이 오기 편한 위치에 자리 잡고 있어야 한다. 그래서 주거지에서 접근성이 좋아야 하다 보니 동네와 어느 정도 가까운 곳에 있다. 땅은 폐지나 고물을 적치할 수 있는 야적 공간이 확보돼야 하니 넓어야 해서 최소 300평에서 1,000평 정도는 돼야 한다. 반면 가격은 싸야 한다.

그렇게 고물상을 운영하다 보면 어느덧 동네가 커져서 고물상 앞까지 개발된다. 개발이 되면 될수록 땅값이 올라간다. 고물상 사업도 알짜배기 사업인데 땅값까지 올라가니 일거양득이다. 그래서 고물상은 타인과 동업하는 사람이 드물다. 보통은 가족이 전부 동원돼 가족 사업으로 많이 한다. 그만큼 알짜배기 사업이기 때문이다. 팬데믹 이후 원자재 가격이 급등했을 때는 구리 한 품목의 재고를 대량 팔아서 수도권에 빌딩을 산 사람도 있다. 그만큼 고물상이라는 사업은 실속도 있고 부가적으로 땅 가격의 상승도 기대할 수 있는 일이다. 부자의 반열에 오른 사람도 속속 나타났다.

조용히 부유하게 사는 수완 좋은 고물상 주인

이번 사례는 고물상을 운영하다 부자가 된 한 씨의 이야기다. 1990년대 말 서울 은평구에서 고물상에 납품을 하던 한 씨는 5년 만에 서울 변두리에 땅을 사서 자기 사업을 하겠다는 꿈을 이뤘다. 가진 건 튼튼한 몸뚱이밖에 없지만 가족을 먹여 살려야 한다는 책임감과 성실함만은 대한민국에서 둘째가라면 서러울 정도로 열심히 사는 사람이었다.

시골에서 서울로 올라온 한 씨는 트럭을 한 대 사서 폐지와 고철을 모아 고물상에 갖다 주는 일을 했다. 성실한 한 씨를 눈여겨보던 고물상 주인이 갑자기 건강이 나빠져 고물상 좀 맡아서 운영해 달라고 부탁했다. 한 씨는 고민 끝에 승낙하고 고물상에 딸린 작은 방 한 칸에 이사를 해서 아내와 함께 둘이서 열심히 운영했다. 그렇게 열심히 일하던 중 원래 주인이 병세가 악화돼 병원비가 많이 들어가게 되자 고물상 자체를 인수하라고 급하게 제안을 했다. 한 씨는 다시 한 번 고민 끝에 그동안 모은 돈과 대출금으로 인수를 했다.

당시 은평구는 서울에서도 정말 외곽에 있는 변두리 지역이었는데 2000년 초 은평 뉴타운으로 개발되면서 도시 개발 사업 지구에 포함됐다. 1억 원에 산 땅으로 5년 만에 10억 원의 보상금을 받을 수 있었다. 한 씨는 그 보상금으로 은평구와 가까운 곳으로 고물상 부지를 알아보다가 고양시 망월산 아래 용두동에 임야 1,000평을 샀다. 안 그래도 고물상 땅이 좁아서 야적할 공간이 부족했던 참인데 보상금도 받고 고물상도 더 확장해서 옮길 수 있어서 한 씨는 기뻤다.

그 후 15년간 고물상을 운영하고 있던 2018년, 한 씨의 고물상이 있던 곳이 3기 신도시로 지정됐다. 그리고 땅값과 지장물 보상을 합쳐 50억 원을 보상받았다. 한 씨는 사업 수완도 좋아서 구릿값이 뛸 것을 알고 구리를 미리 매입해 놓아 팬데믹에 자재비 폭등으로 구릿값이 천정부지로 치솟았을 때 큰돈을 벌었다.

현재 한 씨는 100억 원대 자산가가 됐다. 3기 신도시 때 받은 보상금을 갖고 또 다른 수도권 외곽으로 고물상을 옮겼다. 그동안 수도권의 땅값도 많이 오르다 보니 이제는 서울 인근 경기도권은 땅값이 너무 올라서 경기도 남부권 도시로 옮겨 지금도 여전히 고물상을 운영하고 있다.

한 씨처럼 고물상 땅으로 부자가 된 사례는 어렵지 않게 찾을 수 있다. 과거로 돌아가 보자. 어릴 때 같은 반에 고물상 하는 아버지를 둔 친구가 있었는데 많은 놀림을 받았던 기억이 있다. '쟤네 집 고물상 한다'고 말이다. 하지만 결과적으로 그 친구는 지금 부자다. 고물상 땅이 수용돼 토지 보상금을 받아 고물상을 옮기려고 땅을 샀는데 거기도 개발돼 신도시가 됐다. 중소기업에 다니던 친구는 지금은 어엿한 빌딩 주인이다. 회사는 재미로 다닌다고 한다.

이렇듯 수도권 도심 외곽의 땅은 항상 기회가 있다. 사람들의 서울, 수도권 편중 현상은 대한민국이 존재하는 한 있을 것이다. 단순히 고물상 땅뿐만 아니라 인구가 분산될 수 있는 수도권 소도시 외곽의 땅을 지금부터라도 유심히 살펴보자. 기회는 시간이 가져다줄 것이다.

그린벨트가 황금 벨트로 바뀌길 기다리는 사람들

그린벨트(개발 제한 구역)는 도심 주변의 녹지를 보존하기 위해서 지정한 구역이다. 도시의 무분별한 개발을 방지하고 도시 주변의 자연환경을 보전한다는 측면이 있다. 하지만 그린벨트 안의 땅을 소유한 개인의 입장에서는 사유권인 재산권을 침해하는 불공정한 법이기도 하다. 그린벨트 안에서는 웬만한 개발 행위와 건축 행위가 모두 제한되기 때문이다. 그래서 땅의 가치를 제대로 평가받을 수 없다.

우리나라 국토 면적에서 개발 제한 구역은 3.9%를 차지한다. 작지 않은 면적이다. 대부분 대도시 주변에 지정돼 있는데 서울은 부동산 공급 대책에서 항상 빠지지 않고 등장하는 단골 메뉴이기도 하다. 그린벨트를 풀어서 아파트 공급을 늘려 투기 수요를 잡겠다고 하는데 토지 투자의 관점에서는 그린벨트가 풀리는 것이 엄청난 호재다.

왜냐하면 풀리는 동시에 수용되기 때문에 보상을 받을 수 있기 때문이다. 그동안 팔리지 않은 땅을 제값에 팔 수 있고 덤으로 그린벨트 내 지장물(건물 등) 소유 여부에 따라 입주권이나 협의용 이주 택지의 권리를 받을 수도 있다.

묶여 있는 그린벨트여도 웃음이 나는 이유

여기 그린벨트 투자로 뒤늦게 함박웃음을 짓고 있는 사람이 있다. 서울에 사는 평범한 40대 직장인 오 부장은 2012년 정부에서 그린벨트를 풀어 아파트를 공급한다는 뉴스를 보고 그린벨트 내 보상 투자에 나서기로 결심했다.

이곳저곳 풀릴 확률이 있는 땅을 알아보던 중 지방 출장을 마치고 경부 고속 도로를 타고 서울에 도착할 때 성남과 양재동 사이에 있는 내곡동을 보며 '이곳 토지를 갖고 있으면 언젠가는 풀릴 것 같다'는 생각을 했다. 다음에 은퇴해서 농사를 짓고 투자도 겸할 토지였다. 그래서 내곡동 인근 원지동의 자연 녹지 지역 땅 200평을 3.3㎡당 100만 원을 주고 총 2억 원에 매입했다.

하지만 기대와 달리 그 당시에는 그린벨트 해제 지역에 포함되지 않았다. 오 부장은 주말 체험 영농을 목적으로 주말이면 가족과 함께 텃밭을 가꾸고 자그마한 농막에서 휴식도 취하고 직접 재배한 채소를 수확해 고기도 구워 먹으며 도심 속 전원생활을 즐겼다.

2018년에도 그린벨트 해제 이야기가 돌았는데 내곡동과 원지동이 가장 유력했다. 한번씩 그린벨트 해제를 검토한다는 뉴스가 나올 때면 땅값이 들썩이며 올랐다. 언젠가는 풀릴 거라는 기대감에 여유 자금이 있는 투자자들이 많이 들어왔기 때문이다. 오 부장이 산 땅이 그린벨트에 포함됐다면 감정 평가 가격으로 보상을 받고 끝났겠지만 포함되지 않았기 때문에 꾸준히 땅값이 올랐다.

시간이 흘러 2024년 11월, 드디어 그린벨트 해제 지역에 오 부장의 땅이 포함됐다. 내곡동, 원지동, 우면동 주변의 자연 녹지 지역 농지는 발표로 인한 개발 기대감으로 3.3㎡당 700만 원에서 800만 원까지 호가가 치솟았다. 아무리 못해도 땅이 수용될 때 보상 가격이 3.3㎡당 500만 원 이상은 할 것으로 예상하는 오 부장은 12년 만에 2억 원이 10억 원으로 불어난다는 생각에 싱글벙글 웃음이 절로 나온다.

막상 뚜껑이 열리니 기대와 빗나간 결과

2024년 11월 정부에서 서울 서초, 경기 고양, 의왕, 의정부 등 네 곳의 그린벨트를 풀어 5만 가구를 짓는다고 발표했다. 서울은 12년 만에 그린벨트를 푸는 것이다. 이미 정부에서 몇 달 전 서울을 포함한 수도권의 그린벨트를 풀어 8만 가구를 공급하는 신규 택지 후보지를 발표할 것이라는 보도자료가 나왔다. 그리고 3개월 후 후보지를 발표했다. 3개월 동안을 땅 투자의 관점에서 한번 살펴보자.

2024년 8월 정부의 발표 이후 시장은 과연 어느 지역이 풀릴 것인지 여러 예측을 쏟아 냈다. 그에 따라 예상 후보지의 땅값이 들썩였고 토지 거래량도 급증했다. 송파구 방이동, 강남구 세곡동, 서초구 내곡동이 해제 후보지로 거론되면서 토지 거래량이 증가했다. 서울은 거래할 토지가 많지 않아 거래량이 많지 않은데 한국부동산원에 따르면 전년(2023년) 동기 대비 47% 증가한 1만 3,739필지가 거래되었다고 집계됐다. 가장 많이 거래된 지역은 송파구로 2024년 1월의 415필지 대비 2024년 10월에는 1,024필지가 거래됐다.

뚜껑을 열어 보니 서울의 그린벨트 해제 지역은 서초구 원지동, 우면동이 있는 서리풀 지구로 결정됐다. 그럼 송파구가 해제 지역이 될 것으로 믿고 산 사람들은 어떻게 될까?

또한 경기도에서는 1순위로 하남 감일, 감북동이 해제될 가능성이 높아 거래량이 많았다. 왜냐하면 이곳은 이미 토지 거래 허가 구역으로 묶여 있었기 때문에 시장에서는 사실상 해제 지역으로 예상했다. 원래 토지 거래 허가 구역은 그 지역에 토지 가격이 급등할 만한 이유가 있기 때문에 투기 세력 등을 막기 위해서 선정한다. 따라서 토지 거래 허가 구역으로 묶인 하남 감일, 감북동 지역은 그린벨트가 해제될 가능성이 높다고 부동산 전문가들이 예측했다. 하지만 하남도 이번 해제 지역에는 포함되지 않았다. 그럼 이곳에 땅을 산 사람들은 또 어떻게 될까?

부동산 투자의 성공 확률을 100%로 만드는 단 한 가지

부동산은 항상 확률에 베팅한다. 주식 시장에서는 상승에 베팅할 때 그 반대로 급락할 때를 대비해서 '옵션'이라는 상품에 같이 베팅해 놓는다.

예를 들어 1억 원을 투자할 때 상승에 9,000만 원을 투자하고 반대로 급락했을 때 1,000만 원을 풋 옵션에 투자해 투자에 대한 위험을 헤지한다. 만약 상승한다면 1,000만 원을 잃는다 해도 9,000만 원이 50%만 상승해도 4,500만 원을 벌 수 있으므로 1,000만 원의 손실을 제외하더라도 3,500만 원의 수익이 발생한다.

반대로 시장이 예측하지 못한 악재로 급락하면 9,000만 원 원금은 손실을 보더라도 급락 시 10배로 벌 수 있는 풋 옵션에 1,000만 원을 베팅해 놓았기 때문에 1,000만 원이 1억 원이 되어 순수 원금을 보전할 수 있다. 이런 투자가 주식 시장에서는 가능해서 어떤 경우에도 원금을 잃지 않도록 헤지할 수 있다.

그렇다면 토지 시장에서 그린벨트가 풀릴 줄 알고 땅을 샀는데 다른 곳이 풀린다면 어떻게 할까? 그 지역에 투자한 사람은 어떤 생각을 하고 투자했을까? 헤지할 방법은 없을까? 어떤 투자든 100% 확률은 없다. 그들도 그 사실을 알고 투자를 한다. 토지에서는 헤지할 수 있는 풋 옵션이라는 제도가 없다. 그럼 무엇이 이 역할을 해 줄까?

바로 시간이다. 이번에는 해제 지역에 포함되지 않았지만 기다리면 또 기회가 온다. 이번 후보지의 해제 전 거래량이 증가한 가장 큰 원인은 그린벨트 해제에 따른 개발 기대감이 작용했기 때문이다. 서울 인근 그린벨트는 언제든지 주택 공급 용지로 전환될 수 있다는 사실이 단기뿐만 아니라 중장기적으로 투자자들의 관심을 끌고 있다. '이번이 아니면 또 다음번에는 풀리겠지'라는 기대감을 갖고 있기 때문에 땅을 살 수 있는 것이다. 다만 무리한 대출을 받아서 사는 것이 아니라 '여유 자금'과 '기다릴 시간'이라는 두 조건을 다 만족하는 사람만이 그린벨트 내 땅을 살 수 있다.

어쨌든 그린벨트 내의 땅이 일반 땅보다 싼 건 사실이다. 오 부장의 땅은 첫 번째 그린벨트 해제 후보지에는 포함되지 않았지만 10년이 지나 두 번째에는 포함이 됐다. 그리고 그동안 그린벨트 내 땅이라고 해도 땅값은 매년 상승했다. 2012년 100만 원 정도였던 땅이 2024년에는 700만 원으로 7배 정도 상승했다. 수도권 그린벨트 내 농지는 여유 자금이 있다면 투자의 목적을 갖고 농지로 이용하면 사 놓을 만하다.

다만 지복이 임야인 그린벨트 내 토지는 산지 관리법상 공익용 산지로 지정되기 때문에 용도가 극히 제한된다. 따라서 일반인은 절대로 사면 안 되는 땅이므로 주의해야 한다. 기획 부동산이 분양하는 땅 대부분이 그린벨트 내 공익용 산지(임야)다.

조선시대
땅 부자, 사람 부자

대한민국의 명문 가문인 경주 최 씨는 통일 신라 시대부터 경주에서 집성촌을 이루며 대대로 살아왔다. 우리나라에서 부자는 존경을 받기보다는 시기와 질투의 대상이 되기 쉽고 부를 축적하는 과정에서 손가락질을 받는 경우도 허다하다. 그런데 경주 최 부잣집은 12대에 걸쳐 400년간 존경을 받았고 현재도 존경을 받고 있다. 그 이유는 무엇일까?

만석꾼은 '곡식 1만 섬가량을 거두어들일 만한 땅을 가진 큰부자'를 비유하는 말이다. 곡식 1만 섬을 예전 곡식 가마니로 환산하면 약 2만 가마니다. 이런 수확량을 매년 확보하려면 땅 면적이 100만 평 이상은 있어야만 가능하다. 서울 여의도 면적의 땅을 최 부잣집이 갖고 있었다고 생각하면 된다.

경주 최 씨의 시조는 신라 시대 최치원 선생이다. 경주 최 씨 가문이 땅 부자가 된 계기는 임진왜란과 병자호란에 참전해 큰 공을 세운 무신 출신인 최진립(17대손)이 전투에서 전사하면서 그 공으로 하사받은 공신 토지였다. 독립 유공자이자 마지막 최 부자인 28대손 최준까지 부와 명예를 지킨 명문 가문으로 남아 있다.

비슷한 외국의 사례로는 이탈리아 피렌체에 메디치 가문(15~17세기)이 있다. 역대 세 명의 교황을 배출하고 수많은 예술가와 학자를 후원한 명문 가문으로 이탈리아를 문화적, 예술적으로 부흥시킨 르네상스 운동을 꽃피우도록 지원했다. 이탈리아 메디치 가문의 역사가 300년 정도인데 우리나라 최 씨 가문은 그보다 100년이 더 길다.

경주 최 부잣집이 땅 부자가 된 이유는 처음 하사받은 토지를 그대로 두지 않고 그 당시 농사법에 혁신적인 방법을 도입했기 때문이다. 바로 모를 키우는 동안 다른 작물을 키우는 이모작이다. 이모작 방법으로 수익을 증대해 벌어들인 돈으로 주변 땅을 계속 사 모았던 것이다.

당시 소작농들은 전체 수확물의 30%만 갖고 70%는 지주에게 바쳤다. 그런데 최 씨 가문은 이 비율을 50%로 조정해 줬다. 그러자 소작농들이 더 힘이 나서 농사를 열심히 지었다고 한다. 최 씨 가문은 소작농에게 20%를 더 주고 자기들은 20%가 줄었으니 과연 손해였을까? 결과적으로 소작인들은 본인이 더 많은 곡식을 가져가기 위해 더 열심히 경작했고 전체 생산량은 오히려 증가했다.

결국 최 부잣집은 더 부자가 됐다. 주위에 칭송을 받으면서 소작농도 만족하고 최 부잣집도 만족하며 상생했다. 이런 최 부잣집에는 여섯 가지의 가훈이 있다. 일명 육훈이라고 한다.

〈경주 최 부잣집 육훈〉
첫째, 과거를 보되 진사 이상은 하지 말라.

둘째, 재산은 1만 석 이상 모으지 말라.

셋째, 흉년에는 재산을 늘리지 말라.

넷째, 과객을 후하게 대접하라.

다섯째, 사방 100리 안에 굶어 죽는 사람이 없게 하라.

여섯째, 최 씨 가문의 며느리는 시집 온 후 3년간 무명옷을 입게 하라.

진사 이상 하지 말라는 가훈의 의미는 공부는 하되 정치와는 거리를 두라는 뜻이다. 정치는 잘해도 못해도 정쟁에 휘말릴 수 있기 때문에 큰 벼슬을 탐해서 가문이 위기에 처하는 것을 막고자 했던 것이다.

재산을 1만 석 이상 모으지 말라는 가훈의 의미는 자신들의 현재 재산에 만족하고 감사하라는 뜻이다. 재산에 대한 욕심이나 집착을 부리기보다는 인간적인 가치를 더 중요시하기 위함이었다.

흉년이나 재난이 발생한 시기에는 재산을 늘리고자 하지 않았다. 그 대신 가난한 사람들에게 자신의 것들을 나눠 줬다. 남의 불행을 통해 나의 만족을 얻으려 하지 않고 남의 고통을 공감하고 나누며 오히려 고통을 같이하고자 함이었다.

또한 경주 최 씨 집에는 늘 과객이 머물다 갔는데 음식도 후하게 대접했다. 최 씨 집안은 타인에게 베푸는 것이 늘 일상이었다. 그렇게 대접받은 과객들은 전국 팔도를 다니며 최 부잣집에 대한 좋은 소문을 냈다. 최 부잣집에 머물면서 과객들이 전해 준 전국의 정보들은 최 부잣집이 번성하는 데 큰 도움이 됐다. 현재로 치면 엄청난 고급 정보들을 모을 수 있었던 것이다.

사방 100리 안에 굶어 죽는 사람이 없게 하라는 가훈의 의미는 사실 100만 평 이상의 땅을 소유한 최 부잣집이었기에 본인 가문의 땅 안에서는 굶어 죽는 사람이 없도록 하라는 의미였다.

시집 온 며느리들에게도 처음부터 절약과 검소를 알게 하기 위해 3년간은 무명옷을 입게 했다.

경주 최 씨가 왜 400년 동안 칭송받는 부자였는지는 이 육훈을 보면 알 수 있다. 그렇다면 경주 최 씨는 왜 400년간만 부자였을까? 그 이유는 최 씨 가문은 모든 재산을 기부하고 현재는 재산이 없기 때문이다. 이는 우리나라 일제 강점기와 무관하지 않다. 최 씨 가문은 조선의 3대 부자 중 유일하게 독립 운동을 한 가문이다. "나라가 없으면 부자도 없다"라며 마지막 최 씨 부자였던 최준 선생이 전 재산을 독립 자금으로 내놓았다. 그 금액만 해도 그 당시 약 100만 원, 현재 가치로 약 1,000억 원 정도의 독립 자금을 후원했다.

독립 후 김구 선생이 최준 선생을 찾아와 상해 임시 정부의 자금을 기록한 장부를 갖고 와서 이야기했다고 한다.

"독립 자금의 6할(60%)을 최준 선생이 후원한 것이오. 최 선생 그동안 수고 많았습니다. 그리고 감사합니다."

그의 동생 최완은 상해 임시 정부의 재무부 위원이었는데 임시 정부의 자금을 담당하다 일본 경찰에게 잡혀 옥중에서 돌아가셨다. 이렇듯 집안 전체가 독립운동가였다. 독립 후 최준 선생은 "우리가 일제 강점기를 겪은 것은 근대식 교육을 못 받은 것이다"라고 이야기하며 살고 있는 집과 선산, 논밭을 전부 팔아 학교를 설립하고 20년간 운영했다. 그 학교가 지금의 영남대학교다.

후손들에게는 단 1원도 남기지 않고 최 부잣집의 부자 역사는 마무리된다. 후손들 입장에서는 그 많은 재산을 다 사회로 환원하니 조금이라도 섭섭할 만도 한데 그렇게 기부한 것을 경주 최 씨 후손들은 명예롭게 생각한다고 하니 정말 대단한 가문이 아닐 수 없다.

이후 전 재산을 기부해서 만든 영남대학교를 정말 잘 운영해 줄 사람을 찾다가 당시 삼성의 이병철 회장이면 잘 운영해 줄 것이라고 믿고 무상으로 재단을 넘겨줬다. 이병철 회장은 몇 번이고 고사했지만, 최준 선생의 뜻이 너무 완고해서 받았다고 한다.

하지만 박정희 대통령 집권 시절 이병철 회장이 삼성의 계열사였던 한국 비료 공업을 통해 사카린을 밀수하려다 적발돼 사퇴 성명과 함께 한국 비료 공업과 영남대학교를 정부에 반강제로 헌납했다. 박근혜 전 대통령이 영남대학교 이사장으로 있던 8년간 실질적으로 일을 봐 준 실세가 바로 최태민 목사 일가였다. 그의 의붓아들 조순제가 재단 일에 일일이 관여했고 나중에 재산을 물려받은 사람이 바로 그의 딸 최순실이다.

400년 경주 최 부잣집의 역사는 후학을 양성하고자 교육 재단을 설립한 최준 선생의 의도와는 다르게 조금은 허무한 결론으로 끝나 버렸다. 그 후 영남대는 사학 비리로 많은 사회적 문제를 야기했다. 최씨 문중이 기증한 울주 선산 10만 평과 경주 불국사 앞 1만 2,000평은 석연치 않게 팔렸는데 그 돈이 최태민 일가에게 흘러 들어갔을 것으로 추측되고 있다.

　400년간 12대에 걸쳐 땅 부자였던 경주 최 부잣집은 우리 역사의 한 부분이다. 남에게 칭송받으면서 욕심을 절제하며 같이 상생했고 일제 강점기에는 대한민국의 독립을 위해 물심양면 노력한 명문 가문 경주 최 씨가 있었기에 지금의 대한민국이 있는 것이 아닐까? 경주 최 부잣집은 땅 부자를 뛰어넘어 진정한 사람 부자였다.

3장

—

땅에
발 묶이고
우는 사람들

: 땅 투자 실패 이야기

세상에 나한테만 알려 주는
고급 정보는 없다

땅 투자는 큰 수익을 가져다줄 수 있는 매력적인 재테크 수단이지만 동시에 실패 가능성도 존재한다. 이 세상에 고수익에 안전한 투자는 없다. 수익의 크기만큼 위험도 큰 것이 투자인데 그나마 땅은 덜 위험하다. 하지만 철저한 준비 과정과 신중하고 냉철한 판단이 없으면 땅 투자도 역시 큰 위험성이 존재한다.

땅값과 떼려야 뗄 수 없는 것이 바로 '개발 계획'이다. 그중에서도 지하철 개통이나 고속 도로 건설 등 교통망 개발 계획은 직접적으로 땅값에 영향을 주는데, 이런 개발 계획들은 무분별한 정보, 확인되지 않은 정보들과 섞여서 투자자들을 혼란스럽게 만드는 일이 종종 있다.

특히 '너한테만 알려 주는 고급 정보인데…'라며 친한 친구나 지인이 땅 투자를 권하는 경우가 있다. 보통은 친한 친구면 친구와 같이 돈 벌자는 생각에 '어느 지역에 개발 계획이 있는데 곧 발표할 거래. 그 전에 땅을 사 놓으면 큰돈을 벌 수 있으니 너만 알아야 돼'라고 이야기를 한다. '절대 다른 사람에게는 이야기하지 말고 너만 알아야 된다'고 신신당부한다. 친구가 부동산과 관련한 곳에서 일을 하거나 공무원인 경우는 그 말에 더 신뢰가 갈 수밖에 없다.

하지만 친구의 말만 듣고 덜컥 땅을 샀다가 해당 지역의 개발 계획이 취소돼 큰 손해를 보는 일이 이따금 발생한다. 통상 국책 사업의 개발 계획은 발표를 하면 일주일 내에 토지 거래 허가 구역으로 묶어 버리는 경우가 많다. 따라서 땅 투기가 성행하거나 성행할 우려가 있는 지역은 허가권자의 허가를 받아야만 거래할 수 있도록 해서 투기를 방지한다.

이런 정보를 접하고 일주일 사이에 토지 계약과 잔금을 번개처럼 끝내 버리는 사람들도 있다. 자칫하면 시세보다 높은 가격으로 땅을 사는 경우도 있고 개발 사업지와 먼 곳의 땅을 사는 경우도 있다. 그러니까 아무리 급해도 확인할 건 확인하고 사야 이런 불상사를 막을 수 있다. 돈을 버는 것도 중요하지만 더 중요한 것은 어떤 경우라도 돈을 잃어서는 안 된다는 점이다.

이번 이야기는 친구가 좋은 의도로 정보를 주더라도 해당 개발 계획에 대한 판단과 투자는 결국 자신의 몫이고 자신이 책임져야 한다는 점을 알려 준다.

어느 날 친구 말에 눈멀어서 6억 원을 빚진 남자

2023년 언론에 큰 이슈였던 서울~양평 고속 도로 인근에 친구 말을 듣고 땅을 샀다가 큰돈이 묶여 고생하는 사람이 있다.

남양주에서 자그마한 가구 공장을 하는 서 사장은 초등학교 때부터 친한 친구가 있다. 워낙 사이가 좋아 결혼 후에 가족들끼리 캠핑도 같이 다니고 가족처럼 친하게 지낸다. 그 친구는 시청의 공무원으로 근무하고 있었다.

2021년 어느 날, 여느 때처럼 친구 가족과 캠핑을 하던 중 공무원 친구가 솔깃한 이야기를 했다.

"서울~양평 고속 도로 예비 타당성 조사가 통과됐으니 종점인 양평군 양서면에 땅을 사면 큰돈을 벌 수 있어."

소문에 양평 군수 땅이 양서면에 있어서 양서면이 크게 개발될 거라는 말이었다. 그 말을 듣자 서 사장은 큰돈을 벌 수 있겠다는 생각에 다음 날 바로 양평군에 있는 부동산에 전화를 걸어 수도권 제2순환 고속 도로와 서울~양평 간 고속 도로가 연결되는 곳 인근에 가보지도 않고 땅을 덜컥 샀다. 예타도 통과됐으니 무조건 고속 도로가 건설될 것이라고 믿었다.

서 사장은 본인의 여유 자금 1억 원에 사업 자금 대출금 3억 원, 그리고 땅을 담보로 받은 대출 3억 원을 보태 7억 원의 거금을 들이면서 부자가 될 꿈을 꿨다. 대출이 6억 원이나 되다 보니 이자가 매달

250만 원 정도 나갔지만 가구 공장이 잘되는 덕분에 이자는 감당할 수 있었다. 그렇게 2, 3년만 기다리면 큰돈을 벌 수 있다는 희망에 부푼 꿈을 안고 살아가고 있었다.

먼저 서울~양평 고속 도로는 어떤 개발 사업인지 알아보자. 서울~양평 고속 도로는 서울과 양평까지 걸리는 차량 이동 시간을 기존 90분에서 15분으로 단축시키는 획기적인 도로로 2017년 국토부 제1차 고속 도로 건설 계획에 포함됐다. 하남시 감일동에서 양평군 양서면까지 24㎞를 잇는 왕복 4차로 도로를 개통하는 것으로 예비 타당성 조사를 통과해 확정됐다.

그런데 석연치 않은 이유로 고속 도로 종점이 양서면에서 강상면으로 바뀌면서 특혜 의혹이 불거졌다. 이 사업은 정치 이슈화됐고 결국 2023년 7월 전면 백지화되면서 사업이 무산됐다. 국책 사업이 정치적 이유로 무산될 것이라고는 아무도 생각하지 못했다. 그만큼 개발 계획은 변수가 많기 때문에 절대 무리해서 투자해서는 안 된다. 땅 투자는 항상 자금 계획을 철저히 세워야 하고, 최악의 상황에서는 '몇 년간 버틴다'는 생각을 하고 투자해야 한다.

어느 날 뉴스에서 이 소식을 들은 서 사장은 주저앉을 수밖에 없었다. 아뿔싸, 친구 말만 듣고 너무 무모하게 땅을 산 것이다. 게다가 무리하게 대출을 받았다. 조금만 버티면 된다고 생각했는데 설상가상으로 경기가 나빠져 가구 공장마저 잘되지 않아 매달 내는 이자도 점점 버거워졌다.

상황이 이렇다 보니 그 좋았던 친구와 사이도 조금씩 멀어져 지금은 가끔씩도 보기가 부담스럽다. 이 사업이 언제 다시 추진될지, 아니면 영원히 무산돼 계속 이자를 내며 힘든 생활을 해야 하는지 막막하기만 하다. 당시 급한 마음에 시세보다 너무 비싸게 주고 땅을 샀기 때문에 팔려면 손해를 너무 많이 봐야 하니 이러지도 저러지도 못하고 하루하루가 힘들 뿐이다.

투자를 결정하기 전 충분한 정보 수집은 필수다. 개발 계획의 단계, 시장 상황, 해당 부동산의 현재 가치와 미래 가치 등 여러 가지를 꼼꼼히 분석하고 투자해야 한다. 왜냐하면 땅은 최소 몇 년에서 어떨 때는 10년 이상 보고 투자를 해야 하기 때문이다. 개발 계획은 말 그대로 계획이기 때문에 다양한 변수가 존재한다.

서울~양평 고속 도로도 언제든 재추진될 수 있다. 하지만 그때까지 버틸 수 있어야 하는데 무리한 대출 이자가 문제다.

개발 지역의 땅값 주기와 투자의 결정 단계

통상 개발 지역의 땅값은 정해진 주기가 있는데 단계별로 세 번의 상승이 있다.

첫 번째, 개발 계획이 발표됐을 때.

두 번째, 개발 사업을 착공했을 때.

세 번째, 개발 사업이 준공됐을 때.

보통 가장 큰 상승 시기가 바로 개발 계획 발표 시기다. 왜냐하면 그만큼 리스크가 크게 존재하고 시장에 미치는 파급력이 대단하기 때문이다. 서 사장이 친구의 말을 듣고 개발 지역의 땅을 사려고 마음먹었다면 다음과 같이 땅에 대한 시세를 파악할 필요가 있었다.

첫째, 해당 지역의 지자체에 방문해서 개발 계획에 관한 확인 절차를 거친다.

둘째, 실제로 현장에 가서 둘러보고 필요하다면 주위를 탐문해 개발 계획의 실행 여부를 판단한다.

셋째, 인근 부동산 여러 곳을 방문해서 구입할 땅에 대한 시세를 좀 더 정확히 파악해야 한다.

서 사장은 이런 절차를 생략한 채 공무원 친구의 말만 듣고는 급한 마음에 현장도 가 보지 않고 덜컥 땅을 샀다. 지금에 와서 그 땅을 시세보다 너무 비싸게 샀다는 사실을 안 것이다. 개발 계획은 정보의 출처가 어느 정도 신빙성이 있다고 판단되면 스스로 그 정보에 관한 확인 절차를 꼭 거쳐야 한다. 조금 더 안전하게 투자하려면 어느 정도 개발 계획이 구체화되고 나서 투자하는 것도 나쁘지 않다.

일반인이 확인할 수 있는 가장 확실한 방법이 있다. 개발 사업은 보통 다음 순서의 단계로 진행된다.

1단계: 개발 계획 발표.
2단계: 지구 지정(고시).
3단계: 실시 계획 인가.
4단계: 착공.
5단계: 준공.

여기에서 가장 중요한 단계가 '실시 계획 인가' 단계다. 실시 계획 인가가 나면 웬만해서는 사업이 취소되지 않는다. 따라서 큰 위험성이 있는 '개발 계획' 단계에 땅을 구입하기보다는 실시 계획 인가가 승인이 난 개발 사업의 땅을 사는 것이 더욱 안정적으로 수익을 볼 수 있는 방법이다. 우리나라 개발 사업의 80%가 실시 계획 인가 전에 좌초돼 지지부진 시간을 끌다가 무산되는 경우가 대부분이다.

서 사장의 사례가 우리에게 주는 교훈은 땅 투자에서 승률 100%는 없다는 것이다. "친구 따라 강남 간다"라는 속담처럼 땅을 사면 안 되고 정보는 듣되 그 진위나 실행 여부는 스스로 꼼꼼히 파악 후 판단해야 한다. 그렇게 판단하고 투자하더라도 무리하게 대출을 받기보다는 최악의 경우를 감당할 수 있는 수준으로 투자해야 한다. 다시 한 번 강조하지만 돈을 버는 것보다 더 중요한 건 돈을 잃지 않는 것이다. 그래야 투자의 기회가 왔을 때 다시 잡을 수 있다.

건축도 못 하는 맹지를
덜컥 사 버린 사연

　나는 대학 평생 교육원을 비롯해 여러 곳에서 부동산 투자 강의를
하기 때문에 수강생들에게 부동산에 관한 많은 질문을 받는다. 강의
현장에서 질문을 받다 보면 부동산 투자를 잘못해 마음고생하는 분
들이 의외로 많다는 사실에 놀라곤 한다. 기본적인 상식으로 생각했
던 부동산 지식조차 없이 주변 지인들의 말만 듣고 투자했다가 사람
도 잃고 돈도 잃었다는 사연을 많이 듣는다. 상담을 하는 내가 화가
나는데 당사자는 오죽하겠는가? 평생 피땀 흘려 고생하며 모은 돈
을 허무하게 날려 버린 사람들을 상담하며 어떻게 해서든 그분들이
돈을 조금이라도 찾을 수 있는 해결책이 있을지 온갖 방법을 찾아서
조언해 주곤 한다.

건축법상 도로에서 꼭 확인해야 할 두 가지

땅은 도로와 연관성이 가장 크다. 도로와 접하지 않은 땅을 '맹지'라고 부른다. 그리고 맹지에는 건축을 할 수 없다는 사실을 이제는 웬만한 일반인도 다 안다. 조금 더 자세히 들어가 보자. 건축법상 도로는 '보행과 자동차의 통행이 가능한 너비 4m 이상의 도로 또는 예정 도로'를 말한다. 이 문구를 자세히 들여다보면 주목해야 할 점이 두 가지 있다.

첫째, 보행과 자동차의 통행.

두 가지 조건이 동시에 충족되는 도로가 건축법상의 도로다. 즉 사람의 보행만 가능해서도 안 되고 자동차의 통행만 가능해서도 안 된다. 반드시 사람과 자동차 둘 다 통행이 가능해야 건축법상의 도로로 인정된다. 따라서 자동차 전용 도로나 고속 도로에 접한 땅은 건축법상으로 맹지다. 건축을 할 수 없다는 뜻이다. 간혹 땅을 지적도나 포털 지도로 보면 분명 도로에 접하고 있는데 현장에 가 보면 진입이 불가능한 땅인 경우가 있으니 주의해야 한다.

둘째, 예정 도로.

예정 도로는 특히 주의해야 한다. 예정 도로와 별개로 현재 해당 토지까지 진출입할 수 있는 도로(현황 도로 등)가 있어 건축 허가를 받고 준공 시점에 예정 도로가 완공돼 있다면 건축 허가가 가능하다. 만약 예정 도로만 있고 현재 진출입할 수 있는 도로가 없다면 건축 허가가 불가능하다. 건축법상 맹지인 것이다.

예정 도로의 정확한 용어는 '도시 계획 시설(도로)'이다. 토지 이용 계획 확인원을 열람해 보면 빨간 선으로 도로가 계획돼 있다는 표시가 있는데 사유지임에도 예정 도로로 지정되면 사유권을 행사할 수 없다. 예정 도로 안에 포함된 부분에는 개발이나 건축 행위가 불가능하다. 나중에 실제 도로로 편입되면 감정 평가 금액으로 보상받는다. 도시 계획 시설 예정 도로로 지정됐는데 20년간 도로가 개설되지 않으면 장기 미집행 도시 계획 시설 일몰제로 그 효력을 상실한다. 일몰제는 시간이 지나면 자동으로 폐기되는 제도다. 하지만 20년 동안은 내 땅이라도 행위가 제한된다.

지금 계약 안 하면 다른 사람이 사니까 빨리 결정해요

간혹 예정 도로로 건축 허가를 받을 수 있다거나 곧 도로가 개설된다며 땅을 사라고 유혹하는 경우가 많다. 그중 기억에 남는 사례를 하나 소개하고자 한다.

경기도 고양시 덕양구에는 2006년 삼송 택지 지구와 함께 삼송, 동산, 화전 1.33km²가 그린벨트에서 해제되면서 도로 등 기반 시설을 설치해야 했다. 이때 지역의 교통 상황을 반영하지 못한 급한 도로 계획으로 지적도상에 존재하는 도시 계획 도로(예정 도로)가 급증했다. 이런 상황을 모르고 삼송동과 동산동에 땅을 샀다가 이러지도 저러지도 못하는 사람이 많았다.

대학에서 제과 제빵을 전공한 신 씨는 졸업 후 호텔에 취업했다. 그는 열심히 일해서 나중에는 자그마한 베이커리 카페를 개업해 자신이 직접 운영하는 꿈을 꾸고 있었다. 어느덧 호텔 경력 10년 차, 이제는 돈도 어느 정도 모았고 경력도 쌓을 만큼 쌓았다고 생각해 고향인 경기도 고양시에 돌아가서 작지만 예쁘고 아담한 카페를 하겠다는 계획을 실행하기로 했다.

처음에는 임대를 알아봤지만 보증금과 월세가 너무 비싸서 아깝다는 생각이 들었다. 대출을 받더라도 자그마한 땅을 사서 1층은 카페를 하고 2층은 주택을 지어 카페를 운영하며 나오는 수익으로 대출금을 조금씩 갚아 나가면 월세를 내는 것보다 훨씬 더 낫겠다는 판단이 들었다. 그래서 땅을 알아보던 중 부동산 컨설팅을 운영하는 사장님에게 50평짜리 땅을 소개받았다. 나이가 지긋하셔서 지역에서 오래 부동산을 한 것 같아 믿음이 갔다. 무엇보다 소개받은 땅이 주위의 땅보다 시세가 저렴했다. 왜냐하면 도로가 없는 땅이었기 때문이다.

"원래 집이 있던 자리고 여기 예정 도로가 있으니 가능할 겁니다."

부동산 컨설팅 사장님은 예전에 오래된 집이 있었는데 현재는 철거한 나대지라고 했다. 그리고 원래 집이 있었다는 건 앞으로도 건축이 문제없는 거라며 소규모 면적에 좋은 땅이니 다른 사람이 계약하기 전에 서둘러야 한다고 재촉했다. 현재 도로에 접해 있지 않지만 폭 1m의 진입하는 골목길이 있고 또 예정된 계획 도로에 접해 있어 건축이 가능하다고 했다.

부동산 컨설팅 사장님은 이 땅은 살 사람이 또 기다리고 있다며 계속 재촉했다. 결국 신 씨는 놓치기 아까워 그 땅을 샀다. 그런데 대출을 받아 잔금을 다 치르고 건축 설계 사무소에 가서 설계를 의뢰했더니 이게 무슨 일인가? 이 땅은 맹지이기 때문에 건축 허가가 나지 않는다고 하는 것이다. 청천벽력 같은 소리에 신 씨가 여기 예정 도로가 있는데 왜 허가가 나지 않느냐고 묻자 건축사는 이렇게 대답했다.

"예정 도로는 말 그대로 계획된 도로일 뿐 아직 도로가 아닙니다. 그리고 이 땅은 50평 중 30평이 예정 도로에 포함돼 있기 때문에 실제로 도로가 나더라도 20평밖에 사용하지 못합니다."

신 씨가 그럼 이 땅의 도로는 언제 나는지 물었다. 건축사는 알려 줬다.

"이곳이 2007년도에 계획 도로로 지정됐으니 20년이 되는 2027년까지 도로가 개설돼야 하고, 만약 개설되지 않으면 이 땅은 맹지라서 건축이 불가능합니다."

더 충격적인 사실은 50평 중에 예정 도로에 포함된 면적이 30평이라 나중에 도로가 나더라도 20평밖에 안 남기 때문에 사실상 카페를 짓기에는 맞지 않는 땅을 산 것이었다. 이 말을 듣고 신 씨는 부동산 컨설팅 사무실에 찾아가서 따졌다. 그랬더니 부동산 컨설팅 사장님은 책임이 없다는 입장을 내놨다.

"나는 땅을 파는 사람이지 허가를 알아봐 주는 사람은 아닙니다. 허가는 땅을 사는 사람이 알아봐야죠."

나중에 알아봤더니 이 할아버지는 공인 중개사도 아니었고 그냥 부동산 컨설팅 사업자를 내고 영업하는 사람이었다. 신 씨는 이 사람을 사기로 고소할 수 있는지 알아봤지만 증거가 불충분했다. 얼마 지나지 않아 사무실도 없어져 버렸다. 정말 허탈했다. 예정 도로를 통해 허가가 나는 땅인 줄 알았는데 맹지를 산 것이다.

골목길의 폭이 최소 2m만 나와도 현황 도로로 건축 허가 신청이라도 해 볼 수 있지만 1m인 도로 폭은 현황 도로로 인정받기가 힘들다. 이 땅은 나중에 도로가 개설되면 예정 도로 안에 포함된 30평은 감정 평가 금액으로 보상받고 실제 도로에 접하는 20평의 땅만 사용이 가능하다. 그러나 건폐율과 용적률을 감안하면 카페로 건축하기는 실익이 없는 땅이다.

이런 경우는 20평도 같이 보상해 달라고 매수 청구를 하는 방법이 있다. 하지만 감정 평가 가격보다 실제로 산 가격이 더 높기 때문에 보상을 받아서는 손해일 확률이 크다. 만약 도로가 개설되지 않으면 일몰제로 이 땅에 포함된 예정 도로는 폐기돼 없어진다. 그럼 이 땅은 폭 1m 골목길을 접한 사실상의 맹지가 되는 것이다. 기존의 집이 그대로 있었다면 대수선 리모델링을 해 사용 가치를 올리는 방안을 찾아볼 수 있겠지만 현재로서는 이 땅과 인접해 있는 도로와 접한 다른 땅을 추가로 매입해서 땅을 활용하는 방법밖에 없을 것으로 보인다.

내가 산 땅은 다른 사람이 책임져 주지 않는다

이처럼 맹지는 지적도상 누구나 봐도 알 수 있는 맹지가 있고, 맹지가 아닌 것처럼 보이는데 실제로는 건축 허가가 나지 않는 맹지가 있다. 우리는 후자의 맹지를 조심해야 한다. 시중에 맹지를 탈출하는 여러 가지 방법을 제시한 책이나 동영상이 있는데 실제로 맹지를 탈출하기란 쉽지 않다. 이론적으로는 가능하지만 실제로는 불가능 방법이 대부분이다.

따라서 당신이 산전수전을 다 겪은 부동산 전문가가 아니라면 맹지는 쳐다보지 말라. 맹지 말고도 투자할 만한 땅이 많은데 굳이 위험을 무릅쓰고 맹지를 사서 길을 내어 땅의 가치를 올려서 수익을 내는 방법을 사용할 이유가 있을까? 그러다 맹지 탈출을 못 하면 어떡할 건가? 그 땅은 대대손손 물려줘야 할 수도 있다.

신 씨도 계약하기 전 먼저 해당 시청 건축과나 건축 설계사에 건축 허가가 가능한지 문의했더라면 땅을 사지 않았을 것이다. 항상 땅은 계약하기 전에 자신이 땅을 사는 목적과 부합하는 행위를 할 수 있는지 확인이 필요하다. 계약서를 쓰고 계약금을 보내는 순간 모든 책임을 자신이 져야 하니 항상 "돌다리도 두들겨 보고 건넌다"라는 생각으로 변수를 확인하고 계약해야 한다.

또한 부동산 거래는 국가에서 인정하는 공인 중개사를 통해 거래해야 혹시라도 있을지 모르는 계약 과정상의 불법 행위를 사전에 방지할 수 있다. 사무실에 가면 자격증, 등록증, 사업자 등록증, 공제증서 등 의무로 게시해야 할 서류를 보고 공인 중개사인지 컨설팅인지 확인하면 좀 더 안전하게 거래할 수 있다. 그리고 땅은 아파트와 다르게 '다른 사람이 기다리고 있으니 지금 계약 안 하면 그 사람이 계약할 겁니다'라고 말하면 당당하게 이야기하라.

"그럼 그렇게 해도 됩니다. 저는 좀 더 알아보고 결정할게요."

땅은 급하게 매입할 이유가 전혀 없다. 그리고 설령 그런 상황이 온다 하더라도 아쉬워하지 말자. 또 다른 땅을 찾으면 된다.

17억 원을 쏟아붓고 후회한
제주도 세컨드 하우스

천혜의 자연 경관을 자랑하는 제주도는 육지와는 다른 자연 풍광과 에메랄드빛 바다색을 가진 독특한 곳이다. 대한민국이지만 외국에 온 것 같은 이국적인 느낌 때문에 연간 1,000만 명 이상의 여행객이 방문하는 우리나라 대표 관광지다. 나도 제주도에 사무실이 있어서 주기적으로 내려가 일도 하고 틈틈이 휴식도 즐긴다.

여러분은 제주에 가서 풍경을 보면 어떤 느낌이 드는가? 제주도는 제주시와 서귀포시 중심 지역을 제외하면 고층 건물이 시야를 가리지 않는다. 한라산 방향에서 바다 방향으로는 높은 건물이 없어서 바라보는 시야의 범위가 상당히 넓다. 그래서 서울이나 수도권 도심에서 살던 사람이 제주도를 가면 여행 오기 잘했다는 생각이 절로 든다. 시야가 뻥 뚫려 답답함 없이 한눈에 한라산과 바다가 들어오기 때문이다. 자연스럽게 제주도에 세컨드 하우스 한 채 있으면 좋겠다는 생각도 하고 아예 이곳에서 농어촌 민박이나 카페를 하며 살고 싶다는 생각도 든다.

제주도에는 제주도만의 특별한 정책이 있다

한때 유명 연예인의 제주 이주로 너도나도 하던 제주살이 열풍과 투자 이민 제도 확대로 인한 중국인들의 제주 투자 열풍으로 제주가 폭발적인 사랑을 받았다. 하지만 그 결과 부동산 가격 폭등과 난개발이라는 후폭풍이 뒤따랐다.

그래서 제주도는 육지에는 없는 제주특별자치도만의 특별법으로 부동산 난개발을 엄격히 제한하고 자연을 보호하기 위한 여러 가지 정책을 쓴다. 지하수 자원 보전, 생태계 보전, 경관 보전 등의 세 가지 특별법으로 난개발을 방지하고 자연환경 보호에 힘쓰고 있다.

특히 화산 활동으로 생긴 현무암 섬의 특성상 비가 오면 빗물이 그대로 지하로 유입되므로 깨끗한 지하수를 보호하는 것이 중요하다. 그래서 건축 허가 요건에서 중요한 '오수의 처리'가 무엇보다 중요하다. 제주도에서 하수도가 설치되지 않은 지역은 건축 허가를 받을 수 없다. 육지와는 다르게 원칙적으로 공공 하수관과 연결되지 않으면 허가를 받을 수 없도록 법이 강화돼 있다. 다만 표고 300m 미만 지역과 취락 지구에서 일정 조건을 갖추면 개인 오수 처리 시설(정화조) 설치로 허가를 받을 수 있다. 그래서 해발 300m 이상의 한라산 쪽 중산간 위로는 건물이 없는 풍경을 유지할 수 있는 것이다.

이와 별개로 해안 도로에서 바닷가 방향에 위치한 땅에는 웬만하면 신규 건축은 힘들다. '건축 계획 심의 구역'으로 지정하여 건축물을 짓기 전에 심의를 받아야 하는데 그 조건이 상당히 까다롭다. 특히 높이 제한으로 인해 법적으로 사용할 수 있는 용적률에서 불이익이 상당하다.

지금 소개해드릴 이야기도 오수관 용량, 바닷가 바로 앞에 위치해 용적률 제한으로 땅값 대비 효율이 안 나오는 문제로 낭패를 본 사례다.

하나만 알고 둘은 몰라서 망친 제주살이의 꿈

농사재 관련 사업을 하고 있는 권 사장은 사업을 키우기 위해 정말 바쁘게 살았다. 어느덧 예순이 됐고 어느 정도 사업도 안정돼 한 달에 한두 번 주말이면 아내와 함께 제주도로 내려가서 휴식을 즐겼다. 제주의 에메랄드빛 바다가 너무 좋았다.

그래서 세컨드 하우스 겸 작은 카페 건물을 지어서 아내는 제주에 거주하고 자신은 주말이면 내려오는 계획을 세우고 바닷가 땅을 알아보기 시작했다. 하지만 제주도에서 너무 외진 곳이 아닌 주거지에는 적정 가격의 빈 땅을 찾기가 너무 힘들었다. 또한 건축 허가를 알아보니 바닷가와 바로 접해 있는 땅에는 신규로 허가를 내기가 어렵다는 사실을 알고 기존에 주택이 있는 땅을 보기로 했다.

그렇게 알아보던 중 공항과도 가까운 애월에 바닷가와 접해 있는 단층 농어촌 민박을 운영하는 주택이 마음에 들었다. 300평 정도 되는 땅에 40평 단층 주택이 있어 철거 후 4층짜리 건물을 건축할 수도 있고 기존 주택은 리모델링하여 활용하고, 남은 건폐율로 추가로 토지에 건물을 신축하기도 충분했다. 매도자가 자신도 새 건물을 계획했다며 건축 설계 사무소에서 작성한 4층 건물 도면도 보여 줘 더욱 믿음이 갔다.

기존 건물이 있기 때문에 오수관도 문제 없고 이 건물을 철거하고 새로 건축하는 것도 문제없다고 생각하고 기분 좋게 계약을 마쳤다. 혹시나 계약이 무산될까 봐 걱정되어 계약을 파기할 수 없도록 중도금도 지불했다. 매매 가격은 15억 원 정도인데 2종 일반 주거지이기 때문에 적당한 가격을 주고 샀다고 생각했다. 무엇보다 집이 평소 로망이었던 바닷가 바로 앞에 위치해 문을 열고 나가면 바로 바다라서 물이 찼을 때는 낚시도 가능하고 물이 빠지면 보말(고둥)도 바로 잡을 수 있어 너무나 행복했다.

하지만 그 행복도 잠시, 잔금 날짜 전에 건축 허가에 관한 내용을 건축 설계사에게 부탁해 놨는데 청천벽력 같은 소리를 들었다. 원래 이 땅은 2종 일반 주거지라서 건폐율 60%(바닥 면적), 용적률 250%(건물 높이) 4층 정도까지 가능한데 집 앞에 있는 오수관 용량이 미달해서 원했던 건축 면적만큼 지을 수 없다고 했다. 또한 바닷가 바로 앞이라 건축 심의를 받으면 건물 높이도 2층까지밖에 되지 않을 수 있다는 것이었다.

오수관은 도로 건설 시 가장자리에 같이 묻어서 설치된다. 그런데 구배(높낮이)가 낮은 방향으로 마을 안까지 연결된 오수관 직경이 작아 처리할 수 있는 오수 용량이 정해져 있다. 따라서 건물을 신축하면 처리할 수 있는 용량이 초과돼 건물 신축 허가가 나지 않는다. 제주에서 단독 주택의 오수 용량 정도를 처리할 수 있는 직경이 작은 관을 '압수관'이라고 부른다. 비유하면 큰 나무가 오수관이고 그 나무에서 뻗어 나가는 가지가 압수관이다.

권 사장의 땅은 법정 건축 면적을 다 사용하여 건축하고자 하면 압수관의 오수 용량으로는 처리되지 않아 허가가 나지 않는다. 직경이 더 큰 관으로 교체하면 허가를 받을 수도 있는데, 문제는 그 비용이 몇억 원이 들어가는 것이다. 큰 비용을 들여 압수관을 큰 관으로 교체하더라도 바닷가 바로 앞 땅이기 때문에 별개로 건축 심의를 받아서 높이 제한이 걸리면 법정 건축 면적만큼 짓지 못할 수도 있다. 정확한 건 허가를 신청해 봐야 알 수 있었다.

권 사장은 너무 속상했다. 자기 상식으로는 오수관이 없으면 허가가 안 난다고 알고 있어서 안전하게 오수관이 있는 기존 건물과 땅을 샀는데 용량이 문제가 될 줄은 몰랐다. 게다가 바다 바로 앞 땅을 사서 좋았는데 바다 바로 앞이라 심의를 받아야 한다는 건 생각지도 못했다. 설상가상으로 이 땅을 산 시기가 8월 말이라 태풍이 오는 시기와 겹쳤는데 파도가 쳐서 주택 창문을 때리는 광경을 목격할 수 있었다. 그렇게 멋있던 바다가 금방이라도 주택을 집어삼킬 듯 연신

성난 파도가 치는 것이었다.

순간 더 자세히 알아보지 않은 자신이 원망스러웠다. 해안가 주택이 바람과 태풍에 위험하다는 사실을 미처 몰랐다. 실제 제주도 원주민들은 바닷가보다 중산간에 많이 산다. 바닷가에 바로 붙어 있는 땅보다는 기상 위험을 조금 벗어날 수 있는 곳에 사는 것이다. 이미 중도금까지 지불한 상황에서 계약을 무를 수는 없었다. 다행히 이런 사정을 잘 이해해 준 매도인의 배려로 1억 원을 더 깎아서 14억 원에 잔금을 치르고 소유권을 넘겨받았다.

그 후 권 사장은 바닷가와 접해 있는 부분에 현무암으로 겹담(담을 이중으로 쌓은 것)을 높이 쌓아 경관을 해치지 않는 범위에서 파도를 대비했다. 건물 신축은 포기하고 기존의 단독 주택을 리모델링해서 세컨드 하우스로 사용하고 있으며 나머지 넓은 땅에는 나무를 심고 벤치를 만들어 조경 공간으로 사용하고 있다. 땅값과 취득세 공사 비용까지 17억 원 정도를 들여서 제주에 그냥 세컨드 하우스 하나 마련한 결과가 된 것이다.

제주도에 땅을 사서 개발 행위나 건축을 하려고 계획하고 있다면 제주에서만 적용되는 특별법을 미리 검토해야 한다. 개인이 하기에는 한계가 있으니 땅이나 건물을 사기 전에 부동산 전문가에게 먼저 조언을 구하거나 건축 설계사와 건축 계획 등을 미리 상의하고 매입하길 권한다. 또한 단순히 오수관이 있는지 없는지 등의 단편적인 지식을 믿고 돌진하지 말고 돌다리도 두들겨 보고 건너듯이 그 세부 사항도 꼭 검토해야 한다.

예를 들어 오수관은 관이 연결된 도로에서 한라산 쪽 방향은 기존 오수관보다 더 높은 곳으로의 연결이기 때문에 불가능한 경우가 있다. 쉽게 말해서 구배가 역구배라서 낮은 곳에서 높은 곳으로 관이 연결되면 오수관의 오수가 역류할 수 있다. 그러므로 단순히 '몇 m에 비용은 얼마?'라는 식으로 접근했다가는 오수관을 연결할 수 없어 건축이 불가능한 땅을 비싼 돈을 주고 사는 결과가 발생할 수도 있다. 따라서 제주도의 땅은 조금 더 신중하게 알아보고 확인한 후 구입하길 바란다.

10억 원 대신 손해만 안겨 준 황금알을 낳는 거위

많은 투자자가 대출을 받아서 부동산 투자를 한다. 일명 레버리지 효과로, 대출을 활용해 자신의 자본금을 최소한 투자하고 최대의 수익을 남기는 방법이다. 대출은 '이자 지불'이라는 소비성 현금 흐름을 만들어 낸다.

아파트를 살 때 무리하게 대출을 받았다가 이자를 내지 못해 집이 경매로 넘어가는 경우가 있는데 땅도 마찬가지다. 아파트는 사는 공간이고 사용하는 부동산이기 때문에 정말 어려운 형편이 아니면 이자를 연체하지 않는다. 연체해서 몇 달 뒤 경매로 넘어가면 삶의 원천인 보금자리에서 쫓겨나야 하기 때문이다.

땅은 환금성에서 주택보다 취약하기 때문에 급하게, 싸게 내놓는다고 덜컥 팔리지 않는다. 땅은 파는 타이밍을 기다려야 하고 그 타이밍이 오면 소위 튕기면서 팔아야 제값에 팔 수 있다. 개발의 확정이 불확실할 때 그 위험을 감수하며 보유하다가 비로소 개발이 눈에 보일 때 가격을 튕겨 가면서 매수인에게 팔아야 하는 부동산이 땅이고 그게 땅 투자로 돈을 버는 방법이다.

이런 전략을 사용할 수 있는 원동력은 바로 '시간'이다. 땅 투자는 시간과의 싸움이다. 그 싸움에서 이겨야 비로소 큰 수익으로 돌아온다. 대출 이자가 부담스러워서 시간과의 싸움에서 버티지 못한다면 투자한 땅은 처음부터 잘못된 무리한 투자였던 것이다. 그렇게 해서는 절대로 땅 투자로 돈을 벌 확률이 없다.

많은 사람이 무리하게 대출을 받아 투자하다가 실패한다. 저금리 시대에 형성된 잘못된 관념이 이런 실수를 불러오는데 금리가 아무리 싸도 이자는 이자다. 그것도 매달 꾸준히 나가는 이자는 부담될 수밖에 없다. 특히 땅을 투자하면서 기간을 3년, 5년 정해 놓고 하는 사람들은 그 기간이 다가오면 올수록 이자가 더 부담스럽다.

또 하나의 위험성이 있다. 대출 이자는 살아서 움직인다는 것이다. 저금리 때는 부담되지 않던 이자 금액이 금리가 오르면 급속히 늘어나면서 부담되기 마련이다. 임대 수입으로 대출 이자를 내고 남은 금액은 수익으로 가져가는 아파트, 상가 등 건물은 그나마 낫지만 땅은 대부분 월세 수입이 없기 때문에 생으로 수입에서 이자를 지불해야 한다. 그것도 장기간 지불해야 한다. 그런데 생각보다 땅을 살 때 이 무시무시한 이자를 쉽게 생각하고 사는 사람들이 있다.

부동산 고수들 사이에서 통하는 주차장 용지 투자

지방에서 건축과 임대업을 하는 황 사장은 신도시 내의 택지를 사서 상가 주택을 건축하고 임대를 줘서 임대료를 받다가 이윤을 붙여 건물을 매도하는 방법으로 안정적인 수익을 내는 사업을 하고 있었다. 100평 미만의 택지를 주로 사는데 택지는 감정 가격이 높게 나와서 이자가 조금 비싸더라도 새마을금고 또는 신협 같은 제2 금융기관에서 대출을 받으면 감정 가격의 80%까지 대출을 받을 수 있다.

건축 자금 역시 기성고 대출이라는 은행의 고금리 건축 대출 상품을 이용하여 50% 정도 충당해서 실제로 땅을 사고 건축을 하는 비용은 생각보다 많이 들지 않았다. 보통 땅을 사서 건축하고 완공하기까지 짧게는 8개월, 길게는 1년 정도 다소 높은 이자를 부담하면 그 후에는 임차인의 보증금을 받아 소요된 비용을 어느 정도 회수했다. 말 그대로 레버리지를 잘 활용한 것이다. 이렇게 임대가 다 맞춰지면 건물을 팔아 매매 차익을 봤다. 그러고 나면 또 다른 택지를 알아보고 사서 건축하고 임대를 주고 매매하는 방식으로 수익을 봤다. 그러던 중 예전부터 눈여겨봤던 주차장 용지 땅이 나왔다.

황 사장이 택지만 골라 건축한 이유는 감정 가격이 높게 나와서 대출을 많이 받을 수 있고 택지에 건물을 지으면 팔기가 쉬웠기 때문이다. 그런데 택지보다 더 수익성이 좋은 땅이 바로 '주차장 용지'다. 예전에는 주차장 용도로밖에 사용되지 않았는데 요즘은 건폐율과 용적률 범위 내에서 부속 용도로 일정 면적의 상가를 건축할 수 있다. 그래서 부동산 고수 사이에서 주차장 용지는 '황금알을 낳는 거위'로 통한다.

여러분도 많이 봤을 것이다. 보통 신도시 내의 좀 큰 규모의 주차장 용지는 대형마트가 낙찰받아 1층은 마트로 이용하고 나머지 2, 3, 4층은 주차장으로 이용한다. 작은 규모의 주차장 부지는 신도시 중간중간마다 배치해서 1층과 2, 3, 4층의 각층 일부만 상가로 사용하고 나머지 부분은 주차장으로 사용한다. 요즘은 주차와 장사가 아주 밀접하기 때문에 주차 빌딩에 위치한 상가는 매출도 높고 그만큼 상대적으로 월세도 많이 받을 수 있다.

황 사장도 이 땅을 최초에 분양받은 사람이 내놓았다는 소식을 듣고 고민했다. 이제까지 황 사장은 아주 보수적인 투자를 해 왔다. 자신이 감낭할 수 있는 범위 내에서 대출을 활용하고, 잘 팔릴 수 있는 땅 면적과 수요층이 많은 금액대의 건물 가격을 만들어 팔았다. 그렇기 때문에 땅을 사서 건물을 짓고 임대를 완료하여 파는 사이클이 잘 맞아떨어져서 많지 않지만 꾸준한 수익이 발생하여 1년에 1억 원에서 1억 5,000만 원 정도의 수익을 보고 있었다.

그런데 주차장 용지는 그동안 해 왔던 일반 택지와는 규모와 금액이 다르다. 땅값만 거의 20억 원이었다. 대출을 최대한 받으면 15억 원 정도 가능한데 당시는 코로나19 사태로 인한 저금리로 대출 이율이 3% 정도였다. 이자는 1년에 총 4,500만 원, 매달 375만 원 정도를 부담해야 한다. 1년 안에 건축이 완공되면 임차인의 보증금을 받아

빠듯하게 공사비도 맞출 수 있을 것 같았다. 계획한 대로 건물이 완공되면 그동안 택지에 건축했던 상가 주택보다 최소 10배 높은 수익을 볼 수 있다는 계산이 나왔다.

375만 원에서 1,000만 원이 돼 버린 대출 이자

황 사장은 고민에 빠졌다. 무리지만 도전해 보는 게 나을지, 아니면 주차장 용지는 포기하고 원래대로 안전하게 사업을 하는 게 나을지 며칠 동안 고민하다 드디어 선택했다. 무리하더라도 1년만 고생하면 10억 원 이상의 수익을 벌 수 있어 한번 도전해 보기로 한 것이다. 그길로 황 사장은 부동산에 가서 계약을 했다. 잔금까지 다 치르고 새로운 도전을 위해 이것저것 허가에 필요한 사항들을 알아보는데 그동안 했던 건물과는 법적 규제가 달라서 생각했던 것보다 시간이 더 소요됐다.

사실 황 사장이 부담해야 할 이자는 매달 600만 원 정도였다. 땅 대출 이자뿐만 아니라 땅을 사기 위한 본인의 자금과 건축 자금도 부족하여 지인들에게 일부 돈을 빌려 그 이자까지 합쳐서 나가고 있었던 것이다. 건축이라는 게 특성상 자기 자금이 먼저 들어가고 완공되면 뒤에 회수하는 형태의 사업이라 현재 다른 공사 현장에 돈이 묶여 있어서 그 건물이 완공돼야 자금이 회수되는 상황이었다.

황 사장은 늦어지는 인허가 과정에 점점 초조해졌다. 설상가상으로 코로나19 사태가 마무리되며 금리가 가파르게 오르고 건축 단가, 인건비가 상승해 원래 예상했던 금액보다 더 나올 것 같았다. 계획을 전면 수정해야 할 상황이었다.

생각지 못한 시장 상황에 황 사장은 6개월이라는 시간을 보낸 후에야 건축 허가가 났다. 황 사장은 과연 이대로 진행하는 것이 맞을지 아니면 손해를 보지 않는 범위에서 인허가가 난 상태로 땅을 되파는 게 나을지 다시 한 번 재검토에 들어갔다.

결국 황 사장은 애당초 너무 무리해서 시작한 걸 후회하며 다시 땅을 부동산에 내놓았다. 하지만 불과 몇 개월 만에 시장 상황이 많이 달라져 있었다. 대출 금리가 빠르게 올라 어느덧 5%대에 육박했다. 첫 달에 낸 이자가 375만 원이었는데 이제 매달 625만 원으로 불어났고 다른 이자와 합하니 매달 1,000만 원의 이자를 내야 했다.

아뿔싸 황 사장은 발등에 불이 떨어졌다. 땅을 사고 1년이 지난 지금 황 사장은 매달 1,000만 원의 이자를 고스란히 내는 상황이었다. 이대로 가다가는 1년에 1억 2,000만 원씩 까먹겠다 싶어 살 때보다 1억 원이나 낮은 19억 원에 땅을 내놔도 팔리지 않았다.

결국 2년 정도 지난 후 땅은 17억 원에 팔렸다. 계산해 보니 원금 3억 원과 이자 2억 2,000만 원, 취득세 1억 원, 인허가비 5,000만 원 등 6억 7,000만 원 정도 손해를 봤다. 한순간 잘못된 판단과 무리한 대출이 갖고 온 대참사였다. 후회했지만 이미 엎질러진 물이었다.

'그냥 내 그릇만큼 해 오던 대로 사업을 했으면 잘했을 텐데 내가

너무 무리한 욕심을 내고 감당할 수 없는 대출을 받았구나.'

황 사장의 사례에서 우리는 대출 금리에 관해 생각해 보지 않을 수
없다. 시장의 금리는 항상 유동적이지만 예측 가능하다. 팬데믹 이
후 시중에 풀린 유동성과 인플레이션을 잡기 위해 미국이 선제적으
로 금리를 올렸다. 당연히 우리나라도 금리를 올렸다. 대출금이 크
면 클수록 단 1%의 금리도 이자 차이가 크다. 황 사장은 이자를 감
당할 수 있을 것으로 생각했지만 사업의 지연과 급격한 이자율 상승
이라는 두 가지 악재를 예측하지 못해 결국 사업을 포기하고 땅도
손해를 봤다.

땅은 사업이 목적이라도 그 기간과 이자를 예상해서 내가 감당할
수 있는 수준일 때 모험을 감행해야 한다. 아무리 좋은 땅이라도 내
가 대출 이자를 버티지 못하면 좋은 땅이 아니다. 대출은 잘 사용하
면 약이 되지만 잘못 사용하면 독이 된다.

다행히 황 사장은 그 이후 심기일전하여 욕심 내지 않고 원래 하
던 대로 소규모 건축 사업을 계속하고 있다. 택지를 찾아 경기도 남
부권 택지 지역으로 옮겨 3년 만에 손해 봤던 금액을 거의 다 복구했
다. 나와 사업 친분으로 여전히 잘 지내는 황 사장과는 가끔 소주 한
잔한다. 이제는 웃으며 그 시절 힘들었던 이야기를 술안주 삼아 한
다. 그 전에는 그 이야기는 입도 뻥긋 못하게 했었는데 말이다.

땅 주인이 땅값을 1억 원이나 시원하게 깎아 준 이유

좋은 땅과 나쁜 땅, 과연 무엇을 기준으로 봐야 할까? 농사를 짓기 좋은 땅은 비옥하고 물을 끌어오기 쉬운 땅이다. 상가를 짓기 좋은 땅은 도심 내 위치 좋은 상권에 있는 땅이다. 단순히 목적만 보면 좋은 땅과 나쁜 땅은 구별하기 쉽지만 나는 좋은 땅과 나쁜 땅을 투자의 관점에서 이야기해 보려고 한다.

예를 들어 집 지을 땅을 찾는 사람이 있다. 이 사람은 투자자가 아니라 실수요자다. 그럼 자신이 만족하는 위치에 집만 짓고 살면 상관없을까? 아니면 실수요 용도지만 이왕이면 나중에 땅값이 오를 만한 위치에 땅을 사서 집을 짓고 싶을까? 당연히 후자일 것이다. 사람은 누구나 실수요가 목적이라도 나중에 가격이 오를 땅을 찾는다. 실수요만 목적으로 한다면, 평생 팔지 않고 자식에게 물려줘도 상관

없다며 싼 땅만 찾을 것이다.

서울 강남의 30억 원짜리 아파트와 지방의 5억 원짜리 아파트 중에 어떤 아파트를 사야 향후 시세 차익으로 10억 원을 벌 확률이 높을까? 당연히 강남의 아파트값이 올라갈 확률이 더 높을 것이다.

부동산은 집이든 땅이든 가치에 영향을 미치는 유일한 조건이 하나 있다. 바로 '입지'다. 부동산의 가치는 바로 입지로 결정된다. 향후 가치도 입지가 좋은 곳은 올라갈 확률이 높고 입지가 좋지 못한 곳은 제자리에 머물거나 오히려 하락한다. 입지는 목적에 따라 내용이 다르다.

강남 아파트의 입지가 지방 아파트보다 좋은 이유는 굳이 설명하지 않아도 알 것이다. 결국 모든 땅은 그 땅의 입지에 의해 가치가 평가된다. 서울 명동의 땅값이 평당 1억 원인 것도 이유가 있고 전남 해남에 있는 어느 시골 땅이 평당 1,000원밖에 하지 않는 것도 이유가 있다.

그런데 이 입지라는 요인은 다양한 변수가 존재한다. 절대적으로 변하지 않는 '위치'라는 요인 외에 개별적인 요인인 모양, 크기, 경사, 도로 등도 있고 일반인은 잘 모르는 땅 이외의 주변 여건도 있다. 예를 들어 비가 많이 오면 침수된다거나 바람이 불면 악취가 난다거나 겨울이 되면 멧돼지가 출몰한다거나 다양한 외부 변수가 존재하는 땅이 있는데 이런 변수가 내가 땅을 사고자 했던 목적에 반하면 문제가 발생한다.

이렇게 땅의 기본 입지 외의 변수 때문에 낭패를 본 사례가 있다.

낭만적일 줄 알았던 캠핑장, 악취 나고 멧돼지까지 오다니

경기도 의정부시에 사는 안 씨는 평소 캠핑을 좋아한다. 주말이면 가족과 함께 캠핑을 가서 고기도 구워 먹고 불멍을 하며 한 주간 쌓인 스트레스도 푸는 시간이 너무 즐겁고 좋았다. 어느 날 캠핑장에서 아내와 이야기를 하다가 안 씨가 제안을 했다.

"캠핑장 하면 돈 될 것 같은데 땅을 사서 우리도 캠핑장 해 보면 어떨까?"

안 씨의 제안에 아내도 매번 캠핑장에 와서 쓰는 돈을 계산해 보니 캠핑장 사업이 충분히 승산이 있다는 생각이 들었다. 무엇보다 자연 속에 집도 짓고 캠핑장을 해서 돈도 벌면 일석이조가 아닐까 싶어서 흔쾌히 동의했다.

안 씨는 사는 곳 의정부에서 멀지 않은 경기도 포천시에 캠핑장을 할 땅을 알아보기 시작했다. 그리고 경사는 좀 있지만 시멘트 도로도 있고 캠핑장 허가도 가능한 계획 관리 지역 땅 500평을 4억 원에 구입했다. 원래 시세는 5억 원 정도인데 의외로 땅 주인이 시원하게 가격을 깎아 주어 기분 좋게 계약했다. 차로 20분 거리에 면 소재지도 있고 온천 지구도 있어서 위치적으로 나빠 보이지 않았고 무엇보다 가격이 싸서 맘에 들었다. 다만 땅으로 진입하는 곳의 지대가 좀 높다는 것과 바로 뒤가 산인데 경사가 좀 높다는 게 마음에 걸렸다.

안 씨는 땅을 사서 당장 캠핑장을 만들기보다는 우선 카라반을 두고 자신만의 캠핑장으로 사용해 보기로 했다. 현재 하고 있는 자영업을 정리할 시간도 필요해서 캠핑장을 천천히 준비하기로 마음먹었다. 땅을 구입한 시기가 여름이었다. 첫 번째 캠핑에서 가족과 저녁에 모여 도란도란 맛난 음식을 해 먹으며 캠핑을 하니 너무 뿌듯했다. 주변의 산도 멋있고 나무도 울창했다. 비록 부근에 민가는 없어 좀 깜깜했지만 '캠핑은 또 이런 맛이 있어야지'라고 생각하며 만족했다.

그렇게 몇 번의 캠핑을 하던 어느 가을날 저녁에 문득 그동안 맡아보지 못했던 악취가 났다. 이게 무슨 냄새인가 싶었지만 금방 없어질 거라고 생각했다. 다음 날 일어나서 나가 보니 냄새가 나지 않았다. 그런데 오후가 되어 바람이 부니까 다시 심한 악취가 났다. 부랴부랴 그 이유를 알아보니 이곳 포천군 일동면 주변이 돼지 농장 밀집 구역이었다. 그래서 안 씨 땅 방향으로 바람이 불 때 심한 악취가 난 것이다. 이런 점까지 확인하지 못한 안 씨는 그 이후로도 몇 번 캠핑을 올 때 악취 때문에 고생을 했다.

그런데 문제는 점점 더 심각해졌다. 겨울이 되고 첫눈이 유난히 많이 온 날 캠핑을 간 안 씨는 땅 입구에서 멈춰야만 했다. 눈이 생각보다 많이 오니까 월동 장구를 구비했는데도 경사가 심해 땅까지 진입하는 게 어려웠기 때문이다. 힘겹게 캠핑장으로 올라와서 짐을 풀고 주변 정리를 하던 중 안 씨는 더 놀라운 광경을 목격했다. 바로 멧돼지가 먹이를 찾아 내려와 안 씨가 텃밭에 심어 놓은 작물을 먹어 치워 엉망이 된 흔적을 발견한 것이다.

그때 비로소 왜 땅 주인이 흔쾌히 1억 원이라는 금액을 깎아 주면서까지 땅을 팔려고 했는지 이해가 갔다. 바람이 불면 나는 악취로 집을 짓기도 적당하지 않고, 겨울이면 눈 때문에 급경사를 올라가기도 쉽지 않고, 심지어 야생 멧돼지도 가끔 출몰하는 그런 땅이었기 때문에 많이 깎아 주고라도 팔고 싶었던 것이다.

안 씨는 결국 아내와 상의해서 캠핑장을 하는 것은 포기하고 다시 땅을 내놓기로 했다. 그런데 땅을 사고 5년이 지났지만 여전히 땅은 팔리지 않고 있다. 나행히 여유 자금으로 산 것이라 가끔 가족과 캠핑 오는 용도로 사용하고 있다. 지금도 안 씨는 캠핑을 가면 '언젠가는 팔리겠지'라고 생각하며 쓸쓸한 마음을 달랜다.

낮에는 좋은 땅 밤에는 나쁜 땅

이처럼 땅은 낮에 볼 때는 좋은데 밤에 보면 안 좋은 땅일 수 있다. 여기서 말하는 낮은 단편적인 모습을 본다는 의미고 밤은 악조건에서 본다는 의미다. 보통 땅을 살 때는 여러 환경에서 그 땅을 봐야 한다. 낮에도 가 보고 밤에도 가 보고, 비가 올 때도 가 보고 눈이 올

때도 가 봐야 한다.

특히 산은 나무가 울창한 여름보다는 잎이 떨어진 겨울에 봐야 더 자세히 알 수 있다. 잎이 울창할 때 보이지 않는 산속의 모습이 겨울이 되면 보인다. 보이지 않던 묘지가 보일 수 있고 자연재해 흔적이 보일 수도 있다. 그래서 일부러 태풍이 올 때나 비가 많이 온 후에 산을 보는 사람도 있다.

축사 악취의 경우는 실제로 바람의 방향에 따라 차이가 많이 난다. 실제로 집을 짓기 위해 땅을 샀다가 주변에 있는 축사를 확인하지 않아서 악취로 고생하는 사람이 의외로 많다. 안 씨의 경우도 당장 캠핑장을 할 목적이 아니므로 천천히 그 땅에 자주 가 보고 계절별로 가 보고 판단했더라면 분명 그 땅을 사지 않았을 것이다.

날씨 좋은 한낮에는 땅이 훨씬 더 좋아 보인다. 반면 비가 올 때나 바람이 많이 부는 등 날씨가 좋지 않을 때 땅을 보면 그만큼 냉정해진다. 땅은 아파트처럼 금방 거래되지 않는다. 물론 도심 내의 위치 좋은 택지와 개발 사업으로 호재가 발생한 땅은 예외지만 이외 일반적인 땅은 금방 매매되지 않는다. 그렇기 때문에 사는 사람이 얼마든지 고민해 봐도 될 시간적 여유가 있다. 따라서 낮에도 가 보고 밤에도 가 보고 날씨가 좋을 때도 가 보고 악천후일 때도 가 보고 계절별로 가 보고 나서 판단해도 늦지 않는다.

내 산에서 내 나무 베는데 무슨 문제가?

빌딩과 콘크리트 건물에 둘러싸인 도시에 사는 사람들에게 숲과 나무는 큰 위안과 휴식을 준다. 그래서 신도시를 만들 때 의무적으로 도심 중간중간에 녹지 공간(도시공원)을 배치한다. 그만큼 나무는 우리 일상에서 없어서는 안 될 존재다. 많은 사람이 복잡한 도시를 떠나 산을 찾는다. 폭염이 기승을 부리는 한여름에는 나무가 빽빽한 숲에 가면 그늘도 있고 공기 또한 좋아서 휴양림 속 캠핑장은 늘 예약이 꽉 찬다.

방영한 지 10년이 넘은 장수 프로그램인 〈나는 자연인이다〉가 오랫동안 사랑받는 이유는 자연인이 나무와 숲에 둘러싸인 산에서 힐링하듯 일상을 살아가는 모습 때문일 것이다. 현대인들이 복잡한 도심을 떠나 자연으로 돌아가고 싶은 열망을 느끼게 하는 대리 만족감

을 준다. 실제로 그 프로그램으로 인해 임야의 수요가 늘었고 거래
도 늘었다. 나에게도 수도권의 저렴한 임야에 대해 상담하는 사람들
이 부쩍 늘었다. 그만큼 산에 대한 관심도가 올랐다.

대부분 산을 찾는 사람들은 공통점이 있다. 가격은 싸면서 서울이
나 대도시에서 가까운 위치가 좋은 산을 찾는다. 가격은 싼데 위치
는 좋은 산이 과연 있을까? 가격이 싼 임야는 그만큼 여러 위험이 도
사리고 있다. 지금 소개할 송 씨의 사례도 마찬가지다.

울창한 나무와 경치에 반해 산 땅의 최후

서울에서 자그마한 식당을 운영하는 송 씨는 30년 동안 식당을 하
면서 주말도 쉬지 못하고 늘 새벽부터 저녁까지 밤낮 열심히 일했
다. 남들이 흔히 간다는 해외여행 한 번 가 보지 못할 정도로 바쁘게
살아서 주위 사람들이 한마디씩 거들었다.

"어이 송 사장, 매일 그렇게 일만 하지 말고 가족이랑 해외여행도
다녀와. 돈 벌어서 다 어디에 쓰려고 그래? 이제 나이도 있으니 적당
히 여유도 좀 갖고 살라고."

송 씨 못지않게 아내도 같이 열심히 일만 했다. 어릴 적 가난하게
산 경험 때문에 집이라도 한 채 마련해야 한다는 일념이 있었다. 그
렇게 악착같이 일해서 서울 외곽에 자그마한 집을 마련했다. 일만

하던 송 씨 부부는 주위 사람들의 성화에 못 이겨 드디어 지인들과 천혜의 자연 경관을 자랑하는 뉴질랜드로 여행을 갔다. 난생처음 해외여행이라 설렘을 안고 갔는데 그곳은 마치 지상 낙원 같았고 송 씨 부부에게 평생 잊지 못할 감동을 줬다. 광활하게 펼쳐진 자연의 나무와 숲 그리고 산과 호수가 어우러진 풍경에 넋을 놓을 수밖에 없었다.

돌아오는 비행기에서 송 씨 부부는 다짐했다. 이제부터 너무 식당 일에 매달려 살지 말고 한 달에 한두 번 쉬는 날에 가까운 숲이나 산을 찾아 여행도 가고, 몇 년 뒤 애들이 대학 졸업하고 나면 수도권 외곽의 한적한 곳에 땅을 사서 식당을 옮겨 자연도 즐기면서 식당을 운영하며 살자고 말이다.

그리고 돌아오자마자 쉬는 날이면 땅을 보러 다녔다. 특히 송 씨는 뉴질랜드에서 봤던 산에 대한 기억이 너무 좋아 산을 사고 싶었다. 조경에도 관심이 가서 나무에 대해서도 공부를 했다. 잎이 넓은 나무가 많은 산을 사서 식당 손님들이 식사 후 간단히 산책할 수 있는 산책길을 만들 생각이었다. 그래서 되도록 나무가 울창하고 경사가 완만한 산을 찾으러 다녔다.

그렇게 산을 찾으러 다니다가 마음에 드는 산을 발견했다. 서울에서 1시간 30분이면 갈 수 있는 용인시 처인구에 저수지를 내려다보며 햇볕도 잘 드는 산이었다. 도로도 있었고 경사도 완만했다. 무엇보다 산을 꽉 채운 빽빽한 나무들이 마음에 쏙 들었다. 이 산을 사서 나무를 베어 길을 만들고 중간중간에 벤치도 만들어 식당 손님들에게도 힐링 공간으로 제공하고 송 씨 부부도 좋은 공기와 경치를 즐기면 좋겠다고 생각했다. 더군다나 3,000평의 큰 면적인데 1억 5,000만 원밖에 하지 않았다. 가격도 싸서 금상첨화라고 생각하고 얼른 계약했다. 나이가 지긋하신 부동산 사장님에게 물었다.

"여기 건물도 지을 수 있죠?"
"이 도로 주변 땅에 건물들이 있으니 가능할 텐데 자세한 건 한번 알아보세요."

송 씨 부부는 산을 샀다. 몇 년 후 이곳에서 제2의 인생을 시작할 생각을 하고 쉬는 날이면 이곳 산에 와서 울창한 숲을 보며 흡족해했다.

그러던 어느 날, 휴식을 위해 산속에 평상이라도 하나 만들어야겠다는 생각으로 인부를 시켜 나무 몇 그루를 베었는데 며칠 뒤 구청 산림과라며 전화가 왔다. 혹시 허가받지 않고 나무를 베었는지 물었다. 송 씨가 내 산에 내가 나무를 베는데 무슨 문제가 있냐고 하자 산림과 직원이 이렇게 말했다.

"자신 소유의 산이라도 나무를 무단으로 베어 내면 '산림 자원의 조성 및 관리에 관한 법률'의 벌칙 규정으로 형사 처벌(3년 이하 징역 또는 3,000만 원 이하 벌금)을 받습니다."

그제야 덜컥 겁이 난 송 씨가 부랴부랴 알아보니 이 산은 도로 조건과 경사도 등 모든 개발 행위 허가의 기준 조건에는 맞지만 땅 위에 있는 나무의 생육 형태(입목본수도)와 숲의 빽빽함 정도(임목 축적)의 조건이 개발하는 데 맞지 않는 산이었다. 결론적으로 송 씨 부부가 산 이 산은 눈으로만 볼 수 있는 땅이고 그 어떤 개발 행위도 할 수 없는 땅이었던 것이다. 송 씨 부부는 망연자실했다. 땅이 시세보다 쌌다고 후회해 봐야 소용없었다.

시세보다 싸게 나온 땅에는 그만한 이유가 있다

여러분도 시세보다 싸게 땅이 나왔다면 그 이유를 정확히 파악하고 땅을 구입해야 한다. '국토 계획 및 이용에 관한 법률 시행령'상 개발 행위를 하기 위해서는 기준 몇 가지를 검토해야 한다.

첫째, 산의 경우 산지 관리법을 검토해야 한다.
둘째, 지자체 조례로 규제하고 있는 경사도와 임목 축적, 입목본수도를 기본적으로 검토해야 한다.
셋째, 건축 행위 또한 건축법에서 정하고 있는 건축 기준인 도로와 배수로 등의 조건을 갖춰야 한다.

송 씨는 나머지 개발 행위의 검토 사항은 알고 있어서 검토했지만 땅 위에 있는 나무까지는 미처 생각하지 못했다. 당연히 내 땅 위에 있는 나무니까 내 마음대로 할 수 있을 것으로 생각했지, 이런 제약이 있으리라고는 생각하지 못한 것이다. 이런 내용은 일반인도 알기 쉽지 않다. 여러분도 이번 기회에 나무에 관한 개발 행위 기준을 알아 두면 도움이 될 것이다.

임목 축적은 '개발 대상 땅 위에 있는 나무의 울창함 정도를 나타낸 수치'로 그 시군의 평균과 비교하여 통상 150% 이상은 개발을 불허한다. 이에 반해 입목본수도는 '이 땅 위에 자라고 있는 나무들이 정상적으로 자랐을 때를 비교하여 현재 어느 정도 자랐는지를 나타내는 비율'로 대체로 50년생 활엽수 나무가 50%가 넘으면 개발 허가를 내주지 않고 보호한다.

땅의 개발 요건이 전부 해당하여 개발이 가능한 조건을 갖췄더라도 땅 위에 있는 나무가 숲을 이뤘을 때 일정 조건을 충족하면 개발보다는 보호를 하는 것이 더 낫다고 판단해서 비록 사유림이라고 할지라도 개발 행위 허가를 내주지 않는 것이다.

여러분이 지나가다 '저 산 참 울창하네'라고 생각이 든다면 그 산은 개발이 힘들다고 생각하면 쉽다. 다만 요즘은 규제가 완화되는 추세라 제한적 범위에서 이런 산에 숲속 캠핑장 등의 행위가 가능할 수 있으니 활용 방법은 전문가와 상의하는 게 좋다.

어떤 땅을 사더라도 자신의 재산과 직결되므로 항상 전문가에게 상의하고 조언받아서 결정하길 바란다. 그래야 송 씨 부부같이 땅을 사고 나서 후회하는 일이 없을 것이다. "돌다리도 두드려 보고 가라"라는 속담이 있듯이 부동산은 항상 전문가의 의견을 듣고 신중하게 선택하는 것이 좋다.

모든 게 완벽한 땅인데
대대손손 물려줘야 하다니

서울은 약 1,000만 명의 인구가 거주하는 대한민국의 수도다. 고층 아파트와 마천루가 즐비하고, 강남의 테헤란로를 걸으며 하늘을 보면 사방이 건물에 막혀 답답하다. 서울에서 태어나서 은퇴하는 사람들은 서울이 고향이기 때문에 이런 환경에 익숙하겠지만 일자리와 교육 등 여러 이유로 지방에서 서울로 올라와 정착한 사람들은 다르다. 은퇴 후까지 복잡한 서울에서 살기보다는 은퇴 후에는 서울에 집을 두고 가까운 수도권에 세컨드 하우스를 마련해 텃밭을 가꾸는 전원생활을 꿈꾼다. 아예 서울 외곽의 수도권 경기도 용인, 양평, 양주, 여주, 이천, 안성 또는 강원도 홍천 등 1~2시간 거리의 지역에 땅을 사서 전원주택을 짓고 인생 2막을 준비하는 경우도 많다.

이런 은퇴자들은 농지보다는 임야를 많이 찾는다. 왜냐하면 농지보다 상대적으로 저렴하고 넓은 면적의 땅을 살 수 있기 때문이다. 그리고 나이가 들면 노동력이 많이 드는 농사보다는 유실수 나무나 버섯 재배 등 상대적으로 노동력이 적게 들어가면서 수확을 할 수 있는 임산물에 더 관심을 가진다.

내 소유의 산에 작은 오두막집을 짓고 잣나무, 호두나무 등 나무도 심고 작은 텃밭에 채소도 키우고 산책하듯 산도 오르며 건강과 수입 둘 다 잡을 수 있을 것으로 생각해서 산을 더 선호하는지도 모른다. 그리고 평생 직장 생활이나 자영업을 하던 도시민이 농사나 임업에 종사한다는 것이 쉽지 않은 도전이기 때문에 산을 사서 카페나 음식점을 하며 은퇴 후 삶을 좀 더 여유 있게 보내고 싶어 하는 사람들도 있다.

나에게도 많은 도시민이 은퇴를 앞둔 몇 년 전부터 이런 산에 대해서 문의한다. 하지만 상담을 해 보면 산에 대해서 잘 모르는 경우가 대부분이다. 그냥 막연하게 자신이 꿈꾸던 은퇴 후 삶에 자신의 예산 금액과 지역이 어느 정도 맞다면 덜컥 구입하고 그 이후 문제가 생겨 뒤늦게 조언을 구하는 경우가 많다. 지금 소개해드릴 이분도 이미 땅을 구입하고 나서 나에게 하소연하며 상담을 한 사례다.

산을 반값에 낙찰받고 신난 예비 은퇴자의 독학 입찰기

서울에서 직장 생활만 30년 하다가 은퇴 후 인생 2막에는 강원도에 산을 사서 그곳에 자그마한 베이커리 카페를 운영하는 것을 꿈꾼

전 씨. 경매로 1억 원을 주고 임야를 싸게 낙찰받아 좋아했는데 카페는커녕 집 한 채 지을 수 없는 땅인 것을 알고 나에게 방법이 없는지 알아보기 위해 상담을 했다.

전 씨는 은퇴를 5년 정도 앞둔 2020년, 자금 3억 원 정도로 땅값과 건축 비용까지 예산을 세우고 땅을 알아봤다. 하지만 부동산을 통해 매매 물건을 알아본 결과 생각보다 예산에 맞는 산이 잘 없었다. 가격이 맞으면 서울에서 너무 멀었고 서울에서 1~2시간 거리의 지역을 알아보니 1억 원대의 산은 구하기가 너무 어려웠다.

그래서 전 씨는 경매 공부를 하기 시작했다. 책으로 어느 정도 이론을 공부하고 유튜브를 통해 강의도 듣고 실제로 경매 법정에도 가 보면서 적당한 물건을 찾았다. 그러던 중 감정 가격 2억 원에 2회 유찰된 강원도 홍천의 임야 약 1,000평을 50%인 1억 원에 입찰하여 단독으로 낙찰받았다.

전 씨는 나중에 은퇴 후 낙찰받은 땅에 작은 카페를 하나 건축하고 나머지 산은 과실나무를 심어 카페 손님들의 산책 공간으로 조경할 생각이었다. 서울에서 2시간 거리에 있었지만 입찰 전 현장에 가 보니 도로도 있고 산도 나지막해서 마음에 들었다. 단독으로 입찰해서 낙찰된 게 약간은 찜찜해서 혹시 이 땅에 어떤 하자가 있는지 확인하기 위해 주변 부동산에 가 볼까 하다가 괜히 경쟁자가 생길 수 있겠다는 생각에 조용히 혼자만 입찰했다.

입찰 후 한 달이 지나 잔금까지 다 치르고 친구들과 저녁 식사 자리가 있었다. 전 씨가 자신이 싸게 낙찰받은 임야 입찰기를 안주 삼아 자랑하던 중 친구들이 이런 말을 했다.

"그래서 싸게 낙찰받은 건 축하할 일인데, 그 땅에 확실히 카페를 지을 수 있는 건 맞지?"
"산은 개발이 쉽지 않다던데 잘 알아보고 낙찰받은 거 맞지?"

전 씨는 "그럼, 내가 가 봤는데 도로도 있었고 경사도 완만해서 될 거야"라고 이야기했지만 그때부터 내심 불안해지기 시작했다. 사실 부동산을 통해 땅을 알아볼 때는 공인 중개사에게 이것저것 자문을 받았는데, 경매 물건은 물어볼 전문가가 없어 자신이 책으로 찾아보고 유튜브 영상으로 공부한 내용만 갖고 판단한 것이었다.

산을 개발할 때는 자격이 필요하다

다음 날 부랴부랴 나에게 상담을 해 왔는데 결론적으로 그 땅에는 카페를 건축할 수 없었다. 그 이유는 '산지 관리법'을 몰랐기 때문이다. 산지는 보전 산지와 준보전 산지로 나뉘는데 전 씨가 낙찰받은 산은 보전 산지 중 임업용 산지였다.

준보전 산지는 일정 조건이 맞으면 일반인도 개발이 가능한 산지고, 보전 산지는 말 그대로 보전해야 할 산지다. 보전 산지는 다시 임업용 산지와 공익용 산지로 나뉜다. 임업용 산지는 '농업이나 임업에 종사하는 사람의 주택 및 그 부대 시설만 건축이 가능'하고 공익용 산지는 더 엄격해서 '농림어업인의 주택의 신축과 증축, 개축만 가능'하다.

전 씨가 임업인의 자격을 갖추면 주택 및 그 부대 시설은 지을 수 있다. 하지만 산지에 개발 행위나 건축 행위를 하기 위해서는 조건을 몇 가지 갖춰야 한다. 기본적으로 건축 행위는 4m 이상 도로에 2m 이상 접해야 가능한데 전 씨가 현장에서 도로라고 생각했던 그 길은 건축법상 도로가 아니다. 그 길은 보기에는 도로처럼 보였지만 사실은 '임도'였다. 이 땅 초입 부분까지는 도로가 있었지만 전 씨 땅 앞으로 지나가는 도로는 임도였던 것이다.

임도는 '임산물의 운반 및 산림 경영 관리상 필요해서 설치한 도로'다. 임도는 건축법상 도로로 인정받지 못하기 때문에 카페(근린 생활 시설)는 고사하고 농림어업인의 주택도 건축이 불가능하다. 전 씨는 이 땅이 용도 지역상 생산 관리 지역이어서 근린 생활 시설 건축이 가능하다고 판단했으나 산지 관리법상 보전 산지 규정을 간과했다. 현장을 찾아 눈으로 확인한 것은 정말 잘했지만 눈으로 본 것만으로 판단하고 이 도로가 건축법상 도로인지 확인해 보지 않은 실수를 했다. 그 결과 어떤 건축 행위도 불가능한 땅을 1억 원이나 주고 낙찰받았다.

이 땅은 더 유찰될 확률이 높아 보였다. 감정 가격의 30% 이하인 4,000만 원에서 5,000만 원 정도에 낙찰받아 임업에 활용할 사람에게 적합한 땅이다. 이 땅에 주택이라도 건축하려면 이 땅 옆에 산이 아래쪽 도로와 접하고 있기 때문에 일부 분할해서 사는 방법이 있다. 그렇게 한다면 옆에 땅 주인에게 높은 가격을 제시하고 구입할 수밖에 없다.

그렇게라도 해서 임업인의 자격을 갖춰 주택을 건축하는 방법이 있고 아니면 대대손손 물려주는 방법밖에 없다. 겉으로 보기에는 도로도 갖추고 경사도 완만해서 완벽한 땅인데 실상 그 실체를 파 보니 전 씨의 목적에 맞는 카페를 건축하는 것은 불가능한 땅이었다.

산을 매입하고자 하는 사람이라면 용도 지역도 중요하지만 산지 관리법을 먼저 공부하길 바란다. 특히 보전 산지는 건축법에 따른 건축 허가 조건이 맞다 하더라도 농림임업인이 아닌 일반인이 개발할 수 있는 행위는 거의 없다. 다만 2025년부터는 규제가 일부 풀려서 농림 지역의 보전 산시에는 일반인도 난독 주택에 한해 건축이 가능해졌다. 하지만 주택 외에 땅을 개발할 수 없으니 특정한 자격이나 목적을 가진 사람이 아니라면 이 땅을 살 이유가 없다. 그렇기 때문에 땅값이 싼 것이다.

따라서 일반인이라면 보전 산지를 개발 목적으로 매입해서는 절대 안 된다. 특히 임야는 여러 개별법을 적용받기 때문에 개발을 위해서는 검토해야 할 사항이 많으니 매입 전 꼭 전문가에게 상담을 받길 바란다.

보지도 않고 샀다
묻지마 투자의 덫

대한민국을 떠들썩하게 만들었던 부동산 사기 사건이 있다. 바로 '빌라 전세 사기 사건'이다. 이 사건을 계기로 빌라에 대한 불신이 높아지고 아파트에 대한 믿음은 더 올라갔다. 그렇다면 전세 사기 범죄자들은 왜 빌라를 택했을까? 이유는 단 하나, 시세를 정확히 알기 어렵기 때문이다. 그래서 분양 가격보다 높은 전세가를 받아도 피해자는 전세 가격이 적정한지 판단하기 어려웠고 가해자는 전세 계약 후 바지 사장으로 명의를 바꾸고 경매에 넣는 수법을 사용할 수 있었던 것이다.

토지에서 대표적인 사기는 기획 부동산을 통한 토지 사기다. 기획 부동산도 보이스 피싱처럼 진화하고 있기 때문에 좀 더 주의를 기울여야 한다. 예전에는 데이터베이스를 통해 무작위로 고객을 선정해서 전화로 땅을 권유하고 팔았다면 최근에는 지인을 통한 다단계 영업으로 땅을 팔고 있다.

기사에 따르면 이런 기획 부동산을 통한 땅을 어떻게 팔고 누가 샀는지 조사해 보니 일반 매수자의 41%가 기획 부동산에 취업한 지인에게 마지못해 매입했다. 직원 역시 친구나 지인을 통해 취업을 해서 땅을 못 팔면 직원 스스로가 사야 한다는 강제로 땅을 매입했다. 기획 부동산이 파는 대부분의 땅은 임야이고 개발 제한 구역이거나 보전이 목적인 보전 산지다. 이런 땅을 개인이 사기 쉽게 잘게 쪼개서 소액으로 판매하는 것이다. 이번 사례는 최근 유행하고 있는 대표적인 다단계 기획 부동산 사례다.

땅을 팔면 수당을 준다는 회사의 실체

대학 졸업 후 7년간 알바만 하며 제대로 직장 한 번 다녀 본 적 없는 홍 씨는 부모님에게 얹혀살아 매일 눈칫밥을 먹으며 직장을 구하고 있었다. 이력서를 넣고 면접을 봐도 번번이 떨어지던 어느 날, 대학 때 친하게 지낸 친구에게 연락이 와서 점심을 먹던 중 솔깃한 제안을 받았다.

"우리 회사에서 이번에 영업 직원을 모집하는데 너도 나와서 한번 일해 보지 않을래? 수습 기간 3개월 동안 오전 10시부터 오후 4시까지 매일 교육 수당 10만 원을 지급해 줘."

하루에 일당 10만 원, 일주일에 5일씩 한 달이면 200만 원가량 벌 수 있었다. 홍 씨가 어떤 일을 하는 회사냐고 물었더니 친구는 "부동산 판매 회사인데 부동산 지식도 가르쳐 주고 경매도 교육해 줘서 도움이 많이 될 거야"라고 했다.

안 그래도 부동산에 대해 평소에 궁금했었는데 교육만 들어도 수당을 준다는 말에 솔깃했다. '3개월간 다녀 보고 나랑 안 맞으면 안 다니면 되지'라는 생각도 들고 무엇보다 친구가 영업 팀장이라 든든하기도 해서 출근을 했다.

처음 2주간 부동산 교육을 받았는데 그동안 몰랐던 부동산 지식을 새로 알게 돼 너무 좋았다. 특히 땅 투자에 대한 수익률과 성공 사례를 듣고 있으니 너무 흥분됐다. 자신도 땅 투자를 해서 돈을 벌 수 있다는 자신감이 생겼고 판매 수당도 생각보다 커서 영업도 열심히 해 봐야겠다는 생각이 들었다. 회사에서 파는 땅은 주로 5,000만 원에서 7,000만 원 정도의 지분으로 된 땅이었는데 등기부등본에 소유권도 표시된다고 하고 몇 년 뒤면 개발돼 10배 이상 차익을 남길 수 있다고 했다.

첫 달 교육만 듣고 200만 원을 받은 홍 씨는 회사에 괜히 미안한 생각이 들었다. 한 달 교육 후 영업 팀장인 친구가 와서 말했다.

"교육 들어 보니 좋지? 이렇게 좋은 땅이니 가족과 친척들에게 한 번 권해 봐. 땅을 팔면 10%가 수당이야. 너도 좋고 친척도 몇 년 후 돈 벌어서 좋고 일석이조야."

홍 씨는 부모님과 형, 심지어 외삼촌에게도 권해서 두 번째 달에 세 건이나 계약했다. 월말 영업 마감 회의 때 모든 직원 앞에서 칭찬도 받고 '이달의 영업왕'으로 금일봉도 받았다. 그렇게 3개월이 지나고 나니 이제는 교육 기간이 지나 교육 수당이 나오지 않았다. 그리고 친구의 영업 압박이 시작됐다.

"땅을 더 팔 친척이나 친구 없니? 없으면 얼마 전 번 돈에 대출받아서 너라도 땅을 계약해야 돼."

홍 씨는 친구에게 살짝 미안하기도 해서 등 떠밀리다시피 얼마 전 받았던 수당 2,000만 원에 대출 5,000만 원을 더해 7,000만 원짜리 지분 토지를 살 수밖에 없었다. 이렇게 땅을 사고 나니 홍 씨는 불안해지기 시작했다. 그 땅이 어떤 땅인지 실제로 가서 눈으로 확인한 적도 없었다. 그리고 부모님과 형, 외삼촌도 모두 넉넉해서 땅을 산게 아니라 자신이 취업해서 기쁘다며 자신을 믿고 대출을 받아서 산 것이었다.

불안해진 홍 씨는 다음 날 서울에서 공인 중개사로 활동하고 있는 선배에게 찾아가 이 모든 사실을 이야기하고 상담을 했다. 홍 씨가 산 지분 토지는 개발 제한 구역 안에 있는 땅이었다. 선배는 계산해 보더니 실제 지분의 가치는 1,000만 원이 되지 않는 땅이고 그 땅에 지분을 가진 사람만 100명이 넘는다고 말했다. 향후에도 풀릴 확률이 거의 없고 팔고 싶어도 지분을 공유하는 100명이 넘는 사람들

전체의 합의가 있어야 팔 수 있었다. 홍 씨는 가치가 1,000만 원도 안 되는 땅을 7,000만 원에 산 것이다. 수당 700만 원을 제하더라도 6,300만 원을 주고 산 데다가 중요한 건 앞으로 팔지도 못한다는 사실이었다.

홍 씨는 자기 땅은 고사하고 부모님과 형, 외삼촌에게 어떻게 고개를 들지 걱정돼 영업 팀장인 친구에게 찾아가서 환불해 달라고 했다. 하지만 친구는 등기까지 넘어온 땅을 환불해 줄 리도 없고 자기는 환불해 줄 권한도 없다고 했다. 되레 땅을 갖고 있으면 나중에 돈을 벌 건데 왜 호들갑이냐는 식으로 이야기했다. 나중에 알았지만 홍 씨뿐만 아니라 친구에게 소속된 영업 팀원들은 대부분 그 친구의 지인이었고 홍 씨와 다 같은 처지였다.

회사에 이런 상황을 따졌더니 회사와는 상관없는 일이고 그 친구와 해결하라고 했다. 알고 보니 영업 팀장인 친구가 팀원들이 팔았던 땅값의 10%를 수당으로 받았다. 처음부터 의도하고 접근했던 것이다. 하지만 이미 엎질러진 물이었다. 홍 씨 한 명 때문에 가족과 친척은 팔지도 못하는 땅을 사서 평생 대출 이자를 내야 하는 어처구니없는 상황에 처해 버렸다.

내 돈을 노리는 기획 부동산의 악질 사기

이 사례를 보면 진화하는 기획 부동산의 영업 전략을 알 수 있다. 예전에는 모르는 사람들에게 전화로 영업하는 방식으로 땅을 팔았다면 지금은 소개를 통한 다단계 영업 전략으로 땅을 판다. 땅을 산 사람들 대부분은 나중에 쓸모없는 땅이라는 걸 알아도 땅을 판 직원이 지인이라서 제대로 항의 하기도 힘들다. 결국 돈도 잃고 사람도 잃는 상황이 오고 마는 것이다.

이런 방식으로 땅을 산 사람들은 대부분 땅에 대한 검증은 하지 않는다. 현장을 가 보고 사는 사람이 10% 미만이고, 계약하기 전까지는 회사에서 현장도 잘 보여 주지 않는다. 심지어는 지번도 모르고 사는 경우도 많다. 지인을 통한 다단계 영업은 사람을 믿고 계약하는 방식을 취해서 등기부등본을 열람해 보지도 않고 사는 사람도 많다. 한마디로 땅을 사는 것이 아니라 사람을 보고 땅을 사 준다고 생각하다 보니 이런 결과가 발생하는 것이다.

아무리 지인이라도 자신이 땅을 산다면 위치 확인과 등기부등본 발급, 현장 방문 정도는 기본이 아닐까? 단지 소액이라는 이유로, 지인이 권한다는 이유로 땅을 사다 보니 기획 부동산이 끊임없이 진화하는 것이다. 심지어 한 사람이 지분 여러 개를 사서 몇억 원이 묶인 경우도 여럿이 있다. 기획 부동산에게 친구와 지인은 가장 확실한 네트워크였던 것이다.

사기라는 걸 아는 순간 그 사람과 신뢰 관계는 무너지고 처리할 수 없는 땅과 손해만 남는다. 기획 부동산 역시 그 모든 책임을 땅을 산 사람에게 떠넘기고 나 몰라라 한다.

예전에 경기도 성남의 임야 974억 원어치를 4,865명에게 쪼개 판

사건이 있었는데 땅을 산 사람의 26%가 기획 부동산 직원이고 62%는 그 직원의 지인이었다고 한다. 더 충격적인 내용은 땅을 산 사람 대부분이 땅을 사기 힘든 저소득층이었다는 것이다. 다단계 취업 형식으로 소득과 자산이 넉넉하지 않은 계층에 쓸모없는 땅을 팔아 치운 사기였다. 이 사례를 참고하여 여러분은 기획 부동산에 당하지 않길 바란다.

피 같은 낙찰 보증금
2,300만 원 날린 값비싼 실수

땅을 사는 방법은 몇 가지가 있다.

첫째, 일반적으로 시장에서 거래되는 가격을 주고 사는 '매매'.

둘째, 대출금을 갚지 못하는 등의 채권·채무 관계로 압류돼 진행되는 '경매'.

셋째, 그리고 세금을 체납하여 진행되는 '공매'.

일반 매매는 보통 공인 중개사를 통해 거래되기 때문에 최소한의 권리 하자나 시세 판단 등의 자문을 받을 수 있다. 그리고 계약서와 확인 설명서로 물건에 관해 비교적 자세하게 듣고 확인한 후 거래해서 위험성이 현저히 줄어든다.

반면 경매와 공매는 권리적 하자나 시세 판단 등을 본인이 직접 한다. 그렇다 보니 아무래도 매매보다는 위험성이 크다고 할 수 있다. 하지만 그만큼의 위험 부담을 안기 때문에 시세보다 훨씬 저렴하게 땅을 살 수 있다는 장점이 있다.

경매는 권리상 하자나 위험성 때문에 경매 컨설팅 업체를 이용하는 경우가 있다. 그런데 무자격이거나 전문성을 갖추지 못한 업체가 많다. 낙찰받는 금액 대비 수수료를 받다 보니 무조건 낙찰받도록 입찰 금액을 높이는 업체도 많다. 그 결과 어떤 물건은 시세보다 높게 낙찰받게 해서 업체가 수수료를 높게 받는 경우도 비일비재하다. 그만큼 경매 컨설팅 업체는 조심해야 한다. 차라리 법원에 정식 등록한 매수 입찰 대리 업체를 이용하는 것이 안전하다. 현재는 변호사, 법무사, 공인 중개사가 매수 입찰 대리 등록을 할 수 있다.

몇 년 전 LH 직원의 농지 투기 사건 이후 농지법이 강화돼 몇 년간 농지 거래가 뜸했는데 최근 들어 농지에 사람들의 관심도가 상승하고 있다. 농지에 설치 가능한 '농촌 체류형 쉼터' 제도 도입과 농림 지역 농지에 일반인의 주택 건축이 가능한 규제 완화 소식 때문이다.

농지는 지목이 전, 답, 과수원으로 된 땅으로 일반 땅과 다르게 취득할 때 자격을 갖춰야 한다. '농지 취득 자격 증명(이하 농취증)'이라는 제도가 있어서 투기나 투자의 목적이 아니라 실제 농사를 지을지 확인하고 그에 필요한 서류를 제출해서 심사를 통과해야 농지를 취득할 수 있다.

특히 몇 년 전 농지법 강화로 인해 그 심사 과정이 까다로워졌고 기간도 더 소요된다. 1,000㎡ 미만의 주말 체험 영농 목적의 농지는 4일에서 7일 정도 소요되고 농지 위원회의 심의가 필요하면 14일 이내의 처리 기간이 소요된다. 만약 농취증을 발급받지 못하면 농지를 취득할 수 없다. 지금 소개해드릴 사례도 농취증을 받지 못해 손해를 본 사례다.

연금은 계산했지만 농취증은 생각 못 한 농지 경매

경기도 김포시에 사는 유 씨는 올해 50세가 됐다. 자영업을 오래 하다 보니 늘 노후에 대한 불안함이 있었다. 그래서 더 늦기 전에 뭔가 준비해야 한다는 생각으로 농지를 사서 나중에 60세가 되면 농지 연금을 받을 계획을 세웠다. 농지 연금에 관해서 공부하고 알아보던 중 농지 연금이 감정 가격의 90%를 인정해 연금을 지급한다는 사실에 주목했다.

'그렇다면 감정 가격은 높고 유찰이 많이 된 농지를 경매로 낙찰받으면 연금 금액이 높겠네?'

유 씨는 그때부터 틈만 나면 경매 사이트를 통해 전국의 농지를 검색해서 알맞은 경매 물건을 찾았다. 나이 50이 넘어 농사를 제대로 짓는다는 건 부담스러웠다. 1년 내내 농사를 짓지 않고 틈틈이 관리할 수 있고 경험이 없어도 크게 부담스럽지 않은 나무를 심어 수확할 수 있는 과수원 위주로 물건을 알아봤다.

그렇게 열심히 찾던 어느 날 드디어 딱 맞는 물건을 찾았다. 경북 문경에 있는 사과를 재배하는 과수원이 경매에 나왔는데 감정 가격 6억 원에 시작해서 세 번 유찰돼 최저 입찰가가 2억 원 정도였다. 유 씨의 머릿속에는 이 과수원을 2억 원 초반에 낙찰받아서 5년간 영농 경력을 쌓아 농지 연금 자격을 만들 생각이었다. 자신이 60세가 되는 10년 후에는 지금 감정 가격 6억 원보다는 땅값이 올라가 있을 테니 예상 금액으로 매달 200만 원 정도의 농지 연금을 받을 수 있다는 계산이 됐다.

다만 현장을 가 보기에는 너무 멀고 입찰 기일도 다 돼 가서 현장은 입찰 당일에 가 보기로 했다. 대신 유료 경매 사이트에 나오는 현장 사진과 권리 분석을 참고하고 포털 지도의 로드뷰로 확인했다. 현재는 사과 농사를 짓는 것 같지는 않아 보였고, 예전에 주택이 있었는지 과수원 일부에 철거된 콘크리트 잔해와 일부 구조물이 남아 있었다. 권리 분석을 해 보니 지역 농협에 대출을 받았다가 갚지 못해 경매로 나온 물건이었다. 다른 권리상 하자는 특별히 없어 보여 입찰하기로 결심했다.

입찰 하루 전 현장을 보기 위해 오후에 김포에서 문경으로 출발했다. 3시간 정도 예상했지만 예기치 못한 교통 체증과 산속에 있는 과수원의 위치를 제대로 찾지 못해서 헤매는 데 시간을 보내는 바람에

어둑해진 저녁 시간에 해당 물건 토지를 볼 수 있었다. 현재 사과나무는 있었지만 관리가 되는 것 같지 않은 모습이었고 군데군데 불법 건물이 있었던 콘크리트 구조물 흔적이 보였다. 밤이 다 된 시간이라 자세히 확인하지 못했지만 정상적인 사과나무들도 반 정도 보이는 것 같아서 그 정도만 농사를 지어도 되겠다는 생각을 했다.

다음 날 대구법원 상주지원에서 열린 입찰에서 입찰가 2억 3,000만 원에 단독 낙찰됐다. 최저 입찰 가격은 2억 원 정도였다. 아무도 입찰하지 않고 단독 낙찰됐다는 사실에 약간 걱정도 됐지만 무엇보다 노후를 준비하는 첫걸음을 뗐다는 생각에 기뻤다.

보증금 10%인 2,300만 원을 납부하고 집행관을 만나니 일주일 내 농취증을 제출하면 낙찰자로 선정될 것이라고 했다. 유 씨는 서둘러 김포로 올라와서 '정부24' 사이트를 통해 농취증을 신청했다. 예상 영농 작물은 이미 사과나무가 있어 어렵지 않게 작성했다. 농취증을 신청한 후 온라인으로 제출하고 며칠 뒤 시청에서 전화가 왔다.

"귀하가 신청한 농취증은 반려됐습니다."

이게 무슨 청천벽력 같은 소린가? 왜 농취증이 반려됐는지 물으니 담당자가 이렇게 답변하는 것이다.

"위성 지도상 판독해 보니 현재 이 땅은 농지로 이용되고 있지 않습니다. 그래서 농취증이 발급되지 않습니다. 만약 농취증을 발급받

으려면 불법 구조물을 철거하고 농지로 원상회복한 후 다시 신청하
길 바랍니다.”

농취증이 나오지 않으면 입찰 보증금 2,300만 원이 날아간다. 당
장 며칠 후 법원에 농취증을 제출해야 했다. 경매 입찰 시 주의 사항
에서 봤던 “농취증 미제출 시 입찰 보증금을 몰수한다”라는 조항이
머릿속에 선명하게 떠올랐다. 부랴부랴 법원 경매계에 전화해서 사
정을 설명하고 농취증 제출 기간을 연장할 수 있는지 문의했더니 단
호히 “불가합니다”라는 답변만 돌아왔다. 입찰 전 조심하라고 공지
돼 있으니 농취증 미발급 시 보증금은 어쩔 수 없이 몰수된다.

결국 유 씨는 피 같은 입찰 보증금 2,300만 원을 날렸다. 만약 유
씨가 입찰 전날 조금 더 일찍 현장에 도착해서 낮에 살펴봤다면 예
전에 불법 주택을 지었다가 제대로 철거하지 않아 남아 있는 콘크리
트 기초 부분을 더 자세히 봤을 것이고, 인근의 면사무소에 가서 이
런 경우 농취증이 나오는지 문의했다면 아마도 다음 날 입찰하지 않
았을 것이다. 다른 사람들이 입찰하지 않은 이유도 농취증이 발급되
지 않을 수 있기 때문일 것으로 추측해 볼 수 있다.

농지를 경매로 살 때 알아야 할 노하우

농지 경매에서는 통상 농취증 제출 기간을 낙찰 후 7일 정도 준다.
2022년 8월 18일 농지법 강화 이후 농지 심사 위원회 대상인 농지는

최장 14일이 처리 기간이다. 따라서 농지를 낙찰받고 나면 즉시 해당 경매계에 농취증 제출 시한 연장 신청을 해야 한다. 낙찰 후 바로 연장 신청은 가능한데 중간에 연장 신청은 불가능하다. 농지 위원회 심의 대상인 경우는 네 가지다.

첫째, 토지 거래 허가 구역 내의 농지인 경우.
둘째, 3인 이상이 공동 취득한 경우.
셋째, 영농 거리가 먼 경우(2022년 8월 18일 이후 농지 취득 시).
넷째, 실제로 농사를 지을 의사를 좀 더 면밀히 확인해야 할 경우.

유 씨는 해당 면사무소에 찾아가 원상 복구 계획서를 제출하는 조건부로 농취증을 받는 방법을 사용해 보면 가능성이 있었는데 그런 방법을 몰랐다. 농림부 예규에 농취증 심사 요령 제8조에 조문이 있다.

'신청인이 농지로의 복구 계획을 제출하는 경우에는 그 계획이 실현 가능할 것.'

따라서 이런 경우 해당 공무원은 신청인이 실제로 농업 경영 능력이 있는지, 원상 복구 실현의 가능성이 있는지를 종합적으로 판단해서 농취증 발급 여부를 판단한다. 유 씨도 전문가에게 조언을 구해이런 방법을 알았더라면 보증금을 지킬 수 있는 가능성이 있었는데 그대로 보증금을 포기하는 바람에 손해가 확정돼 버렸다. 시세보다 조금이라도 싸게 사기 위해 경매를 이용했는데 결과적으로는 소중한 보증금을 날리게 됐다.

싸게 사는 것도 중요하지만 경매는 모든 위험을 낙찰자가 부담하기 때문에 철저히 확인하고 입찰하는 것이 안전하다. 일반 매매에서 농지 계약 시에는 다음과 같은 특약을 꼭 넣어야 한다.

'본 토지는 농지로서 관련 법률에 따른 농지 취득 자격 증명서를 발급받아야 하며, 매수인의 귀책 사유 없이 이를 발급받지 못한 경우 본 계약은 무효가 되며 매도인은 수령한 금액을 즉시 반환한다.'

이런 특약이 없다면 농취증 미발급의 부담도 매수인이 질 수 있다. 따라서 농지를 살 때는 매매든 경매든 공매든 미리 해당 관청에 농취증 발급을 확인한 후 계약을 진행해야 불이익을 받지 않는다. 경매에서는 낙찰을 가정하고 농취증을 미리 신청할 수도 있기 때문에 이 방법을 사용하면 더 안전하게 입찰할 수 있다.

땅 같이 사실 분
구합니다

물건을 소유하는 방법은 두 가지가 있다. 단독으로 소유하는 방법과 공동으로 소유하는 방법이다. 부동산도 종류에 따라 공동으로 소유할 수 있다. 아파트는 절세를 목적으로 부부가 공동 명의로 소유하는 것이 공동 소유의 대표적 사례다.

땅도 공동으로 소유하는 경우가 많다. 한 필지 땅의 100% 중 각자의 지분대로 투자하는 방식이고 그 지분율대로 공동 소유하게 된다. 통상 땅에 투자는 하고 싶은데 한 필지의 땅을 전부 사기에는 돈이 모자라 가족이나 친척, 친구, 지인 등 여러 사람이 공동으로 돈을 모아 투자하는 경우가 많다. 최근에는 부동산 투자 카페나 밴드 모임에서 공동 투자 희망자를 모집해서 일면식도 없는 타인과 같이 공동 투자를 하는 경우도 많다.

전자는 지인 중 한 명이 땅 투자를 알아보다가 정말 호재가 많고 돈이 될 만한 땅을 발견했는데 자신의 돈으로 한 필지를 사기가 힘들어 주변의 지인들에게 같이 투자를 권하는 경우다. 후자는 처음부터 공동 투자를 목적으로 물건을 선정 후 투자를 희망하는 회원들이 각자의 지분만큼 투자하는 방식이다.

이렇게만 보면 '토지 지분 투자는 좋은 거 아닌가?'라는 생각을 할 수 있다. 왜냐하면 돈이 될 만한 땅에 큰돈을 들이지 않고도 투자한 지분만큼 나중에 수익을 낼 수 있을 것 같기 때문이다. 하지만 나는 이 글을 보는 여러분은 절대로 이런 방식의 지분 투자는 하지 말라고 말리고 싶다.

토지 투자에서 공동 소유하는 지분에 대한 등기는 법적으로 보장돼 있고 등기부등본에도 공시된다. 소유에 관한 사항이 등기부등본에 나오니 안전하다고 생각하는데 딱 그것뿐이다. 많은 사람이 하는 오해가 땅을 마치 아파트처럼 언제든 사고팔 수 있다고 생각하는 것이다. 실제로는 그렇지 않다. 아파트는 필수 소비재라서 급하면 싸게 내놓고 팔 수 있다. 한적한 시골의 아파트도 가격만 싸면 팔린다.

하지만 땅은 다르다. 아무리 좋은 땅도 싸게 내놓는다고 팔리지 않는다. 땅은 팔 시기가 정해져 있다. 만약 개발이 진행되는 땅이라 팔고 싶은데 팔려면 나머지 공동 소유자의 동의가 있어야 한다. '내 지분만 팔 테니 사세요' 이야기한다고 매수자가 사지 않는다. 왜냐하면 지분만 사서는 할 수 있는 행위가 극히 제한되기 때문이다. 사는 사람 입장에서는 온전한 한 필지의 땅을 사야 개발 행위든 건축 행위든 할 수 있는데 일부 지분만 사서는 아무 소용이 없다.

지분 투자를 했다가 결혼 자금이 묶여 월세살이를 하고 있는 문 대리의 사례를 살펴보자.

흥하든 망하든 함께해야 하는 운명 공동체의 결말

직장 생활을 하는 30대 초반의 문 대리는 2년간 사귄 여자 친구와 몇 년 뒤 결혼을 꿈꾸고 있었다. 결혼을 하려면 전세금이라도 마련해야 하는데 아직은 몇 년 정도 더 모아야 20평대 아파트 전세를 얻을 수 있었다. 현재 모아 놓은 자금은 2억 원 정도였고 앞으로 2억 원 정도 더 모아서 결혼할 계획이었다. 그러던 어느 날, 땅 투자로 돈을 많이 벌었다고 소문난 같은 부서 양 과장과 회식 뒤 2차 자리에서 땅 투자 이야기가 나와서 자신의 고민을 털어놨다. 그랬더니 양 과장이 투자를 제안했다.

"문 대리! 월급만 모아서 언제 결혼할 거야? 투자를 해서 벌어야지. 내가 이번에 좋은 땅이 있어 투자하려고 하는데 문 대리도 같이 투자해 볼래?"

살 땅의 주변이 조만간 신도시로 지정될 확률이 높아 2년에서 3년 정도 투자하면 두세 배는 벌 수 있다는 이야기였다. 양 과장은 그러면서 귓속말로 "사실 손 대리도 끼워 달라고 하도 졸라서 이번 땅 투자에 끼워 주기로 했어"라고 했다. 그 말을 들으니 문 대리는 손 대리에게 살짝 배신감이 들었다. 손 대리는 입사 동기라 고민도 허심탄회하게 이야기하는 친구 같은 사이라고 생각했는데 정작 이렇게 돈 되는 정보는 자기한테 이야기를 안 해 준 것이다. 그래서 양 과장에게 바로 말했다.

"저도 투자하겠습니다. 1억 원 정도 투자하게 해 주십시오."

그렇게 해서 양 과장(50%)과 손 대리(20%), 문 대리(20%) 그리고 부서 막내 배 주임(10%)까지 네 명이 지분 투자로 땅을 샀다. 문 대리는 5억 원의 땅에서 1억 원의 지분을 사게 된 것이다.

'이제 2, 3년 후면 1억 원이 최소 2억 원에서 3억 원 이상이 될 거야. 그럼 여자 친구랑 아파트 전세로 행복하게 신혼 생활을 시작해야지.'

문 대리는 부푼 꿈을 안고 더 열심히 일했다. 가끔 양 과장에게 신도시 발표는 언제쯤 나는지 물어보면 양 과장은 "조금만 기다려 보자, 곧 나겠지"라며 문 대리를 안심시켰다. 그렇게 2년이 다 돼 가는 어느 날 여자 친구가 이제 결혼해야 하지 않겠냐며 계속 이야기해서 양 과장에게 땅을 언제 팔 수 있을지 물어보니 "원래 땅이라는 게 진득이 기다려야 돈이 되는 거야"라고 이야기하는 것이었다.

문 대리는 처음 계획과 다르게 회수가 지연됐지만 여자 친구의 성화에 어쩔 수 없이 결혼 날짜를 잡고 신혼집은 우선 월세로 구하기로 했다. 조금만 더 기다리면 땅값이 오를 것이고, 그럼 월세에서 전세로 옮길 수 있다는 생각을 하고 문 대리는 여자 친구와 결혼했다.

결혼 후 2년이 다 돼 갈 무렵 아내가 임신하여 새 생명이 태어나게 된 문 대리는 조바심이 나기 시작했다. 벌써 땅에 투자한 지 4년이나 지났다. 이제는 투자금을 회수해서 전세금을 만들어야 하는데 여전히 신도시 지정 소식은 들리지 않았다. 그래서 양 과장에게 어떻게 돼 가는지 물어보니 자기도 돈이 묶여 힘들다며 그래도 희망이 있으니 더 기다려 보자고 했다.

문 대리는 하는 수 없이 인근 부동산에 찾아가서 땅의 시세와 지금 팔 수 있는지를 문의했다. 매수자를 찾으면 다행히 손해를 보지 않는 선에서 팔 수 있다고 했다. 그 말은 느긋하게 판다면 수익을 보고 팔 수 있다는 이야기다. 하지만 문 대리는 수익은 고사하고 원금이라도 회수하고 싶은 마음이었다. 혹시나 해서 문 대리가 자기 지분만 살 사람은 없냐고 물어보니 "땅은 지분만 사려는 사람은 없습니다"라는 대답만 돌아왔다. 결국 전체 땅을 팔아야만 살 사람을 찾을 수 있다는 것이었다.

어쩔 수 없이 문 대리는 다음 날 같이 땅을 산 양 과장, 손 대리, 배 주임을 차례로 만나 어제 부동산에서 들은 이야기를 하며 손해를 안 보고 원금 정도 회수하고 팔 수 있으니 자신은 팔고 싶다고 했다. 그런데 지분이라 자기 것만 팔 수 없으니까 다 같이 팔면 어떻겠냐고 제안했다. 하지만 배 주임만 파는 것에 동의하고 양 과장과 손 대리는 팔기 싫다고 했다. 이왕 이렇게 된 거 좀 더 기다려 본다고 했다.

문 대리는 이제 애도 태어나고 월세도 만기되면 좀 더 나은 아파트 전세로 가길 계획했는데 4년을 기다렸는데도 지분이라는 이유로 팔지 못했다. 다 같이 팔지 못한다면 자신의 지분이라도 원금에 사 달라고 나머지 세 사람에게 이야기했지만 그럴 여유도 없다고 하며 거절당했다. 결국 이러지도 저러지도 못하고 돈만 묶이는 신세가 돼 버렸다. 7년이 지난 현재도 문 대리의 땅은 팔지 못하고 그대로 있다.

이 사례를 보면 토지 투자가 매력적임에는 틀림없지만 문 대리는 지분 투자를 정확히 이해하지 못하고 투자함으로써 정작 돈이 필요한 시기에 현금화하지 못하고 진퇴양난에 빠진 모양이다. 지분 투자는 내가 팔고 싶을 때 지분 공유자 전체의 동의가 없으면 팔 수 없다는 사실을 명심하길 바란다.

문 대리처럼 땅을 투자할 때 지분 투자를 정확히 이해하지 못하고 투자함으로써 실패를 경험하고 다시는 땅에 투자하지 않은 사람들이 많다. 그만큼 토지 지분 투자는 어렵기 때문에 초보자들은 피하는 게 낫다. 지인들과 공동 투자를 해도 이런 문제가 발생하는데 생판 모르는 남과 같이하는 공동 투자는 어떻겠는가? 실제로 공동 투자에서 의견이 맞지 않아 문제가 생기는 사례는 비일비재하다.

하지만 어렵다고 토지 투자를 안 할 수는 없다. 토지 투자가 매력적임에는 틀림없다. 지분 투자는 어떻게 활용하느냐에 따라 최고의 소액 투자 방법이 될 수도 있다. 경매에서는 토지 지분 투자를 잘 활용하면 싸게 낙찰받아 상대 지분권자에게 정상 가격에 지분을 넘기거나 공유물 분할 청구 소송을 통한 현물 분할로 배당을 받는 방법의 훌륭한 소액 토지 투자 방법이 될 수도 있다.

다만 이런 투자 방법은 전문가의 자문을 받거나 본인이 이론과 경험에 어느 정도 내공이 쌓였을 때 하기를 추천한다. 이 사례를 통해 토지 지분 투자로 자금이 묶이거나 피해를 보지 않길 바란다.

1980년
무에서 유를 창조한 땅 공사

우리나라 '최고의 부자' 하면 누가 떠오르는가? 많은 사람이 삼성 창업주 이병철 회장과 현대 창업주 정주영 회장을 떠올릴 것이다. 두 사람은 대한민국 최고의 사업가이자 땅 부자이지만 사업 스타일에서는 많은 차이를 보였다.

이런 일화가 있다. 현재 대한민국 최고 부자 동네 강남은 사실 비만 오면 침수되는 상습 침수 지역이었다. 그 당시 강남은 빌딩 대신 배 농사를 짓던 배밭이 있었다. 대한민국 수도 서울에서 비만 오면 침수되던 강남을 걱정하던 당시 박정희 대통령은 재계 서열 1, 2위를 다투던 두 회장과 몇몇 건설사 대표를 청와대로 불러 한강 상류 댐 건설을 위한 보고서 제출을 지시했다. 당시 댐 건설은 큰 수익을 보장해 주는 사업이었다. 여기서 두 회장의 사업 스타일이 여실히 드러났다.

이병철 회장은 세계적인 댐 건설 전문가를 섭외해서 최고의 보고서를 작성했다. 반면 정주영 회장은 댐 건설 보고서는 일반적 수준으로 작성시키고 그룹에서 모을 수 있는 현금을 최대한 모으라고 지시했다. 몇 달 뒤 여러 회사에서 제출한 보고서를 본 박정희 대통령은 삼성의 보고서를 채택해 삼성에게 댐 건설 공사를 맡겼다. 현대

직원들은 실망에 가득 찼지만 정작 정주영 회장은 조용히 미소를 머금었다고 한다. 그래서 비서실 직원이 정주영 회장에게 물었다.

"회장님, 이번 댐 건설 수주에 실패했는데 어찌해서 실망하지 않으시고 오히려 웃고 계십니까?"

그러자 정주영 회장은 이런 말을 했다.

"삼성이 댐을 지을 것이니 앞으로 강남이 침수되는 일은 없을 것이다. 강북에서 강남으로 다리가 더 많이 놓일 것이고 강남은 크게 발전할 것이다. 그래서 나는 댐 보고서에 신경 쓸 시간에 강남에 땅을 샀지."

그 이야기를 들은 직원은 정주영 회장의 혜안에 놀라움을 금치 못했다고 한다. 그렇게 건설된 댐이 현재의 소양강댐이다. 그리고 그때 정주영 회장이 매입한 땅이 지금의 압구정 현대아파트, 현대백화점 등이 있는 압구정동이다. 현대는 이 기회를 잡아 큰 기반을 마련했다고 한다. 이병철 회장은 사업에 최선을 다하는 스타일이라면 정주영 회장은 실리를 더 중요시하는 스타일이었던 것이다.

정주영 회장의 이야기는 너무나 많다. 1970년대 2년 5개월 만에 400㎞가 넘는 경부 고속 도로를 개통시켰고 국산 차 포니를 만들어

국산 자동차 제조의 시동을 걸었다. 또 1973년에는 울산의 백사장 사진 한 장을 달랑 들고 영국으로 가서 "당신들이(영국 정부) 배를 사 주면 여기에 조선소를 지어서 당신들 배를 만들어 줄 테니까 사라"고 해서 현대중공업이 탄생했다.

정주영 회장에 관한 땅 이야기 중 대한민국 땅 면적 400만 평을 늘린 '현대서산농장' 일화가 가장 유명하다. 이곳에서 키운 통일 소를 몰고 방북하던 정주영 회장의 모습을 아직까지 기억하는 사람들이 많을 것이다. 서산 간척지 사업인데, 혁신적인 방법으로 15년 3개월간 공사해 바다를 육지로 만들어 아직까지 많은 이에게 회자된다.

평소 '국토 확장과 식량 안보, 남북 교류 협력 등 사회 공헌을 실현하고 큰 재산은 후손에게 물려준다'는 신념으로 간척지 사업에 관심이 많았던 정주영 회장은 충남 서산 천수만의 길이 1.2㎞의 B지구와 길이 6.4㎞의 A지구를 메우는 사업을 했다. 길이가 짧은 B지구부터 시작했는데 큰 바위를 쏟아부어도 물살에 계속 휩쓸려 나가자 고민 끝에 바위에 구멍을 내어 철사로 묶어서 한꺼번에 떨어뜨리라고 지시했다. 하지만 직원들의 반대가 만만찮았다. 이에 정주영 회장의 유명한 어록이 나온다.

"이봐, 해 보기나 했어?"

그 말에 직원들은 단 한마디도 하지 못했다고 한다. 그렇게 B지구의 제방 물길을 막는 데 성공했다. 하지만 문제는 A지구였다. A지구의 방조제 길이는 무려 6.4㎞였다. 6개월간 돌덩이와 바위를 쏟아부어 마지막 구간 270m만 남은 상황이었는데 물길이 좁아지다 보니 초속 8m 정도의 유속 때문에 돌덩이를 쏟아부어도 다 휩쓸려 나갔다. 계속된 실패 끝에 정주영 회장은 특단의 조치를 취했다. 당시 고철로 사용하기 위해 스웨덴에서 들여온 길이 322m, 23만 톤짜리 초대형 폐유조선을 물막이 공사 구간에 바짝 붙여 가라앉혀서 좁아진 구간의 물살을 막는 사상 초유의 도전을 한 것이다.

이렇게 물살을 약하게 만들고 13일 동안 흙과 돌을 쏟아부어 마침내 9개월 만에 방조제를 완성했다. 이 기발한 공법을 '정주영 공법'이라고 한다. 이로 인해 공사 기간을 1년 6개월로 단축하고 공사비도 약 280억 원을 줄일 수 있었다고 한다. 이 공법으로 만든 방조제 안쪽 땅을 흙으로 메워 여의도 면적의 33배 정도 되는 약 4,700만 평의 땅을 확보했다.

현재도 이 간척지는 현대서산농장이 운영하며 쌀을 생산하고 소를 사육하는 용도로 이용되고 있다. 정주영 회장은 바다를 메워 땅을 만들어 무에서 유를 창조하는 진정한 땅부자였다.

4장

—

땅 부자들의
돈 버는
지혜

: 땅 부자 되는 노하우

그 땅이 돈이 될지 안 될지
어떻게 판단하는가?

몇 년 만에 만난 고등학교 친구들과 저녁 술자리에서 땅 투자 이야기가 안줏거리로 올랐다. 학교 선생님으로 있는 친구가 급하게 돈이 필요해서 예전에 산 땅을 팔아야 하는데 잘 안 팔린다며 몇 가지 궁금한 걸 내게 물어 왔다. 그래서 물었다.

"그 땅의 용도 지역이 뭐니?"

그러자 "농지야"라고 대답했다. 그래서 나는 다시 "용도 지역이 뭐냐고" 물었다. 그랬더니 친구는 "전이야"라고 대답했다. 나는 용도 지역을 물었는데 그 친구는 지목으로 답했다. 그 친구는 용도 지역의 의미를 모르고 땅을 산 것이다. 그러니 당연히 안 팔릴 수밖에.

많은 사람이 땅에 대한 기본적인 개념도 모르고 남들이 좋다고 하고, 돈이 될 거라고 하니까 산다. 그래서 그 친구에게 물어봤다.

"그 땅을 어떻게 사게 된 거니?"

그러자 학교에 친한 선생님이 권했다고 한다. 처갓집 땅인데 나중에 개발 호재가 있는데도 사정이 있어 급매로 내놨으니 사 두면 돈이 될 거라고 해서 땅을 샀다고 했다. 이렇게 땅을 사는 사람이 많다.

여러분도 이런 상황을 겪지 않으려면 땅에 대한 기본 지식은 알아야 한다. 즉 땅 투자를 하기 위해서는 먼저 땅에 관한 용어부터 익숙해져야 한다. 무슨 말을 하는지는 알아들어야 하지 않겠나?

이런 용어를 일상생활에서는 자주 사용하지 않다 보니 보통 초보 투자자는 용어에서 지레 겁을 먹고 포기하는 경우가 있다. 처음은 누구나 생소하지만 계속 듣다 보면 익숙해진다. 땅 투자에 필요한 용어는 굳이 외울 필요 없이 그때그때 필요할 때 익숙해지면 된다. 토지 용어는 '토지이음' 사이트에서 '용어 사전'을 찾아보면 자세히 나온다.

땅은 모든 부동산의 근간이고 기초이기 때문에 땅을 공부하면 아파트, 상가 등 다른 부동산을 이해하는 데 큰 도움이 된다. 그래서 땅 투자를 위해 최소한 알아야 할 몇 가지를 살펴보자. 우리나라는 부동산 규제가 많은데 특히 땅과 관련한 규제는 110여 개 법령에

400여 개의 지역과 지구, 구역에 따른 규제는 물론 세부적인 개별 규제까지 합하면 '규제 천국'이라 할 만큼 많다.

이 모든 내용을 다 알아야 할 필요는 없지만 핵심 내용 몇 가지는 알고 있어야 소액으로도 땅 투자가 가능하다. 규제 관련 법령이 개정되면 종래에 가치 없던 땅도 금싸라기 땅으로 변할 수 있는 만큼 꾸준히 관심을 가져야 한다. 특히 '용도 지역'과 '지목'은 땅을 투자하는 사람이라면 꼭 알아야 하는 내용이다.

땅의 신분 '용도 지역'

용도 지역은 땅의 신분을 결정하는 중요한 요소로 정부에서 지정한다. 땅에 용도 지역이 지정되는 이유는 땅 주인이 마음대로 개발하거나 건축하는 것을 방지하여 전 국토의 장기적 발전 방향을 제시하고 종합 계획을 수립하는 것을 목적을 하며 이런 계획에 기초해서 땅의 개발과 이용, 보전까지 관리하기 위함이다.

쉽게 이야기하면 땅을 주인 마음대로 개발하는 것을 방지하기 위함이다. 땅 주인이 마음대로 개발하게 둔다면 전 국토가 난장판이 될 것이기 때문에 각 땅마다 큰 구획으로 나눠 '이 땅은 집을 지을 수 있는 용도'이고 '저 땅은 상가를 지을 수 있는데 층수는 몇 층까지 허용한다'는 식의 규제를 하는 것이다. 그래서 일반적으로 용도 지역 중 가장 비싼 땅은 상업 지역이고 가장 싼 땅은 농림 지역이다.

투자하기에 가장 좋은 용도 지역은 도시 지역 중에서는 '자연 녹지 지역'이고 비도시 지역에서는 '계획 관리 지역'이다.

자연 녹지 지역은 도시 지역 안에 포함돼 있으며 도시의 자연환경과 경관, 산림 및 녹지 공간 확보를 위해 필요한 지역이다. 우리가 사는 도시에서 제일 외곽에 위치해 있다고 생각하면 되고 건물은 밀집하거나 높지 않게 건축하는 지역 정도로 생각하면 된다. 쉽게 도시와 시골의 경계 지역이라고 생각하면 된다.

계획 관리 지역은 도시 지역으로 편입이 예상되는 지역이나 자연환경을 고려하여 제한적인 이용, 개발을 하려는 지역으로 계획적·체계적 관리가 필요한 지역이다. 도시 지역과의 경계인 자연 녹지 지역과 접하는 경우가 많고 자연 녹지 지역보다 건폐율(자연 녹지 20%, 계획 관리 40%)이 높아서 활용성이 높은 경우도 있다. 다만 지을 수 있는 건축물의 용도가 자연 녹지 지역이 더 많아서 단순 비교하기는 맞지 않고 서로 장단점이 있는 다른 용도의 땅이라고 생각해야 한다. 용도 지역마다 건폐율(건물 바닥 크기를 결정)과 용적률(건물의 높이를 결정)이 있는데 땅의 가치와 밀접하니 그 의미 정도는 알아 두면 투자 판단을 하기에 좋다.

필지에 붙는 고유한 이름 '지목'

용도 지역만큼 중요한 것이 지목이다. 지목은 한 필지에 붙는 고유의 이름으로 총 28개로 이뤄져 있다. 전, 답, 과수원, 대지, 임야 등 여러분도 한번쯤 들어 봤을 부동산 용어다. 지목이 중요한 건 지목에 따라 땅값이 다르기 때문이다. 땅은 다른 여러 요인을 종합적으로 결합하여 가격이 결정되는데 지목도 그중 하나의 큰 요인이다.

용도 지역은 한 필지마다 지정되는 게 아니라 큰 단위로 구획해서 지정되고 지목은 한 필지 한 필지마다 각각 지정되는 작은 단위의 용도다. 예를 들어 '전'의 용도는 밭이고, '답'의 용도는 논이고, '임'의 용도는 산이고, '장'의 용도는 공장이라는 뜻이다. 지목은 '지목 변경'이라는 행위를 통해 다른 지목으로 변경이 가능하다. 변경을 하기 위해서는 개발 행위 허가를 받아야 하고 비용이 든다. 그리고 건축을 할 수 없는 지목에서 건축을 할 수 있는 지목으로 변경되면 땅값도 그만큼 상승한다. 이 개념은 땅을 사서 지목 변경을 통해 개발하는 토지 개발의 개념에서 나온다.

무엇을 지을 수 있는지에 따라 그 땅의 가치가 달라진다

땅을 사서 땅으로 팔아 수익을 본 투자자들은 경험이 쌓이면서 자연스럽게 토지 개발로 옮겨 간다. 왜냐하면 그게 훨씬 더 돈이 되기 때문이다. 땅은 모든 부동산의 기초다. 아파트, 상가 등 모든 건축물은 땅 위에 지어지기 때문에 땅의 종류에 따라 땅 위에 지을 수 있는 건물도 달라진다. 따라서 땅을 최대한 잘 활용할 수 있는 건축물의 관점에서 바라봐야 땅을 보는 안목도 달라진다.

겉으로 봐서는 지상에 아무것도 없는 땅이지만 고수들은 그 땅 위에 여러 건물을 앉혀 보고 가능한지 불가능한지 여부를 판단한다. 그 여부에 따라 땅의 가치가 달라진다. 땅 고수들은 상상력이 뛰어난 사람이다. 현재 보는 모습은 수풀이 우거진 경사가 높은 산인데 그들은 '이 산을 깎고 쌓고 다져서 용도를 바꾸고 그 위에 카페를 만들어 개발하면 돈이 되겠네'라는 생각을 한다. 그리고 제반 절차를 알아보고 인허가를 받아서 상상을 현실로 만든다. 이렇게 돈을 버는 것이다. 일반인의 눈에는 보이지 않는 땅의 개발 가치를 발굴해서 수익으로 연결하는 작업을 한다. 그 정도의 경지에 오르기 위해서는 공부와 경험이 뒷받침돼야 한다.

조급할 필요는 없다. 누구나 처음에는 다 초보다. 땅 투자가 어려운 이유는 시세와 가치 평가가 쉽지 않기 때문이다. 그런데 반대로 생각해 보면 땅의 시세와 가치를 판단할 수 있는 사람은 땅 투자로 돈을 벌 확률이 높다는 의미다.

따라서 땅을 투자해서 성공하려면 최소한 용도 지역과 지목을 알고, 땅의 모양이나 형상, 도로 조건 등 개별적인 요인을 분석해서 어떤 개발 행위나 건축 행위가 가능한지를 파악하고, 주변에 거래된 비슷한 조건의 땅 가격을 분석하고, 사정 보정을 거쳐 나중에 팔 때 누가 얼마를 주고 살 수 있을지 수요를 예측해 보고, 현재의 입지와 미래의 입지를 예상해서 시세와 가치를 평가하고 땅을 사면 비로소 성공한 땅 투자가 된다.

지금은 이 말이 어렵게 들릴지 모르지만 땅을 접해 보고 투자해 보면 서서히 이 말들이 와닿을 것이다. 비로소 당신도 땅 고수가 돼 간다는 증거다. 서두에서 말했던 친구처럼 주위에서 '돈 될 거니까 이 땅 사놔'라고 했을 때 적어도 땅에 대한 기본적인 지식이 있다면 그 땅이 진짜 돈이 될지 안 될지 판단을 할 수 있고, 수익에 대한 확신은 없어도 최소한 그 땅이 살 만한 가치가 있는 땅인지 없는 땅인지 정도는 구분할 수 있을 것이다.

어디 땅을 사야
돈을 버는가?

이제 막 땅 투자를 시작한 후배가 고민이 있다고 상담을 해 왔다.

"선배, 경남 남해에 마음에 드는 농지가 나왔는데 여유 자금 2억 원으로 사도 될까요?"

"서울 집에서 남해까지 가려면 차로 5시간 이상 걸릴 텐데 그 먼 곳의 땅을 사려는 이유는?"

"여수와 남해 사이에 해저 터널이 뚫린다는데 이번에 보령 해저 터널이 뚫리고 땅값이 오르는 걸 보니 남해도 해저 터널이 뚫리면 오르지 않을까 싶어서요."

"사려는 땅이 농지인데 농사는 어떻게 지으려고?"

이 질문에 후배는 아주 순진한 얼굴로 나를 쳐다봤다.

"농사를 지어야 하나요?"

전혀 몰랐다는 그 표정이 너무 천진난만해서 하마터면 웃을 뻔했다. 내 대답은 간단했다.

"당연하지. 농지에 농사를 안 지으면 팔라고 처분 명령이 떨어지지."

농지를 살 계획을 세우면서 농사를 지어야 한다는 사실을 몰랐던 후배는 결국 그 땅을 사지 않았다.

땅은 투자할 지역을 잘 골라야 한다. 그런데 땅을 잘 고른다고 무조건 돈을 버는 게 아니다. 자신이 관리할 수 있는 지역 내의 땅을 사야 한다. 내 땅인데 멀다고 방치한다는 건 안 될 말이다.

투자 지역을 정하는 데 중요한 속성

땅은 개발 계획과 관계가 밀접하다. 땅을 전문적으로 투자하는 투자자들은 신도시 지정이나 철도, 고속 도로 등의 교통망 확충, 대규모 산업 단지 지정 등 전국의 개발 계획을 알기 위해 국토부나 LH 등 대규모 개발 계획을 수립하고 진행하는 부처의 홈페이지를 늘 들여다본다. 매일 아침 경제 신문을 읽고 인터넷에서 부동산 개발 정보를 찾아보고 지방에서 발행하는 지방 신문에 관심을 둔다. 현재 수립된 제5차 국토 종합 개발 계획을 보고 2020년부터 2040년까지 20년 동안 우리나라 어디가 어떻게 개발될지 공부한다. 부동산 투자와 아주 연관이 많은 인구 증감 추이를 시도별로 분석한 자료도 통계청 사이트를 통해 체크한다. 그렇게 해서 투자할 지역을 신중히 선정한다.

 저출산 시대, 향후 대한민국은 인구가 부동산에 미칠 영향이 대단히 크다. MZ 세대는 결혼은 해도 자녀 계획은 정하지 못한 사람들이 많은데 그만큼 미래가 불투명하고 평생 서울, 수도권에 내 집 하나 마련하기가 쉽지 않은 것이 현실이다. 정부는 이런 상황의 심각성을 인식하고 젊은 신혼부부의 입장에서 그들이 출산을 미루는 이유를 정확히 파악해 저출산에 대한 대책을 세워야 한다. 단순히 지원금을 늘리는 정책 정도로는 당분간 출산율은 떨어질 수밖에 없다.
 출산율은 줄어드는 반면 노인 인구는 기하급수적으로 늘어나고 있다. 이런 세대 간 인구의 증감 변화가 아파트나 주거 형태 등 여러 가지를 변화시킬 것이고 땅의 수요 또한 변화시킬 것이다. 은퇴 연령층이 많아짐에 따라 대규모 실버타운 건설 및 전원 휴양 도시의 진화 등 향후 인구의 변화로 인한 부동산 시장의 변화가 서울에서 가까운 수도권 땅의 수요를 증가시켜 가격 상승을 부추길 것이다. 그런 곳을 미리 알고 선점한 투자자가 나중에 웃을 것이다. 결국 투자 지역 선정에서 가장 중요한 점은 인구와 도로망, 매수·매도 타이밍 포착이다.

땅은 가격이 상승하는 주기가 존재하고 일정한 패턴의 사이클이 존재한다. 개발 지역에 너무 빨리 투자해도 물릴 수 있고 너무 늦게 들어가면 고점에 물릴 수도 있다. 신도시 투자의 경우 아주 초기에 투자하지 않는다면 차라리 지구가 지정돼 기반 시설이 마련된 시점에 진입해서 팔라고 제의가 올 때 더 욕심내지 않고 적당히 수익을 챙기는 지혜가 필요하다.

신도시 택지 투자는 수익률 투자가 아니라 총액 투자를 하는 게 유리하다. 즉 몇 배가 오르는 투자는 개발 지역 농지나 임야로 투자해야 확률이 높고 신도시 택지는 대출을 최대한 이용해서 총액 투자로 수익을 내는 방법을 택하는 게 낫다. 가령 5억 원의 택지에 2억 원을 투자하고 3억 원을 대출로 충당해서 몇 년 뒤 10억 원에 판다면 자기 자본금 2억 원을 투자해 세금, 대출 이자 등 비용을 빼고 4억 원 정도 남기는 것이다. 총액을 크게 투자해서 2배 정도 수익을 바라보는 투자를 하는 방법이다.

내가 투자할 여력이 신도시 택지를 살 총액이 안 된다고 해서 금액에 맞춰서 땅을 찾아 투자하는 것은 위험할 수 있다. 예를 들어 계획 관리 지역 500평의 땅값이 1억 원인데 자금이 모자라다고 하자. 그런데 인근에 있는 농업 진흥 구역 안에 있는 농림 지역 200평이 5,000만 원에 나왔다고 덜컥 사면 안 된다는 뜻이다.

같은 지역이라고 해도 용도 지역에 따라 투자하면 안 되는 땅이 있다. 농업 진흥 구역 내의 땅이 싸고, 내 예산과 맞고, 원래 사려고 했던 땅 바로 옆에 있더라도 용도 지역과 지목을 따져 보고 사야 한다는 뜻이다. 잘못 사면 평생 농사만 짓고 살아야 할지도 모른다. 농업 진흥 구역의 농지 5,000만 원짜리가 1억 원으로 오르는 데는 10년이 걸릴 수 있지만 신도시 택지 5억 원이 10억 원으로 오르는 데는 1년밖에 안 걸릴 수도 있다. 그게 바로 땅값의 속성이다. '비싼 땅이 더 빨리 더 많이 올라간다'는 땅의 속성을 아는 것이 땅 투자의 기본이다. 물론 입지가 좋은 땅이라는 전제가 있어야 한다.

땅값이 오를 곳을 찾는 노하우

여러 경로로 개발 계획과 입지를 분석하고 주변 부동산 탐방 등을 통해 정보를 취합하여 관심 가는 지역을 선정한다. 보통 관심 지역은 5곳 이내로 정하고 시간이 될 때마다 정보를 분석하고 주말이나 시간이 날 때 여행을 가듯 기분 좋게 임장을 가 본다. 주말이면 일부러 바람 쐬러 나가기도 하는데 임장을 간다면 일거양득의 효과를 볼 수 있다. 땅 투자에서 현장 답사는 필수 사항이다. 현장을 안 보고 땅을 산다면 실패할 확률이 99.9%다. 땅은 현장만큼 중요한 게 없다는 사실은 꼭 잊지 말자.

현장에 가면 여러 가지 확인할 사항이 있겠지만 제일 먼저는 주변에 사람이 어느 정도 다니는지 먼저 파악하는 것이다. 그다음 도로가 있는지, 경사는 있는지, 모양은 잘생겼는지 하나씩 확인해 보길 바란다. 사람이 많으면 땅이 많이 필요하다. 왜냐하면 그만큼 필요한 건물 수요가 많아지기 때문이다. 땅의 가치는 인구 증가에 있다. 인구가 늘어나는 지역은 땅이 많이 필요하고 수요가 늘며 자연스럽게 가격이 상승한다. 따라서 이런 지역을 찾는 데 시간을 많이 투자하고 정보를 모으고 현장을 많이 가 봐야 땅 투자에 성공할 확률이 높아진다.

서울의 땅값이 비싼 이유는 대한민국 인구의 20%가 살고 10%가 다른 지역에서 출퇴근하며 20%의 인구가 여러 이유로 서울에서 일을 보고 자기가 사는 곳으로 다시 돌아가기 때문이다. 대한민국의 50%인 2,500만 명이 상주하거나 또는 일을 보러 오는 도시가 바로 서울이다. 그래서 땅값이 비싸다.

그다음이 서울과 접하고 있는 도시의 땅값이 비싸고, 그다음이 서울과 접하지 않지만 교통망으로 연결된 가까운 순서로 땅값이 비싸다. 지방도 광역시를 중심으로 위와 같은 입지 차이로 땅값이 차이가 난다. 땅의 핵심은 '인구'라는 사실만 안다면 투자 지역을 찾는 데 큰 도움이 될 것이다.

대부분의 사람이 서울에서 살고 싶은데 서울 땅값이 너무 비싸기 때문에 서울 밖 수도권으로 밀려난다. 따라서 서울로 출퇴근하는 데 용이할수록 인구가 모일 수밖에 없다. 즉 교통망이 좋아지면 집값, 땅값이 오른다. 대표적으로 2024년 3월 일부(수서~동탄) 개통되고 2025년 1월 일부(파주 운정~서울역) 개통된 GTX A 노선과 착공 예정인 GTX B, C 노선이 집값과 땅값에 큰 영향을 미칠 수밖에 없는 이유다.

땅값은 특성은 거품이 생겨야 거품을 타고 상승하고 가수요와 실수요가 같이 공존해야 가격이 오른다는 것이다. 이 거품과 가수요가 바로 '투기 수요'다. 부동산 상승 초기에는 투기 수요가 땅값을 밀어 올리고 상승 중반 이후부터는 실수요와 투기 수요가 합세해서 땅값을 밀어 올린다. 그동안 무수히 발표된 개발 계획 중 최종 성공한 개발 사업은 전체 사업 중에서 10%가 채 되지 않는다. 그 10% 내의 개발 예정지를 고를 수 있는 안목을 키워야 한다.

어떻게 하면 그런 사업을 골라낼 수 있을까? 가장 유의해야 할 대표적인 사업이 정치적 지형에 따라 달라지거나 좌초될 수 있는 사업이다. 책에서 투자 실패 사례로 소개된 서울~양평 고속 도로 투자 사례를 참고해 보면 알 수 있다. 여당과 야당의 공약과 정쟁에 의해 백지화될 소지가 있다면 처음부터 투자 지역에서 제외하는 게 낫다. 지자체장의 소속 정당과 정부 여당이 다른 곳의 국책 사업은 지연되거나 흐지부지될 확률이 있으니 세심히 살펴보는 것이 좀 더 세부적으로 걸러 낼 수 있는 방법이다. 반면 규모가 큰 국책 사업은 투기 수요가 붙을 확률이 높다. 대표적으로 수도권 교통망 개선과 관련되거나 대규모 일자리 유치가 보장된 곳이라면 좋다.

어떤 땅을 사야
돈을 버는가?

'부동산 투자' 하면 여러분은 어떤 투자가 떠오르는가? 대부분의 사람들은 아파트 투자를 떠올릴 것이다. 왜냐하면 아파트는 시세 파악이 쉬워서 싸게 사서 비싸게 팔기보다는 향후 올라갈 미래 가치를 보고 시세로 사서 투자하기 때문이다. 무엇보다 사람이 살아야 할 필수 사용재이기 때문에 실체가 있고 예측이 가능하다고 생각한다.

하지만 아파트 시장은 경쟁이 치열하다. 매매 시장은 물론이고 2024년 12월을 기준으로 경매 시장에서 일반적인 입지를 가진 아파트의 낙찰률은 95% 이상까지 치솟았다. 사실 매매와 별반 차이 나지 않는다.

반면 땅은 실체는 있지만 필수재가 아닌 선택재로 시세 파악이 쉽지 않다. 또한 아파트처럼 시세보다 싸게 내놓아도 팔리지 않을 수 있다. 땅을 잘못 산 경우는 반값에 내놔도 팔리지 않는다. 이런 점 때문에 일반 사람들은 땅 투자가 어렵다고 생각하고 두려움을 갖고 있다.

하지만 반대로 생각하면 이런 특징 때문에 오히려 땅 투자로 돈을 벌 확률은 더 높다. 그만큼 어렵고 투자에 두려움이 있어서 아무나 진입할 수 없기 때문이다. 즉 경쟁자가 적은 만큼 경쟁률이 낮아서 먼저 진입한 소수의 사람들만 토지 시장을 선점하고 수익을 볼 수 있다. 경매에서도 땅은 두세 번 유찰은 기본이다. 그만큼 싸게 살 수 있는 확률이 높아진다.

팔 때를 생각하고 사라

그럼 어떻게 하면 땅 투자로 돈을 벌 수 있을까? 답은 땅은 살 때부터 팔 때를 생각하고 사야 한다는 것이다. 팔 때 누가 얼마를 주고 이 땅을 사 줄지 생각하고 사야 한다. 땅을 사기 전부터 '팔 때 어떻게 팔 것인가' 생각하는 것은 땅 투자에 반드시 필요한 요건이다. 미래에 내 땅을 사 줄 매수자를 잘 만나기 위해서는 이용 가치가 높은 땅을 사야 한다. 별 쓸모없는 용도의 땅이라면 나중에 사 줄 사람이 없을 것이다. 그래서 나의 관점보다는 타인의 관점에서 생각하고 땅을 고르고 투자해야 한다.

그런 땅은 개발이 가능하고 입지가 점점 좋아질 땅다. 나중에 신도시나 산업 단지, 관광 단지 등 개발 사업지로 지정될 확률이 있는 지역에 위치해야 하고 가장 중요한 사항인 '인구가 증가할 지역'인지 판단해야 한다. 또한 철도, 고속 도로 등 교통망이 증설돼 인프라가 확대되는 지역인지, 그로 인해 양질의 일자리가 늘어나고 궁극적으로 인구가 늘어날 지역인지 예상해 봐야 한다. 그런 지역이 될 확률이 높다면 땅을 사도 된다. 나중에 내가 팔 때 개인이든 국가, 지자체든 사 줄 사람이 많을 확률이 있는 땅이기 때문이다.

항공 지도를 유심히 보자. 평평한 땅이나 그 땅의 끝자락에 위치한 완만한 임야 등을 잘 살펴보고 앞서 말한 조건에 부합한다면 나중에 개발될 가능성에 베팅해서 땅 투자를 해 볼 만하다.

어떤 부동산이 팔리지 않는 이유는 두 가지가 있다.

첫째, 비싸기 때문이다.
둘째, 관심이 없기 때문이다.

두 번째의 관심이 없다는 뜻은 필요하지 않다는 뜻이기도 하다. 그래서 사람들이 관심 없는 땅을 싸다는 이유로 사면 물리는 것이다. 아파트는 지방의 한적한 변두리라 할지라도 가격이 싸면 수요자가 있다. 반면 땅은 어떤가? 지방 변두리 땅은 사람들의 관심이 없다. 즉 아무리 싸도, 심지어 감정 가격의 반값에 나와도 안 팔리는 땅이 허다하다. 왜냐하면 필요 없기 때문이다.

간혹 이런 땅을 현장도 가 보지 않고 싸다는 이유만으로 사는 사람이 있는데 땅을 현장도 가 보지 않고 가격만 보고 사는 행위는 그냥 대대손손 물려주려고 사는 것과 같다.

원칙만 지켜도 낭패를 보지 않는다

땅은 두 가지 목적에서 산다.

첫째, 어떤 행위를 하기 위한 실수요의 목적이다. 대부분은 건물을 짓기 위함이다.

둘째, 향후 매매 차익을 위한 투자의 목적이다.

이 두 가지 목적에 부합하는 위치에 있는 적당한 가격의 땅을 무리(과도한 대출)하지 않고 샀다면 여러분은 걱정하지 않아도 된다. 또한 땅을 살 때는 서류 검토 후 나의 목적과 제반 사항에 부합해야 한다. 그다음 현장에 가서 눈으로 여러 제반 여건을 확인 후 매입 여부를 결정해야 한다.

첫 번째 실수요 목적의 땅은 대부분 자신과 사는 지역에서 가까운 곳의 땅을 사고 당연히 현장도 가 보고 입지나 여러 제반 사항을 검토해서 땅을 산다. 문제는 두 번째 경우다. 투자를 위해 땅을 살 때는 현장 방문을 하지 않는 경우가 있다. 잘 아는 지인에게 땅을 소개받았다거나 경매, 공매를 하면 현장 방문을 하지 않는 경우가 많다. 왜냐하면 지인이 소개했으면 땅을 보고 투자하는 게 아니라 사람을 믿고 하다 보니 '좋은 땅을 권유했겠지'라고 생각하는 경우가 많고, 경매나 공매를 통해 땅을 사면 사람들은 가격에 더 민감하기 때문이다. 유찰이 몇 번 되고 나면 땅값은 최초 감정 가격보다 반값 이하로 떨어진다.

법원에서 제시한 사진을 보니 굳이 안 가 봐도 될 것 같은 생각이 든다. 굳이 핑계를 대자면 내가 사는 곳과 너무 멀다. 경매나 공매는 싼 가격을 보고 물건을 고르다 보니 내가 사는 곳과 먼 지역에 있어서 한 번도 가 보지 않은 물건도 가격이 터무니없이 싸면 왠지 좋아 보인다. 그래서 오히려 초보 투자자보다 땅 투자를 몇 번 해 보고 자신감이 붙은 사람이 안 가 봐도 땅에 대해 다 안다는 듯이 투자했다가 낭패를 보는 경우가 더 많다.

그리고 법원에 직접 참석해서 입찰해야 하는 경매보다는 온라인으로 입찰이 가능한 공매에서 현장을 가 보지 않고 입찰하는 경우가 더 많다. 말 그대로 컴퓨터 앞에서 전국 물건을 검색하고 입찰한다. 현장이라는 중요한 부분을 간과하는 것이다.

'어떤 땅을 사야 돈이 될까?'

이 고민은 반대로 사지 말아야 할 땅을 사면 안 된다는 의미기도 하다. 실수요 용도의 토지는 내가 하고자 하는 행위(개발, 건축 등)가 가능하고 향후 입지가 좋아질 적정 가격의 토지다. 투자 용도의 토지에서는 나중에 누가 얼마의 가치에 이 땅을 사 줄지 예측하고 그 확률을 예상해 보며 최대한 시세보다 싸게 살 수 있는 방법을 찾으면 된다. 매매라면 가격을 잘 협상해야 한다. 경매, 공매라면 권리분석을 잘해서 위험 인자를 찾아내 그만큼 감가한 가격에 입찰하여 싸게 사는 것이 필요하다. 그 후 우리는 시간에 투자하면 된다. 이것이 땅 투자에 성공하는 비결이다.

결국 나중에 호재로 인해 누군가 사 줄 땅을 싸게 매입하는 것이 핵심이다. 그런 땅을 찾기 위해서는 서류와 현장을 통해 땅의 미래가치를 예측할 수 있는 공부와 경험을 계속해 보는 것이다. 노력하지 않고 이뤄지는 것은 없다.

어떻게 땅을 사야
돈을 버는가?

현재 살고 있는 아파트를 거래한 부동산에 "혹시 괜찮은 땅이 나오면 연락해 주세요"라고 이야기했던 백 씨에게 어느 날 전화가 왔다.

"사장님, 괜찮은 땅이 급매로 나왔는데 사 놓으세요."

부동산의 전화다. 나름 아파트 거래도 많이 해 보고 땅에 대해서 공부도 해 본 백 씨는 그 땅을 여러 방면으로 분석했다. 그런데 서류상 분석도 하고 현장까지 가 봤지만 지금 나온 가격이 싼지 비싼지 도무지 감이 잡히지 않았다. 부동산 공인 중개사는 시세보다 싸게 나왔다고 하지만 사실 땅이란 게 시세가 없기 때문에 판단하기가 쉽지 않았다.

아파트는 비교적 시세를 정확히 알 수 있다. 조건이 동일한 아파트가 여러 개 존재하고 그 아파트가 거래된 가격이 국토부 실거래가 공개 시스템에 공개되는 데다가 거래 건수가 많기 때문에 누가 봐도 신뢰할 만한 가격이라고 인정할 수 있다. 그렇다면 땅도 실거래 가격이 공개되는데 왜 실거래 가격을 신뢰하기 어려울까?

땅은 아파트처럼 동일한 조건이 대한민국에 단 하나도 없다. 또한 면적과 모양, 도로, 경사, 위치 등 모든 조건이 각각 전부 다르다. 내 옆에 땅이 평당 100만 원에 거래됐다고 내 땅도 평당 100만 원을 받을 수 있다는 보장이 없다. 더 받을 수도 있고 덜 받을 수도 있다. 심지어 2배를 받을 수도 있고 반값에 내놨는데 안 나갈 수도 있다. 아파트라면 상상도 못 할 일이 땅에서는 너무나 태연하게 일어난다. 이 말은 땅은 '어떻게 사느냐'에 따라 수익을 볼 수도 있고 못 볼 수도 있다는 의미다.

하늘 아래 같은 땅은 없다

얼마 전 화성시 송산면에 2차선 도로를 접한 임야를 상담한 손님이 있다. 그 땅 바로 옆에 접하고 있는 임야는 개발 행위 허가를 받아 평평하게 토목 작업을 한 후 평당 200만 원에 매매한다고 현수막을 붙여 놓았다며 상담한 손님이 이렇게 이야기했다.

"옆에 땅이 평당 200만 원인데 제 땅도 그 정도 받겠죠?"

일단 제반 상황을 한번 검토하고 이야기해드리겠다고 하고 경사도부터 확인해 봤다. 임야는 첫 번째 확인 사항이 경사도다. 개발이 가능한 법정 경사도는 평균 경사 25도 이내인데 각 지방 자치 단체의 조례로 추가로 더 규제하는 경우가 많다. 그래서 '자치 법규 정보 시스템'을 통해 화성시의 개발 행위 허가 기준 경사도를 확인해 보니 평균 경사도가 15도 미만인 토지만 개발이 가능했다.

손님이 상담한 토지를 '국토 환경성 평가 지도'의 산지 경사도로 확인해 보니 15도가 넘는 면적이 전체 임야의 90%가량 됐다. 정확한 경사도는 토목 설계 사무소를 통해 산출해야 하지만 현장을 가 볼 필요도 없이 그 산은 개발이 불가능하다고 판단됐다.

지도상 로드뷰를 보니 옆에 산은 경사도가 15도 미만으로 완만했고 상담한 분의 산은 경사도가 높았다. 그렇다면 평당 200만 원에 내놓은 그 산과 지금 손님이 상담하는 산은 같은 가격으로 평가할 수 있을까? 옆 땅은 주택도 지을 수 있고 상가도 지을 수 있고 창고도 지을 수 있는 평평한 땅으로 만들어 놓았고 법적으로도 가능한 땅인데 상담 손님의 땅은 개발 자체가 불가능해 그냥 갖고만 있어야 한다. 할 수 있는 행위가 없는 땅인 것이다.

이 땅은 가격을 평가하는 것이 무의미하다. 만약 감정 평가를 하면 얼마의 평가 금액이 나올 것이다. 사람들은 그 감정 평가 가격을 시세와 비슷하다고 생각하는데 땅은 감정 평가 가격이 시세라고 단정할 수 없다. 감정 평가사가 위치와 주변 거래 가격 등 여러 가지 조건을 검토해서 객관적으로 가격을 매기겠지만 그 가격에 살 사람이 없다면 감정 평가 가격이 무슨 의미가 있겠나? 감정 평가 가격은 말 그대로 감정하기 때문에 나오는 가격이다. 그래서 경매에서 아파트의 감정 가격과 땅의 감정 가격은 그 의미가 다르다.

그렇다면 도대체 땅의 적정 가격은 어떻게 산출해야 할까? 나는 땅을 매입할 때 '개별 공시 지가'를 참고해 가격을 평가한다. 개별 공시 지가란, 토지와 관련한 각종 세금 부담의 기준으로 삼는 지표다. 실제 땅 가격과 차이가 나기 때문에 현실성은 없다. 하지만 정부도 바보는 아니지 않을까? 현실성이 전혀 없는 가격을 지표로 매겨서 세금을 부과할까?

개별 공시 지가는 매년 1월 1일 기준으로 산출해서 5월에 발표한다. 진국의 대표 50만 필지를 내닌 감정 평가해서 표준지 공시 지가를 산출하고 이를 근거로 개별 필지는 모양, 면적, 위치 등 여러 개인 요인을 반영하여 감가한 후 산출한다. 따라서 개별 공시 지가는 그 땅의 모든 요인을 반영하여 산출했고 그만큼 신뢰하기 때문에 정부에서 세금을 내는 기준 가격으로 판단하는 것이다. 다만 세금을 거두기 위한 가격이기 때문에 실제 거래 가격과 차이가 나는 것뿐이다. 우리는 그 차이를 감안하고 땅의 가격을 평가할 때 참고하면 된다.

이런 종합적인 개별 공시 지가를 감안해서 도심의 개발 가치가 있고 언제든 수요자가 생길 수 있는 땅은 개별 공시 지가의 3배 이하, 비도시 지역의 개발이 가능한 땅은 개별 공시 지가의 2배 이내에서 산다면 괜찮은 가격에 산다고 생각한다. 그 근거는 공익 사업으로 인한 토지 수용 시 보상금이 보통 이 금액 안에서 결정되기 때문이다. 물론 절대적인 평가 기준은 아니다. 다른 여러 요인을 감안하고 최종 단계에서 더 검토해야겠지만 쉽게 판단할 때는 이렇게 한다. 그러니 땅의 가격이 도무지 감이 잡히지 않을 때는 이 방법을 감안해서 산출해 가격 적정성을 따져 보는 것도 괜찮은 방법이다.

하지만 실제 현장에서 땅값은 개별 공시 지가와 비교하면 터무니없는 경우가 많다. '땅을 어떻게 사야 할까?'라는 질문의 의미는 '잘 사야 한다'는 말의 의미와 일맥상통한다. 그리고 잘 산다는 건 '덤터기 쓰지 않고 적정한 가격에 산다'는 의미다. 대부분의 일반인은 땅을 비싸게 주고 산다. 방금 말한 대로 적정한 시세를 모르기 때문에 거래하는 공인 중개사의 의견을 참고해서 판단하다 보니 그런 결과가 나오는 것이다.

그도 그럴 것이 공인 중개사라고 무조건 땅 전문가는 아니기 때문이다. 변호사도 이혼 전문, 주식 전문, 부동산 전문 등 영역이 나뉘고 세무사도 상속세 전문, 양도세 전문 등으로 나뉘듯이 공인 중개사도 아파트만 거래하면 땅을 잘 모를 수밖에 없다.

팔릴 때까지 잘 쓰는 땅 투자법

땅으로 돈을 버는 방법은 시세보다 싸게 사서 시세에 파는 방법과 시세에 사서 향후 가격이 오르고 파는 방법이 있다.

전자는 단기 투자에 맞는 방법으로 경매나 공매 또는 급매 시 매도인이 자금 사정이 급해 현금화가 급히 필요한 경우 협상을 통해 싸게 매수할 수 있는 방식이다. 단기 투자는 양도 소득세 부담의 문제가 있으니 법인을 만들어 절세하는 방법을 사용해도 좋다.

후자는 일반적인 매매에서 사용할 수 있는 방법이다. 많은 사람이 땅 투자를 어렵다고 생각하는 이유가 바로 어떻게 투자해야 하는지 몰라서다. 내가 강조하는 아파트 투자와 땅 투자의 차이점을 알면 어느 지역에, 어떤 땅을, 어떻게 사고, 얼마에 사야 하는지 이해하기가 훨씬 수월할 것이다.

아파트는 실수요와 투자를 함께 고민해야 하고 땅은 실수요와 투자를 분리해서 생각해야 한다. 실수요와 투자를 만족하는 땅도 있지만 현실에서는 대부분 가격이 맞지 않다. 매도자가 원하는 가격과 매수자가 원하는 가격에 큰 폭의 갭이 존재한다. 이왕이면 입지가 좋아서 향후 오를 수 있는 확률이 높은 곳에 내가 필요한 땅이 있으면 좋지만 설령 있다 하더라도 그런 땅은 비싸다. 그래서 확률적으로 투자의 목적에 맞는 땅을 찾아 사고 그 기간 동안 땅을 다양하게 활용하는 정도로 만족하면 된다.

예를 들어 투자의 목적으로 도심 밖 관리 지역의 농지를 사 놓았다면 그 땅을 주말 체험 영농에 사용하면서 텃밭도 가꾸고 농촌 체류형 쉼터를 지어서 사용하다가 나중에 매도 타이밍이 왔을 때 파는 방식이다. 임야도 마찬가지다. 사 놓고 그냥 던져 두지 말고 하다못해 과실나무라도 심어서 활용한다면 임업 체험도 하면서 소득도 올릴 수 있다.

도심 내 택지를 둘러보면 종종 텃밭을 가꿔 놓은 모습을 볼 수 있다. 사실 택지는 지목이 '대지'이기 때문에 농지로 인정받지 못하고 농사를 짓는 것도 법적으로 불가능하다. 하지만 그렇게 텃밭으로 가꾼다고 해서 법적으로 제재할 수도 없다. 내 땅에서 내가 텃밭 가꾸는데 누가 뭐라 하겠는가? 그렇게 활용해서 채소라도 키워서 먹는다면 얼마나 효율적인가? 요즘 채솟값이 금값이다.

땅은 놀리지 말고 이렇게 방법을 찾아서 활용할 때 수익에 대한 조바심도 나지 않고 장기 투자를 할 수 있다. 결국 땅을 어떻게 사야 하는지 고민이라면 팔 때 이 땅을 사 줄 수 있는 매수 주체를 고민하고, 땅의 시세를 알아내서, 얼마나 싸게 살지, 그리고 보유하는 기간 동안 어떤 방법으로 활용할지에 대해서 생각해 보자. 그러고 나서 땅을 산다면 후회하지 않는 땅을 살 수 있을 것이다.

좋은 땅, 돈 되는 땅,
절대 사면 안 되는 땅

"아파트 투자로 5억 원 정도 벌었고 이제는 땅 투자해 보고 싶은데 어떤 땅을 사야 하죠?"

아파트만 투자해서 돈 좀 벌었다는 세종시에 사는 주부 허 씨가 어느 날 상담을 요청해 왔다. 나는 반대로 되물었다.

"어떤 땅을 사고 싶으세요?"

"좋은 땅을 사고 싶어요."

"그럼 현재 살고 있는 세종시의 중심에 상가를 지을 수 있는 땅은 좋은 땅인가요? 안 좋은 땅인가요?"

"당연히 좋은 땅이죠."

"그럼 그 땅을 사세요."

"하지만 그 땅은 너무 올랐고 비싸서 제가 살 수가 없어요."

허 씨가 살고 있는 세종시의 상가 건축이 가능한 토지 실거래 가격을 찾아보니 10년 전에는 5억 원 정도 하던 땅이 현재는 20억 원 정도 하는 것을 확인했다. 나는 다시 물었다.

"현재 20억 원짜리 이 땅은 고객님에게 좋은 땅입니까?"

"아뇨, 제가 가진 돈으로 살 수 없기 때문에 저한테는 좋은 땅이 아니죠."

"그렇다면 10년 전에 5억 원이었을 때 그 땅을 알았더라면 고객님에게 좋은 땅이었겠죠?"

"네."

이 대화에서 우리가 알 수 있는건 같은 땅인데도 시점에 따라 좋은 땅일 수도 있고 그렇지 않은 땅일 수도 있다는 것이다. 예를 들어 현재 국내 시가 총액 1위는 삼성전자다. 삼성전자는 대한민국 국민이라면 인정하는 좋은 회사다. 2025년 1월 삼성전자의 주식 가격이 5만 원대 초중반인데 불과 6개월 전에는 8만 원대였다. 6개월 전에 삼성전자를 산 사람은 좋은 주식이라고 생각하고 샀지만 현재 시점에서의 결과는 손실이다. 그렇다면 현재 손실을 보고 있는 그 사람들에게 삼성전자는 좋은 주식일까? 아무리 좋은 주식도 고점에서 사면 좋은 주식이 아니다.

땅도 마찬가지다. 허 씨는 좋은 땅을 사고 싶다고 했는데 허 씨에게 세종의 20억 원짜리 땅은 더 이상 상승할 확률이 높지 않아 좋은 땅이 아니다. 현재 시점에서는 그 땅에 상가를 지어서 분양하거나 임대를 할 사람에게는 좋은 땅일 수 있다. 왜냐하면 분양이 목적이거나 임대료를 받을 목적인 사람에게 그 땅은 위치 좋고 돈이 될 수 있는 땅이기 때문이다. 말 그대로 사업성이 좋아 당장 어떤 개발 행위를 할 수 있는 실수요자에게는 좋은 땅이다.

그래서 허 씨가 말하는 '좋은 땅'은 투자의 관점에서 봐야 한다. 허 씨가 실제로는 현재 가치 대비 미래에 가치가 올라갈 수 있는 '돈이 될 만한 땅'을 이야기한 것이다. 좋은 땅과 돈 되는 땅이 이해되는가? 좀 더 알아보자.

실수요자에게 좋은 땅, 돈 벌고 싶은 사람에게 좋은 땅

땅의 가격은 수요의 크기로 결정된다. 가격 상승폭은 투기 수요가 이끌고 그다음 실수요가 뒷받침되면서 한 번 더 가격이 상승하는 패턴이 보통이다. 좋은 땅은 실수요자의 입장에서 보는 관점이고 돈 되는 땅은 투기 수요와 실수요자를 동시에 만족시키는 땅이다. 우리는 좋은 땅보다는 돈 되는 땅을 골라내는 능력을 키워야 한다. 왜냐하면 우리는 땅 투자로 수익을 내는 것이 목적이기 때문이다.

그럼 어떤 땅이 실수요자가 원하는 좋은 땅일까? 예를 들어 은퇴 후 버섯 재배를 해 보고 싶어 산을 찾거나 답답한 도심 아파트를 벗어나 시골에 전원주택을 짓고 살고 싶어서 땅이 필요한 경우다. 이런 목적으로 땅을 구하는 분들은 투자의 목적보다는 좀 저렴하고 내 목적에 맞는 땅이 있으면 구매한다. 물론 그들도 이왕이면 자신의 목적도 달성하고 나중에 값도 오를 수 있는 땅을 원하겠지만 실제로 그런 땅은 가격이 비싸기 때문에 일반적으로 실수요 목적을 만족시키는 저렴한 땅으로 구입한다. 누가 뭐라고 하든 자신의 마음에만 든다면 좋은 땅이다.

반면 돈이 되는 땅은 개념이 다르다. 부동산은 살아 움직이는 생물이다. 평당 10만 원짜리 외진 시골 농지가 20만 원이 되는 게 확률이 높을까? 평당 300만 원짜리 수도권 택지가 평당 1,000만 원이 되는 게 확률이 높을까? 다른 여러 변수를 제외하고 본다면 도심의 구획된 택지의 가격이 더 올라갈 확률이 높다. 외진 시골 농지는 수요가 한정적이다. 농사 외에는 수요가 없기 때문에 가격이 올라갈 확률이 낮다. 하지만 도심 내 택지는 도시가 커지면 커질수록, 인구가 증가할수록 그 가치가 더 올라간다. 수요와 공급이 가격을 결정하는 것이다.

그래서 농사를 지을 목적으로 땅을 구한다면 10만 원짜리 농지는 싸고 '농사'라는 목적에 맞으니 좋은 땅이다. 도심 내 위치한 택지는 주택이나 상가를 지을 수 있기 때문에 인구가 증가하고 주변이 개발될수록 수요자가 더 늘어난다. 때에 따라서 주변 개발이 가속화되면 두세 배는 쉽게 올라간다. 바로 돈 되는 땅이다.

돈 되는 땅의 네 가지 조건

여러분이 돈을 벌고 싶다면 좋은 땅이 아니라 돈 되는 땅을 사야한다. 그럼 어떤 땅이 돈 되는 땅일까? 주목해야 할 몇 가지 땅을 살펴보자.

첫째, 용도 지역이 '계획 관리 지역'이고 지목이 '전', '답', '과수원'인 농지를 주목하라.

농사만 목적으로 하는 농림 지역(농업 진흥 구역)에 포함된 농지가 있는데 이런 농지는 제외하자. 관리 지역 내의 농지가 활용도가 더 많고 일반인이 개발하기도 더 유리하다. 관리 지역 중 토지의 활용이 가장 높은 계획 관리 지역의 농지가 향후 돈이 될 확률이 높다.

둘째, 산지 관리법상 준보전 산지의 임야 중 경사도(법정 25도)가 지자체 조례 개발 행위 허가 경사도 미만(지자체별 확인 가능)의 임도가 아닌 일반 도로에 접한 토지에 주목하라.

나무가 너무 빽빽하게 자라 있다면 '입목 축적'을 보고 개발이 가능한지 행정 관청에 확인하고, 성인이 된 나무가 많으면 '입목본수도'를 확인하여 개발이 가능한지 확인한 후 매입해야 한다. 개발 행위를 할 수 없는 산은 나중에 사 줄 사람이 없을 수도 있기 때문이다.

지목은 임야인데 지번 앞에 '산'이라는 단어가 붙지 않은 땅은 개발행위 허가를 받기 유리할 수 있기 때문에 돈이 될 확률이 높은 땅이된다. 그런 땅을 '토임(토지 임야)'이라고 부른다. 지목상으로는 임야인데 실제로는 평지이고 개발이 용이하다.

더 구체적으로 이야기하면 지적도상 임야나 분명한 경계와 지적도상 도로를 확인하기 위하여 그 부분의 임야도를 다시 확대해 그 축척을 크게 하여 지적도를 그려 놓은 임야를 말한다. 통상 3,000분의 1 또는 6,000분의 1의 임야도에서는 대상 토지가 너무 작게 그려져 있어 그 경계와 도로를 확인하기 어렵기 때문이다. 통상 경사도가 낮은 평평한 지반 상태의 1,000평 미만 소규모 임야에 적용되고 있다. 개발이 쉬운 산이라고 생각하면 된다.

셋째, 주거지와 준주거지의 가격이 비슷하다면 준거주 지역의 땅이 더 좋은 땅이다.

용도 지역이 더 낮다고 하여 무조건 땅값이 비싼 건 아니다. 땅은 용도 지역도 중요하지만 위치, 모양, 면적, 형상 등 입지가 가격에 더 영향을 미칠 수도 있다. 준주거 지역 땅에 건물을 지을 때 건물 전체를 상가로 건축할 수도 있고 주택과 상가를 병행하여 건축도 가능한데 건폐율과 용적율이 일반 주거지보다 조건이 더 좋기 때문에 더 넓고 더 높게 건축이 가능하다.

넷째, 수도권 중에서 현재 고속 도로 IC 공사를 하고 있는 지역을 찾아 진출입로 주변의 땅을 주목하라. 특히 주변에 대규모 산업 단지가 있다면 IC 주변 계획 관리 지역에 공장을 지을 수 있는 땅을 주목하라.

최근 1단계 구간(서울~안성)이 개통된 서울~세종 간 고속 도로 주변을 잘 살펴보면 돈 되는 땅을 발견할 수 있다.

마지막으로 한 가지 더 알아야 할 땅이 있다. 바로 절대 사면 안 되는 땅이다. 과일을 고를 때 흠이 있는 것을 골라 내면 좋은 과일만 남듯이 절대 사면 안 되는 땅을 골라내면 사도 되는 땅을 고를 수 있다. 사면 안 되는 땅을 골라내고 나면 좋은 땅과 돈 되는 땅만 남는데 이 땅을 다시 구분해 보고 선택하면 된다. 그럼 땅은 어떤 흠이 있는지 종류별로 간단히 확인해 보자.

첫째, 도로와 땅 모양에 관련한 흠.
길이 없는 맹지, 도로보다 많이 푹 꺼진 땅과 땅 모양이 기형인 땅, 실제 사용할 수 있는 면적이 얼마 되시 않는 땅, 경사가 너무 심한 땅이다.

둘째, 공법과 관련한 흠.
농업 진흥 지역의 농지, 산지 관리법상 임업용 산지와 공익용 산지, 상수원 보호 구역과 문화재 보호 구역 등 보호 구역으로 설정된 땅, 개발 제한 구역, 자연환경 보전 지역이다.

셋째, 땅 주변의 혐오 시설과 관련한 결정적 흠.
주위에 대규모 축사 단지나 송전탑 아래 땅(선하지) 군사 시설 및 군부대, 쓰레기 처리 시설, 납골당, 공동묘지가 있다면 피하라.

마지막, 권리상 하자가 있는 땅.

등기부등본에 가등기나 가압류, 해결하기 복잡한 근저당과 지상권이 있는 경우 말소가 가능한 경우에만 매입을 고려하고 너무 복잡하다면 피하길 바란다.

그래서 절대 사면 안 되는 땅과 좋은 땅, 돈 되는 땅을 구분해 봤다. 이 기준으로 땅 보는 안목을 꾸준히 키우길 바란다.

어떻게 1,000만 원으로
땅을 살까?

"땅 투자 하려면 얼마나 있어야 하죠?"

어느 날 강의를 마치고 나서는데 주부 수강생 중 한 명이 내 뒤에서 무심코 질문을 던졌다. "5년 동안 없다고 생각하고 던져 놓을 수 있는 돈이 얼마나 됩니까?"라고 되물으니 아주 기어들어 가는 목소리로 "1,000만 원이 있는데 너무 작아서 땅 투자는 안 되겠죠?"라고 말하길래 "아녜요. 1,000만 원이면 땅 투자 가능합니다. 다만 경매를 통해 사야 하니 제 경매 강의를 잘 듣고 한번 투자해 보세요"라고 했다.

현재 이 주부는 1,000만 원을 3년 만에 2억 원으로 불렸다. 그리고 여전히 소액 토지 경매로 매주 경매 법정에 나간다.

가장 빨리 현금화할 수 있는 소액 토지 투자

사실 땅은 큰돈이 없어도 투자할 수 있고 심지어 몇 백만 원부터 살 수 있다. 땅 투자에서 중요한 건 땅을 얼마에 사느냐보다 얼마를 받고 파느냐다. 사람들은 땅을 사는 데 집중하는데 정말 중요한 사실은 내가 산 가격보다 더 주고 사 줄 대상이 있는지 먼저 검토하고 사 줄 사람이 있다고 판단될 때 땅을 사야 한다는 것이다.

그 대상은 개인일 수도 있고 국가나 지자체일 수도 있다. 특히 수도권은 국가나 지자체가 신도시나 대규모 산단을 지정하여 땅을 수용하면서 보상금을 받아 부자가 된 사례가 많다. 가장 확실히 내 땅을 사 줄 대상이 국가나 지자체라면 이보다 더 좋은 일이 어디 있겠는가? 그렇게 땅을 사 줄 대상이 있다고 판단이 들면 그다음 땅을 사는 데 집중한다.

땅을 사기 위해서는 매매, 경매, 공매 등 다양한 방법이 있다. 소액으로 땅 투자를 생각한다면 경매와 공매를 통해 할 수 있다. 중개 사무소를 통한 일반 매매 거래에서는 소액(통상 1,000만 원 미만) 땅은 거의 취급하지 않는다. 땅을 투자하고 싶은데 갖고 있는 자금이 소액이면 소액에 맞는 땅을 투자하면 된다.

내가 이자를 감당할 능력이 된다면 대출까지 포함한 금액을 투자 금액으로 보면 된다. 주의해야 할 점은 대출을 받아서 투자할 때는 목표 기간이 중요하다는 것이다. 이자는 계속적이고 반복적이기 때문에 내가 감당할 수 있는지 없는지 자신의 재무 상황을 잘 판단해야 실패할 확률이 낮다.

여러분이 1,000만 원 이하의 소액 투자를 하고 싶다면 경매를 공부하라. 소액 경매를 통해 종잣돈을 벌어 그다음 종잣돈으로 일반 매매를 통해 땅 투자를 하면 된다.

토지 경매 중에 지분 경매가 있다. 잘 활용하면 경매도 빨리 배울 수 있고 수익도 된다. 지분 경매는 가장 빠른 시간 안에 현금화할 수 있는 방법이다. 앞서 지분 토지는 기획 부동산의 단골 메뉴이고 절대 사면 안 된다고 했는데 경매에서 지분 토지와는 뭐가 다를까? 가장 큰 차이점은 인위적으로 쪼개졌느냐 자연적으로 쪼개졌느냐다.

기획 부동산의 지분 토지는 개발이 힘든 큰 땅을 헐값에 사서 인위적으로 쪼개 여러 사람에게 비싸게 파는 일종의 사기에 가깝다. 경매에서의 지분 토지는 보통 부모가 보유한 땅이 배우자나 자녀에게 상속되면 자연스럽게 지분으로 쪼개져 여러 사람이 보유하게 되는 것이다. 이런 땅을 상속받은 사람 중에 개인적인 채무 관계로 인해 경매로 나온 토지 지분이 있다. 이런 지분 토지를 싼 가격에 낙찰받아 다른 지분권자(가족)에게 협상하여 낙찰가보다 비싸게 되팔거나 그게 어려울 경우 공유물 분할 청구 소송을 통한 판결로 현물 분할(현금으로 나눠 갖는 방법)로 받을 수 있다.

최근 소액 땅 투자로 많은 관심을 받고 있는 묘지 경매도 유사한 형태다. 지분 경매 방법은 말은 거창한데 실제로 지분 경매를 통해 소액을 투자해서 수익을 꾸준히 보는 방법은 현재도 많이 사용되는 땅 투자 방법이고, 큰돈 들이지 않고 경매도 경험해 보고 협상력도 키울 수 있다.

경매는 지분 경매나 묘지 지분 경매 등을 꾸준하게 검색해 물건을 찾아서 꾸준히 입찰하는 것이 중요하다. 입찰 보증금 10%만 납부한 상태에서 통상 30일 후 잔금을 납부하는데 이 기간 동안 공유자에게 접촉해서 내가 싸게 낙찰받은 지분을 협의를 통해 매입하도록 하는 협상 기술을 터득해야 한다. 보통 지분 경매는 온전히 권리를 행사할 수 없기 때문에 유찰이 많이 된다. 감정 가격의 30%에서 50% 이하로 낙찰받아 공유자들과 협의하여 감정 가격의 70%에서 80% 정도의 가격에 매입하도록 협상한다.

예를 들어 5,000만 원의 땅 지분을 2,000만 원 정도에 낙찰받아 200만 원의 입찰 보증금을 낸 상태에서 공유자와 협의하여 3,000만 원 정도에 매입하도록 협상한다. 만약 경매 잔금 이후에 합의한다면 금액을 4,000만 원으로 올릴 테니 잔금을 치르기 전에 협상하면 그만큼 금액을 조절해 주겠다는 방식으로 협의하면 된다. 만약 협의되지 않는다면 한 필지의 토지 안에 가족 몇 명과 전혀 모르는 타인(낙찰자)이 부동산을 공동 소유하기 때문에 그 땅을 팔기 위해서는 당신의 동의가 필요한 상황이 된다는 점을 알린다.

좀 더 적극적으로 현금화하기 위해서는 그 땅을 분할하자고 요청한다. 만약 불응한다면 법원에 공유하고 있는 땅을 분할해 달라는 소송을 하면 된다. 전자 소송으로 간단하다. 대부분은 분할 협의가 되지 않기 때문에 법원에서는 한 필지 전체 땅을 경매에 부쳐서 낙찰되면 그 대금을 지분만큼 나눠 준다. 보통 소송 시작부터 낙찰 후 현금으로 나눠 받을 때까지 1년에서 2년 내에 끝난다. 가족 지분을 싸게 낙찰받아 현금화하는 지분 경매는 소액으로 땅 투자하는 투자자들에게는 필수다. 다만 지분 경매를 성공하기 위해서는 땅의 가치를 평가할 줄 알아야 한다. 그만큼 땅에 관해서 공부하고 나서 투자에 나서길 바란다.

지분 경매로 분산 투자하고 장기 투자 바라보기

지분 경매이긴 한데 현금화하지 않고 보유하다 매각하는 전략을 사용할 수도 있다. 수도권 신도시나 대규모 산업 단지가 들어올 확률이 있는 지역 인근의 소액 지분 경매 물건이 나오면 몇천만 원씩 나눠서 분산 투자를 하는 방법이다. 그러므로 경매 물건을 늘 검색하는 습관을 들이자. 보통 3년에서 5년 정도 기간을 두고 수도권의 주택 부족 문제나 산업 단지 지정 등으로 대규모 보상이 되는 지역 내에 포함되면 적게는 몇 배에서 몇십 배까지 땅값이 뛴다. 그때 처분하는 방식이다. 말 그대로 통발을 여러 군데 던져 놓고 물고기가 들어오기를 기다리는 방식의 투자 방법이다.

이 방식에서 주의할 점은 서울에서 가까울수록 투자 성공 확률이 높다는 것이다. 비수도권에는 절대로 이런 방식을 사용하지 말고 서울에서 가까운 수도권의 물건으로 본인의 입찰 금액을 정해 반값 이하에 낙찰받아야 성공 확률이 높아진다.

이런 방식을 병행하여 소액으로 투자해 종잣돈 1억 원이 쌓이면 그때부터는 일반 매매도 같이 투자한다. 특히 안정적인 투자를 선호하는 사람이라면 신도시 택지 지구 내의 '일반 주거지'에 투자해서 안정적인 수익을 확보하는 방법을 사용하면 좋다.

　일반 주거지는 1종, 2종, 3종이 있는데 이 중 2종 일반 주거지가 투자로서는 가장 좋다. 상가와 주택을 같이 혼용해서 건축할 수 있는 용도 중에 가장 효율적인 땅이 바로 2종 일반 주거지다. 다만 주택만 건축할 수 있는 전용 주거지는 투자용으로 맞지 않으니 집을 짓고 살 실수요 용도가 아니라면 투자에서는 제외하는 것이 낫다. 2종 주거지의 가격이 평당 500만 원 미만의 택지를 사서 평당 1,000만 원 정도에 파는 방법이 가장 안정적이고 효율적인 투자다. 수도권 내 택지를 뒤져서 평당 500만 원 이하의 택지가 있다면 제반 여건과 향후 입지를 고려해 투자하면 안정적인 수익이 가능할 것이다.

얼마나 믿고
기다려야 하는가?

서울에 살면서 지방에 신규로 조성된 행정 타운 시청사 앞 택지에 5억 원을 주고 땅 투자를 한 남 씨는 땅을 신 공인 중개사에게 한 달에 한 번씩 전화를 한다.

"혹시 땅값이 좀 올랐나요?"
"몇 년 정도 묻어 둔다고 생각하고 샀으니 좀 기다려 보세요."

중개사는 이곳은 행정 타운이니 시간이 되면 자연스럽게 주변에 건물이 들어설 것이고 그럼 땅값도 상승할 것이라고 친절히 안내해 줬다. 성격이 급한 남 씨는 대출도 받아서 이자가 계속 나가는 상황이라 걱정이 많았다. 땅을 산 곳의 거리가 멀어 직접 가 보지는 못하고 시시때때로 거래한 공인 중개사에게 시세를 확인했다. 하지만 생각했던 것만큼 주변 개발이 빨리 진행되지 않자 슬슬 조바심이 났다. 매달 전화로 시세를 확인하다가 땅을 산 지 2년이 지난 어느 날, 남 씨는 휴가를 내서 땅이 있는 현장을 둘러보고 거래했던 공인 중개사를 찾아갔다.

"2년이나 지났는데 변한 게 없네요. 왜 그런 거죠?"
"원래 행정 타운이 들어와도 주변 개발은 좀 늦어질 수 있습니다. 좀 더 시간을 갖고 기다려 보시죠."

중개사의 말에 남 씨는 버럭 화를 냈다.

"아니 땅 살 때는 금방 개발될 것처럼 말해서 사게 해 놓고 지금 와서 무슨 소리 하는 겁니까?"
"땅은 손님이 돈이 되겠다고 판단해서 산 게 아닌가요? 제가 사라고 해서 산 건 아니잖아요."

중개사도 섭섭했는지 한마디했다. 결국 남 씨는 수익은 필요 없으니 손해 보지 않는 선에서 팔아 달라고 했다. 남 씨의 땅은 몇 달 뒤 손해를 보지 않는 금액 선에서 팔렸다. '다시는 땅 투자 같은 건 안 해야지!'라고 다짐하고 그 땅은 잊고 지냈는데 땅을 팔고 1년 뒤 어느 날, 뉴스에서 땅을 갖고 있었던 행정 타운 주변에 국책 사업으로 추진하는 국가 기관과 국가 산업 단지가 유치되고 그곳이 배후 단지로 개발될 것이라는 소식을 들었다.

남 씨는 '수익도 못 보고 땅을 팔았는데 설마 올라 봐야 얼마나 오르겠어?'라고 생각했다. 다음 날 예전에 거래했던 부동산에는 차마 전화를 못 하겠고 그 주변 다른 부동산에 전화를 걸어 자신이 땅을 살 것처럼 위장해서 예전에 팔았던 주변의 땅 가격이 얼마나 하는지 물었다. 돌아온 답은 자신이 팔았던 가격보다 2배 정도 줘야 살 수 있을 거라는 대답이 돌아왔다. 순간 남 씨는 털썩 주저앉을 수밖에 없었다.

'1년 정도만 더 기다리면 5억 원 이상을 벌 수 있었는데 너무 조급해서 그 기회를 날렸구나.'

그제야 후회했다. 땅은 진득이 기다려야 기회가 오는데 너무 성급했다. 하지만 이미 엎질러진 물이었다. 땅은 보통 투자 기간을 장기간 보고 산다. 그렇다고 무한정 길게 보고 투자하는 건 아니고 통상 5년에서 10년 정도 보고 투자하는 사람이 가장 많다. 특히 개발 지역의 땅을 살 경우 땅값 상승 사이클을 이해하는 게 필요하다.

땅값 상승 5단계 사이클에 타이밍을 맞춰라

땅은 다른 부동산과는 다르게 개발 호재 지역의 상승에 관한 일정

한 패턴이 있다. 개발 사업과 연관된 신도시나 도시 개발 지역, 대규모 산업 단지 등 이미 조성된 개발 사업 지역 하나가 만들어지면서 일련의 땅값의 움직임은 놀랄 만큼 동일한 패턴을 나타낸다.

즉 먼저 만들어진 개발 사업 지역의 땅값 사이클을 분석하고 제대로 이해한다면 유사한 형태의 개발 사업에서 땅값이 비슷한 흐름으로 상승하는 것이 보인다. 땅 투자로 돈 버는 방법을 보다 쉽게 이해할 수 있다. 땅값이 올라가는 시점까지 묵묵히 인내하고 기다리고 그 타이밍이 왔을 때 매도를 고민할 수 있는 것이다. 이는 나의 첫 번째 책《지금은 땅이 기회다》에 자세히 수록해 놓았다.

어쩌면 땅 투자는 수익 창출의 기회가 정해져 있는 모방 투자인지도 모른다. 이미 비슷한 규모와 인구 유인 요인을 갖춘 다른 도시의 형성 과정에서 땅값 사이클을 분석해 보면 현재 내가 투자할 곳의 가격 상승 사이클이 눈에 보인다. 그 사이클에 맞춰 투자한다면 땅 투자에서 타이밍을 포착할 수 있고 실패할 확률을 줄일 수 있다. '땅 값의 5단계 사이클'이 있다.

1단계: 개발 소문이 돌기 시작하고 개발 정보가 알려짐.

2단계: 개발 정보 발표.

3단계: 고시 및 확정.

4단계: 착공.

5단계: 준공.

각 단계의 시작 시점부터 땅값은 급상승 흐름을 보이고 다음 단계가 시작될 때까지 완만한 흐름을 보인다. 보통은 완만한 흐름을 보일 때 조바심이 나지만 팔고 싶어도 수요자가 둔화돼 있을 수도 있다. 이 시기를 잘 버텨야 한다. 다음 단계 시작점이 오고 사람들의 관심이 집중되고 수요가 있을 때가 땅을 파는 타이밍이다. 그래서 보통 개발 사업 주기를 10년으로 본다면 땅을 제대로 수익 보고 팔 타이밍은 두 번, 세 번밖에 오지 않는다. 이 타이밍을 잘 포착해야 내가 원하는 가격에 팔 수 있다는 사실을 꼭 기억하자.

나는 부동산을 제값 받고 팔기 위해서는 가격 결정권이 자신에게 있을 때 팔라고 이야기한다. 가격 상승기에는 가격 결정권이 파는 사람에게 있다. 반대로 가격 하락기에는 가격 결정권이 매수자에게 있다. 내가 어떤 부동산을 팔아야 한다면 가격 상승기에 팔면 된다. 반대로 어떤 부동산을 사고 싶다면 가격 하락기에 사면 된다. 단순한 논리다. 하지만 사람들은 부동산 투자를 그 반대로 한다. 가격이 올라갈 때는 사려고 안달이고 가격이 떨어지면 못 팔아서 안달이다. 그러다 보니 고점에 물리고 저점에서 파는 상황을 맞이한다. 자신만의 투자 원칙을 명확히 정하지 않고 분위기와 감으로 판단하다 보면 이런 일이 생긴다. "무릎에서 사서 어깨에서 팔라"는 격언이 괜히 있을까?

내가 계획한 가격이 왔을 때 미련 없이 팔 수 있는 담대함은 나만의 투자 원칙에서 생긴다. 가격 책정 방법, 목표 기간 설정과 매수·

매도 가격을 내가 결정할 수 있는 투자 원칙을 세워야 투자에 성공할 수 있다.

1차 관점(실수요)에서 땅은 우리 삶의 필수재인 주택이나 아파트와 달리 없어도 살아가는 데 지장 없는 선택재다. 2차 관점(투자)에서 보면 아파트는 보편적 수요가 많은 부동산이고 땅은 선택적 수요가 많은 부동산이다. 이 선택적 수요가 무엇인지 알아야 땅 투자를 이해할 수 있다.

부동산 토지 시장은 주식 시장처럼 기관과 외국인 같은 세력이 없다. 개인들에게 더없이 공평한 시장이다. 철저히 수요와 공급에 의해 가격이 움직인다. 그리고 토지는 '부증성'이라는 특성이 있다. 부증성은 '더 이상 생산하지 못하는 특성', 즉 한정돼 있는 재화라는 뜻이다. 땅을 인위적으로 만들 수 없다는 뜻이다. 러시아가 우크라이나 영토를 점령하듯 기존의 있는 땅을 늘릴 수는 있어도 없는 땅을 만들 수는 없다. 일회성 사업인 간척 사업은 제외하겠다. 그러니 수요가 있는 땅은 가치가 올라갈 수밖에 없고 반대로 가치가 없는 땅을 가치 있게 만들어서 수요를 창출한다면 높은 가격을 받고 팔 수 있다.

어째서 그 땅에
꼭 가 봐야 하는가?

땅을 볼 때 "숲을 보고 그다음 나무를 보라"고 이야기했는데 가끔 땅을 상담하다 보면 이론적으로는 완벽한 사람들이 있다. 그런데 정작 그 땅에 가 봤냐고 물어보면 땅은 가 보지 않고 지도와 로드뷰만 봤다는 이야기를 하는 사람들이 생각보다 많다.

그 이유를 물어보면 대부분은 '로드뷰로 봐서 안 가 봐도 될 것 같다'는 이유부터 '너무 멀어서 아직 시간을 못 냈다' 또는 '산인데 다 둘러보기가 힘들 것 같고 오히려 지도로 보는 게 낫다', '항공 영상으로 보니 잘 알겠더라' 등 수많은 이유로 현장을 가 보지 않는다. 여러분의 생각은 어떤가? 생각보다 많은 사람이 땅을 직접 가 보지 않고 사는 경우가 많다.

가끔 예전에 기획 부동산을 통해서 산 분할된 땅을 팔지 못하고 고민하는 분들이 상담을 한다. 그 사람들이 주로 보유한 땅은 임야이며 개발 제한 구역이나 보전 산지 중 공익용 산지가 대부분인 데다가 큰 산을 잘게 쪼개서 도로도 내놓고 100평에서 200평 사이로 집지을 땅을 쪼개서 몇천만 원에 파는 땅이다. 지도상으로 보면 반듯반듯하게 잘 쪼개져서 마치 집을 지을 수도 있고 도로도 나 있는 것처럼 보이는데 실제로 가 보면 진입하는 도로조차 없고 개발할 수 없게 경사도 심하고, 심지어 올라가기도 힘든 악산인 경우가 대부분이다.

기획 부동산은 주로 강원도, 제주도, 지방에 개발 호재가 발표된 곳 인근의 땅처럼 가 보려면 크게 마음먹고 가야 하는 곳을 타깃으로 한다. 지도나 그럴듯한 계획 도면으로 현장은 계약 후 가 볼 수 있다며 포장해서 땅을 권한다. 또한 그들은 현장에 포크레인 몇 대 가져다 놓고 공사를 열심히 하고 있는 듯한 사진을 찍어 위장하기도 하고, 이제 몇 필지 남지 않아서 지금 선택하지 않으면 기회는 다른 사람에게 돌아간다고 재촉하며 현장에 갈 시간적 여유도 주지 않는다. 주로 지인을 통한 소개 영업이 많아서 반쯤 믿고 설명을 들으니 착각과 환상에 빠지는 경우가 많다.

만약 그 사람이 현장에 가 봤다면 결과는 어떨까? 아마도 기획 부동산의 작업 현장을 가 보고 주변 부동산에 한 번이라도 문의해 본다면 그런 땅을 살 확률은 없을 것이다. 기획 부동산은 그 사실을 너무나 잘 알고 있기 때문에 당신이 현장을 못 가도록 멘트를 날리고 작업을 한다.

시골 땅이니까, 산이니까, 내 돈이니까

이런 단적인 사실만 봐도 땅은 현장을 꼭 가 봐야 하는 이유를 설명할 수 있다. 우선 우리가 보는 지도상 로드뷰는 현재 시점이 아니다. 땅은 지금 현재를 봐야 한다. 그리고 계절에 따라 땅 위의 나무나 지장물의 변화가 있다. 그리고 땅은 그 땅뿐만 아니라 주변의 땅과 상황도 점검해야 한다. 수시로 변화가 생길 수 있기 때문이다.

시골 땅은 산사태나 재해의 흔적과 주변 땅의 경계 침범 등 보려고 하는 땅의 주변 상황을 파악해야 하는 경우가 많다. 또한 땅 주변의 혐오 시설과 악취도 직접 현장에서 확인해야 한다. 간혹 주변의 축사에서 발생하는 악취로 주택을 지을 땅을 샀다가 집도 못 짓고 낭패를 보는 경우가 있다. 이런 일은 실제로 현장을 가 보지 않거나 한 번만 가서 발생한다. 악취는 날씨나 바람 방향에 따라 다를 수 있기 때문에 여러 번 현장을 가야 확인해야 한다.

임야는 특히 현장에 가서 살펴봐야 하는 것들이 많다. 우리나라는 전 국토의 65%가 산이다. 사람들이 산에 관심 있는 이유는 다른 어떤 땅보다 산이 싸기 때문이다. 농지는 아무리 싸도 평당 10만 원 이하의 땅을 찾아보기 쉽지 않은데 산은 평당 몇천 원짜리도 많다. 그래서 사람들은 싸기 때문에 산에 관심이 많다.

하지만 산은 농지와 다르게 한눈에 보이지 않는다. 보통 농지는 한눈에 다 들어온다. 평지이고 경계도 명확히 확인이 가능하다. 하지만 산은 다르다. 면적도 너무나 다양하고 무엇보다도 산은 지표

위에 나무가 존재하기 때문에 겨울을 제외한 봄, 여름, 가을에는 빽빽한 나무로 인해 그 속이 어떻게 생겼는지 파악하기가 힘들다. 등산복에 등산화를 신고 일일이 헤집고 다녀야 볼 수 있고 그것도 경사가 높거나 길이 없는 곳은 살펴볼 수도 없다.

또한 산에서 중요한 부분이 묘지의 유무다. 넓은 산은 묘지 파악조차 힘든 경우도 많다. 시골 산에서는 야생 동물이나 뱀 등 현장에서 위험한 상황을 만날 수도 있기 때문에 특히 조심해야 한다. 그래도 현장을 가 봐야 한다. 설령 내부를 전부 살펴볼 수 없을지라도 바깥에서 대략적인 형상과 경사, 나무의 빽빽함 정도, 육안으로 확인되는 묘지 유무, 산사태 흔적, 현황 도로 유무, 임도 유무 등 현장에서 체크해 봐야 할 사항이 너무 많다. 이런데도 현장을 가 보지 않고 땅을 구입한다? 그건 소중한 내 재산을 버리는 행위와도 같다.

따라서 땅은 먼저 이론적으로 서류 검토를 한다. 개발 계획 등을 검토해 대략 투자 위치가 정해지면 개별 땅을 선정한다. 토지 이용 계획 열람을 통해 땅의 용도 지역과 용도 구역 등 공법상 제약을 확인한 후 투자 위치를 정하고 가격이 적정하면 실제로 현장에 가 본다. 땅의 모양이나 형상부터 각종 주변 상황 등을 점검하고 인근 부동산에 방문해 가격의 적정성과 개발의 방향성에 대해 조언도 듣고 나서 최종 매입을 고민하는 것이다.

이런 과정을 계속 반복하다 보면 자신도 모르게 땅을 보는 안목이 생긴다. 그 안목은 이론에만 뛰어나다고 생기는 것도 아니고 현장을 많이 다닌다고 생기는 것도 아니다. 이 두 가지가 조화롭게 어우러져야 땅을 보는 안목이 생긴다. 잊지 말자. 땅은 현장에 모든 답이 있다.

어떻게 땅 보는 안목을 높이는가?

땅을 사서 돈을 많이 번 부자들이 가장 많이 받는 질문이 있다.

"어떤 땅을 사야 당신처럼 부자가 될 수 있습니까?"

이 말은 아무 땅이나 사서는 돈을 벌 수 없고 돈이 될 만한 땅을 고르는 안목이 있어야 한다는 말과 일맥상통할 것이다. "숲을 먼저 보고 나무를 보라"는 격언이 있다. 이 격언이 땅을 가장 잘 설명해 주는 말이다. 땅은 두 가지 관점에서 봐야 한다.

첫째, 땅이 위치하고 있는 입지와 미래 성장 가능성이다.
둘째, 땅의 모양, 형상, 도로 여건 등 개별 요건 판단이다.

이 말은 아파트에도 적용된다. 브랜드 아파트에 자재도 좋고 시공도 튼튼히 하고 하자도 없이 완벽한데 도심에서 떨어진 변두리 논밭 옆에 있는 나홀로 아파트라면 그 아파트는 쉽게 가격이 오르지 않을 것이다. 오히려 시간이 지나면 가격이 내려갈 확률이 많다.

땅도 마찬가지다. 먼저 땅의 입지와 미래 가능성을 평가한 이후 개별적인 요인을 평가해야 한다. 이미 도시가 형성돼 안정화된 도심 안에 위치한 땅은 미래 가치를 다 반영한 가격으로 거래될 것이다. 반면 시골이지만 향후 신도시로 지정되거나 대규모 산업 단지가 들어올 확률이 높은 지역의 땅은 현재는 저평가돼 있지만 향후 호재로 인해 땅값이 오를 확률이 높다. 땅은 우선 이런 지역이 될 확률이 높은 지역을 고르는 것이 첫 번째다.

숲과 나무를 보는 방법

그렇다면 오르는 땅을 선점할 확률을 높이기 위해서는 어떻게 해야 할까? 사실 그렇게 큰 비법이 있는 것이 아니다. 국토의 개발 계획은 이미 공개돼 있다. 다만 공개돼 있는 정보를 통해 먼저 투자를 실행하느냐 안 하느냐의 차이일 뿐이다.

국토 전역을 대상으로 장기적인 발전 방향을 제시하는 정책인 '국토 종합 계획'은 현재 제5차 계획으로 2020년부터 2040년까지 개발 계획이 발표돼 있다. 국토 종합 계획을 바탕으로 그 아래 광역 도시 계획부터 도·시·군 기본 계획과 관리 계획까지 세부적으로 다 공개

돼 있다. 국토 교통부 홈페이지나 각 지자체 홈페이지의 정보 공개 항목에서 검색이 가능하고 다운받을 수 있다. 그런 자료를 보면 대한민국 국토를 어떻게 발전시킬지 정보가 나와 있다. 도로와 철도, 항공, 교통망 확충 계획과 산업 단지, 신도시 개발 등 무수히 많은 개발 계획이 나와 있다.

이 자료를 보는 것이 바로 '숲'을 보는 것이다. 땅 투자에서 숲을 본다는 의미는 핵심은 '인구'다. 아파트를 그렇게 많이 짓는데도 아파트 가격은 올라간다. 왜일까? 수요층이 찾는 '살고 싶은' 아파트가 부족하기 때문이다. 절대량은 부족하지 않지만 수요층이 원하는 학군과 교통이 좋고 직장에서 가까우며 생활 편의 시설과 문화 시설이 다양한 수요자가 원하는 입지의 아파트가 부족하기 때문이다.

미래에 그렇게 될 수 있는 위치를 다양한 자료를 통해 발굴하고 현장을 가 본다. 그런 위치가 정해진다면 개별 땅을 찾아 개별 요인 평가를 시작해 본다. 땅은 바로 옆, 바로 앞 땅과도 가격이 몇 배 이상 차이가 날 정도로 개별성이 강한 부동산이다. 일반인이 땅을 어렵게 생각하는 이유가 바로 이런 특성 때문이다. 그래서 땅 자체를 평가를 하는 데 어려움을 느낄 수밖에 없는데 다만 몇 가지만 알면 개별 땅을 평가할 때 유용하다.

땅은 땅 자체보다는 그 땅 위에 할 수 있는 행위에 따라 가치가 달라진다. 예를 들면 도로와 접하고 있는 땅은 건물을 지을 수 있다. 그런데 그 땅과 접하고 있는데 뒤쪽으로 접하고 있어 도로가 없다면 그 땅은 맹지로 건물을 지을 수 없다. 그렇기 때문에 도로가 접한 땅과 도로가 없는 땅과 가격 차이는 2배가 날 수도 있고 3배가 날 수도 있다.

만약 도로를 접한 땅이 100평에 1억 원인데 도로를 접하지 않는 땅이 100평에 5,000만 원이라고 하자. 앞의 땅 주인이 뒤쪽의 땅을 산다면 5,000만 원의 땅은 1억 원으로 가치가 올라간다. 그럼 200평의 땅은 2억 원으로 가치가 평가되는 것이다. 반대로 뒤의 땅 주인이 앞의 땅을 산다면 같은 결과가 나올 것이다.

땅은 인위적으로 분할하지 않는 이상 아파트처럼 동일 평수의 땅은 없다. 모양도 다르게 생겼고 경사의 유무에 따른 형상도 다르며 도로 폭과 상수도, 하수도, 우수, 오수, 전기 등 고려해야 할 요소가 너무나 다양하고 많다. 따라서 개발 행위와 건축을 기본적으로 공부하면 개별 땅의 평가 요인을 보는 안목을 훨씬 넓힐 수 있다. 왜냐하면 어떤 땅을 개별적으로 평가할 때 아주 중요한 요소가 건축이기 때문이다.

건축을 모르는 사람이 보는 땅과 건축을 아는 사람이 보는 땅은 다르다. 이처럼 땅을 보는 안목은 크게 숲을 먼저 보는 것이다. 큰 틀에서 이곳이 국가나 지자체의 개발 계획과 어떤 상관관계가 있는지, 현재는 호재가 없지만 차후에 개발 계획에 포함될 가능성이 있는지 판단해 보고 기존 도심과의 접근성, 인구 유입이 될 수 있는 산업 단지와 관계 등 전체적인 개발 계획 가능성 유무를 판단한다. 그런 요인에 확신이 들면 개별 땅을 본다. 개별 땅은 개발 행위와 건축의 유무를 중심으로 효용성과 실용성 그리고 가격의 적정성을 따져 봐야한다. 그렇게 땅을 고르고 나서 시간에 투자하면 어느 순간 기회가온다.

앞으로 10년,
한국 어디에 돈이 몰리는가?

"향후 10년간 땅 투자로 돈을 벌 수 있는 유망 지역을 알려 주세요."

토지 투자 강의를 하면 꼭 나오는 질문이다. 내가 이 질문을 받을 때마다 해 주는 말이 있다.

"유망 지역은 숲을 찾는 것과 같습니다. 하지만 울창하고 좋은 숲을 찾았다고 그 안의 나무도 전부 좋은 건 아닙니다."

많은 사람이 토지 투자 유망 지역에 땅을 사면 돈을 벌 수 있을 것이라고 생각한다. 하지만 한 번이라도 땅 투자를 해 본 사람이라면 이 말에 동의하지 않을 것이다. 아파트 투자라면 가능할 수도 있다.

그 지역의 대장 아파트를 사서 투자하면 그 도시가 투자 유망 지역이라는 가정하에 가격이 올라갈 확률이 높다.

하지만 땅은 다르다. 예를 들어 2024년 대한민국에서 가장 땅값이 많이 오른 지역인 경기도 용인시는 반도체 클러스터 지정으로 앞으로 10년간 땅값이 꾸준히 상승할 확률이 높다. 그렇다면 용인시 안에 있는 어떤 땅을 사도 땅값이 오를까? 그렇진 않다.

용인시 안에서도 현재보다 인구가 더 증가해서 기반 시설이 확충되고 교통망이 개선되며 생활 편의 시설이 좋아질 곳 중에 자신이 투자할 역량이 되는 가격대의 토지를 찾아야 한다. 그리고 외부 요인인 입지와 내부 요인인 개별 토지의 장점이 있는 물건을 찾아서 투자해야만 비로소 향후 수익을 기대할 수 있다. 즉 현재보다 미래에 입지가 좋아질 곳의 토지를 찾아 조건을 좁히고 좁혀서 찾아내야 한다는 의미다.

많은 사람은 이 과정을 힘들어한다. 어쩌면 당연한 이 과정이 힘들고 경쟁률이 치열하기 때문에 땅 투자로 10배, 100배 수익이 나는 큰부자가 나오는 것일지도 모른다. 그래서 토지 투자는 누구나 할 수 있지만 아무나 성공하지 못한다. 이런 사실을 먼저 인지하고 대한민국에서 땅 투자로 유망한 지역을 찾아보자.

투자처를 찾는 가장 쉬운 계산

내가 유망 지역을 '숲'에 비유했는데 일단 나무가 많아야 그중에 좋은 나무를 고를 수 있다. 사막 한가운데서는 좋은 나무를 찾을 수 없다. 큰 틀에서는 중앙 정부에서 정책을 지원해 주고 지방 자치 단체에서 지역을 발전시키고자 하는 의욕과 지원이 뒷받침되는 지역을 찾아야 한다.

현재 대한민국의 제일 화두가 되는 키워드가 '저출산과 고령화'다. 즉 인구가 부동산에 미칠 영향이 가장 크다는 의미다. 땅도 마찬가지다. 인구는 한정돼 있지만 사람들이 살고 싶어 몰리는 곳에는 집이 필요하고 상가도 필요하다. 그걸 짓기 위해서는 땅이 필요하다. 반대로 대규모 산업 단지가 생기는 곳 주변에는 일자리가 생기니까 인구가 몰릴 것이고 그럼 또 땅이 필요하다.

결국 사람이 몰릴 곳에 땅을 사면 된다. 그곳을 알기 위해서는 먼저 대한민국 전체 토지 대비 수도권(서울특별시, 인천광역시, 경기도)의 토지 면적 비율을 알아야 한다. 2023년 기준 대한민국 전체 토지 면적은 10만 210㎢이고 서울과 경기도를 합친 수도권 전체 토지 면적은 1만 1,748.5㎢(서울 605.25㎢+경기 1만 1,143.25㎢)다. 이를 수도권 전체 토지 면적 대비 대한민국 전체 토지 면적을 나눠 보면 약 11.7% 정도가 나온다.

그다음으로 대한민국 인구를 보자. 2024년 12월 기준 대한민국의 전체 인구는 약 5,100만 명이고, 그중 약 2,500만 명이 서울, 수도권에 거주하고 있다. 결과적으로 서울, 수도권은 대한민국 전체 면적의 약 11.7%를 차지하지만 전체 인구의 약 50%가 거주하고 있다는 의미다.

이 통계를 보면 대한민국 어디에 땅 투자해야 할지 답이 나온다. 한 가지 재미있는 사실은 지방에서 태어나 수도권에 오래 산 사람은 중간 또는 은퇴 후 다시 지방으로 내려와 살 수 있는데 태어날 때부터 수도권에서 자라서 수도권에 익숙한 사람은 웬만해서는 지방으로 내려와 살기가 힘들다는 것이다. 그런 생각 자체를 하지 않는다고 보는 게 맞을 것이다. 교육 및 의료 환경, 생활 편의 환경, 문화 및 여가 환경 등 사람의 생활 패턴이 수도권에서 이미 적응됐기 때문이다. 수도권이 향후 토지 투자로 유망할 수밖에 없는 이유다.

극단적으로 이야기하자면 수도권 이외의 땅은 투자용으로 맞지 않고 실수요 용도로만 구입하는게 낫다고 할 수도 있다. 물론 광역시나 그 인근 땅도 유망하다. 다만 기회 비용으로 봤을 때, 동일 시간과 동일 기간 내 투자를 했을 때 수익률을 비교하자면 수도권이 훨씬 낫다는 의미다. 땅은 평생 몇 번밖에 투자할 수 없기 때문에 투자 기간이 중요할 수밖에 없다.

그래서 앞으로 10년의 기회 비용을 감안해서 땅 투자로 유망한 지역 몇 군데를 소개해 보려고 한다. 수도권에서는 신도시 지정이나 광역 교통망 개선, 대규모 산업 단지와 연관된 투자 지역이고 비수도권에서는 정부 주도의 확정된 국책 사업 개발 지역으로 한정해서 몇 군데를 소개한다. 이 지역 중에서 지자체 청사 인근, 개발이 진행 중인 역세권, 개발 지역에 있는 IC(나들목) 인근에 건축이 가능한 토지를 찾아보면 향후 오를 땅을 찾을 수 있다.

1. GTX 노선 호재 지역

GTX A 노선 중 부분 개통한 수서~동탄 구간을 이용해 보니 정확하게 19분이 걸려서 도착했다. 가히 교통 혁명이라 느낄 수 있었다. 수도권 남부 지역 중 서울과 비교적 먼 화성시 동탄 신도시나 용인시 기흥구, 처인구 그리고 경기도 오산에서 서울을 가려면 최적의 교통편을 이용해도 최소 1시간에서 1시간 30분 이상 소요되던 것이 이제는 20분 이내로 단축됐다.

GTX A 노선은 파주 운정에서 서울 삼성역을 거쳐 동탄 신도시까지 연결되는 광역 고속 철도인데 2024년 12월 30일에 2단계 구간인 운정 서울역 구간을 개통했다. 단 18분 만에 파주에서 서울역까지 올 수 있다. 이제 서울역에서 삼성 구간, 수서에서 삼성 구간만 공사가 완료되면 2028년에는 완전 개통돼 수도권 북부와 수도권 남부가 광역 교통망으로 하나가 된다.

말도 많고 탈도 많았지만 결국 GTX 노선은 정치적 리스크를 이겨내고 A~F(총 6개) 노선 중 GTX A 노선만이 유일하게 부분 개통 후 완전 개통을 앞두고 있다. 그래도 이런 성과가 어딘가? 이런 가시적인 성과로 동탄과 운정은 아파트값뿐만 아니라 땅값도 엄청나게 올랐다.

현재 B, C 노선은 착공식을 했지만 사업비 문제로 사업 시작을 하지 못하고 있다. 또한 2024년 말 발생한 대규모 정치적 리스크 때문에 향후 사업이 원래 공사 기간 목표를 향해 제대로 진행될지는 지켜봐야 한다. 따라서 GTX B, C 노선은 공사가 시작되는 것을 확인하고 투자를 시작해도 늦지 않을 것이다. A 노선을 참고해 봤을 때 완공까지 10년 정도 예상되는데 부분 개통을 감안하여 공사 시작 후 5년 정도 보고 투자를 해도 괜찮다.

GTX B 노선은 인천 송도에서 경기 남양주 마석까지 잇는 노선이다. 땅 투자를 한다면 이미 도시가 형성된 인천보다는 남양주에 투자하는 것이 유망하다. 평내 호평역부터 마석 주변 임야나 관리 지역 농지 등 작은 면적의 소액 토지, 그리고 가구 단지로 유명한 화도읍은 도시 개발 사업이 막 진행되는 초기 사업 지구이니 환지 예정지를 중심으로 땅 투자가 유효하다.

GTX C 노선은 양주 덕정에서 수원역까지 연결된다. 수원도 이미 형성된 도시로 땅 투자를 하기에는 부담스럽다. 수원은 수원역을 기점으로 동쪽인 영통구와 팔달구는 이미 개발이 완료됐다. 다만 수원역 서쪽의 권선구를 유의해서 보길 바란다. 수원 공항 이전 이슈가 있어 권선구 쪽의 미개발 토지는 눈여겨볼 만하고 수원 당수 지구 인근 땅도 아직 투자하기 유효하다. 그 아래 화성의 병점역을 중심으로 화성 진안 공공 주택 지구도 곧 개발이 시작될 예정이니 초기 진입하기 괜찮아 보인다.

GTX C 노선의 수혜지는 오히려 양주 위쪽의 의정부다. 하지만 의정부도 토지 가격이 만만치 않다. 따라서 의정부 도심보다는 외곽 쪽이나 동두천 포천 쪽이 더 유망하다. 나는 경기 북부보다는 경기 남부가 투자에는 더 확률이 높다고 생각한다. 아무래도 경기 북부는 접경 지역이 가깝다는 한계가 있는 반면 경기 남부 지역은 얼마든지 개발할 수 있는 지역으로 확장이 가능하기 때문이다.

GTX B, C 노선은 국내 정치 상황에 따라 지연될 확률이 높기 때문에 꼭 공사 진행 상황을 보고 투자 시점을 판단하는 현명함이 필요하다. GTX C 노선의 공사 진척이 가시적이라면 경기도 오산시의 토지에 주목해 보길 바란다. 경기도 오산은 땅 투자하는 사람들 사이에서는 언젠가 한번은 주목받을 지역으로 인식되고 있다. 용인 반도체 국가 산단의 간접 수혜를 받을 수 있는 지역이고 반도체 소부장 특화 도시 소성이 예정돼 있는데 현재 땅값은 저평가돼 있다.

수도권 투자자들에게는 아직 지방 소도시 느낌이지만 실제로 오산은 교통이 상당히 편리한 교통 요지의 입지를 갖고 있다. 지리상으로는 동탄 2신도시와 경부 고속 도로 하나를 사이에 둔 같은 생활권이고 향후 오산역에 KTX 정차가 예정돼 있다. 오산 세교 2지구의 아파트는 분양할 때마다 거의 완판이며 세교 2택지에는 투자할 만한 금액대의 택지가 많다. 세교 3공공 주택 지구가 신규 공급 대상지로 선정되면서 인구 50만 명의 자족형 연계 도시 기반이 확보된 만큼 미래 성장 동력 또한 충분하다. 수도권에서 몇 남지 않은 땅 투자 유망 지역이다.

2. 서울~세종 고속 도로 호재 지역

'제2 경부 고속 도로'라고도 불리는 서울~세종 고속 도로의 안성~
용인~구리 구간이 2025년 1월 1일 정식 개통됐다. 이번 개통으로 지
난 2017년 6월에 개통돼 운영 중인 구리~포천 구간까지 연결돼 서
울과 경기 북부는 물론 충청권으로 이동 시간이 대폭 단축될 것으로
기대된다. 원래는 2022년 완공 예정이었지만 2년 정도 지연됐다. 현
재는 미개통 구간으로 공사 중인 세종~안성 구간이 2026년 말 완공
되면 경부 고속 도로와 함께 새로운 국토의 대동맥으로 자리 잡아
교통량 분산과 이동 시간 단축이라는 두 마리 토끼를 잡을 수 있을
것이다.

특히 용인~안성 일부 구간이 시속 120㎞ 속도 제한으로 시간 단축
이 가능하고 스마트 고속 도로를 표방하여 미끄러짐 방지 기술이 도
입됐다고 한다. 용인 모현읍의 북용인 IC와 2025년 말 개통 예정으
로 SK하이닉스가 조성 중인 용인 반도체 클러스터 일반 산단과 연
결되는 용인 원삼면의 남용인 IC를 비롯해 남구리 IC, 강동 고덕 IC,
초이 IC, 광남 IC, 오포 IC, 고삼 IC, 안성맞춤 IC 등 IC 9곳과 수도
권 제2 순환선과 연결되는 북용인 JCT(분기점), 영동고속 도로와 연
결되는 용인 JCT, 수도권 제1 순환선과 맞물리는 서하남 JCT, 평택
~제천 고속 도로와 연결되는 남안성 JCT 등 JCT 4곳, 용인 모현읍
의 처인휴게소 등 휴게소 2곳이 생긴다.

이곳 IC 주변 토지는 현재 꾸준히 땅값이 오르고 있고 향후 그 폭

이 점점 더 올라갈 것이다. 서울~세종 고속 도로는 경기 구리시를 출발해 서울 강동구, 경기도 하남·광주·용인·안성시를 거쳐 충남 천안·세종시를 연결하는 129.1㎞의 노선이다. 북쪽으로는 현재 운행 중인 구리~포천 고속 도로와 이어진다. 2009년 사업 추진 당시 경부 고속 도로를 따라 남쪽으로 뻗어 있어 '제2 경부 고속 도로'라고 불렸지만 2015년 서울~세종 고속 도로로 명칭이 정해졌다. 특히 경기 용인의 모현, 포곡, 원삼을 관통해서 지나가는데 벌써 IC 인근의 땅값은 사업 초기보다 많이 올랐고 현재도 오르는 중이다.

서울~세종 고속 도로는 정체가 심했던 경부 고속 도로와 중부 고속 도로의 차량을 효과적으로 분산하는 효과를 갖고 올 것으로 보인다. 이미 경기 용인 원삼면 IC 인근 토지는 SK하이닉스 반도체 클러스터 유치와 물류 단지, 주거 단지 개발로 땅값이 들썩이고 있다. 현재 기반 시설을 설치하기 위한 토목 공사가 진행 중이다. 서울~세종 고속 도로가 개통하면 서울에서 세종까지 이동 시간이 30분 이상 단축돼 평일 기준 하남시에서 세종시까지 1시간 50분 정도 걸리던 시간이 1시간 15분 정도로 줄어들 것으로 예상된다.

가장 큰 변화는 서울~세종 고속 도로가 개통되면 수도권 물류가 새롭게 재편될 수 있다는 것이다. 주변 지역 중심으로 새로운 물류 단지와 주거 지역이 형성될 것이고 물류 단지의 주된 통행로인 중부 고속 도로와 주거 단지가 밀집한 경부 고속 도로 중간에 자리 잡아 이미 과포화된 인근 개발 수요를 흡수할 수 있을 것으로 보인다. 그래서 경부 고속 도로를 중심으로 개발이 집중되던 것을 분산하는 효과를 가져올 것이다.

　서울~세종 고속 도로 개통이 되면서 IC 인근 땅값은 치솟고 있다. 오포 IC가 신설되는 경기 광주시 오포읍은 착공 시점인 2017년에만 땅값이 평균 3.39%가 올랐다. 2018년 5.45%, 2019년 4.38% 각각 올랐다. 모현 IC가 신설되는 경기 용인시 처인구 모현읍 일대 지가 상승률도 2017년(2.18%) 이후 연평균 4~5%씩 상승세다. 경기 안성시 금광면 일대 땅값도 매년 오르고 있다. 안성시 금광면 오산리 일대 도로변 자연 녹지 지역 땅값은 2018년 3월 기준 평당 34만 원이었는데 2021년 1월 평당 60만 원으로 올랐다.

　2026년 말 최종 개통되면 큰 수혜를 받는 지역 중 한 곳이 세종시로 예상된다. 현재 세종시의 부동산 경기는 역대 최악이다. 아파트 가격도 땅값도 바닥이다. 따라서 향후 2년간 공사가 진행됨에 따라 서서히 부동산 가격도 회복될 것으로 예상된다. 그 외에도 대통령실 이전의 이슈가 있고 그동안 꾸준히 이슈가 되는 국회 의사당 이전도 세종시의 땅값에 장기적 변수가 될 예정이다.

　현재 시점에서 가장 주목해야 할 지역은 원삼 IC가 들어서는 용인시 처인구 원삼면 일대다. 원삼면은 2019년 원삼 IC 반경 3㎞ 이내에 SK하이닉스 반도체 클러스터 유치가 확정됐고, 이후 땅값이 가장 많이 올랐다. SK하이닉스는 용인시 원삼면 죽능리, 독성리, 고당리 415만㎡ 규모에 약 122조 원을 투입해 반도체 생산·연구 시설을 짓는다. 한국부동산원에 따르면 2019년 용인 반도체 클러스터 일대는 1년 만에 지가가 15% 정도 올랐다.

최근 좌항리 인근에는 원룸을 건축할 수 있는 땅을 중심으로 가격이 급등하고 있다. 아마도 본격적으로 건설 인력이 들어오기 때문에 미리 땅값이 움직이는 것으로 보인다.

3. 세계 최대의 반도체 클러스터 호재 지역

국토 교통부가 2024년 12월 26일 용인 반도체 국가 산단의 산업 단지 계획 승인을 완료하고 국가 산단으로 지정했다. 용인 반도체 국가 산단은 728만㎡ 부지에 대규모 팹(반도체 제조 공장) 6기와 3기의 발전소, 60개 이상의 소부장 협력 기업 등이 입주하는 대형 국가 전략 사업이다. 전체 단지 준공 시까지 최대 360조 원에 이르는 민간 투자가 이뤄져 160만 명의 고용과 400조 원의 생산 유발 효과가 기대되는 국책 사업이다.

정부는 당초 제시한 목표인 2025년 3월보다도 3개월 앞당겨 국가 산단을 조기 지정했다. 후보지 선정부터 산단 지정까지 4년 이상 소요되던 시간을 1년 9개월로 획기적으로 단축했다. 그만큼 완공 시기도 앞당겨졌다. 용인 반도체 국가 산단은 반도체 산업 특수성을 고려한 특화 산단으로 설계하고 배후 주거지인 이동 공공 주택 지구는 주거와 문화를 혼합한 '산업 중심 복합 도시'로 조성한다. 평택의 고덕 신도시가 어떻게 형성되고 부동산 가격이 어떻게 올랐는지 참고하면 이곳도 어떻게 변할지 예상할 수 있다.

이동 공공 주택 지구는 약 1만 6,000가구로 조성하고, 팹 1호기가 가동되는 2030년에 맞춰 첫 입주를 개시할 계획이다. 산단과 인접한 하천을 통해 연결된 수변 공간 등을 중심으로 먹거리, 볼거리, 즐길 거리가 집적된 특화 공간을 조성한다고 하니 대규모 문화 도시가 하나 탄생할 것 같다.

토지 투자 관점에서는 교통 기간망 등 인프라도 확충이 중요한데 산단을 관통하는 국도 45호선 이설·확장 사업과 산단 중심으로 격자형 고속 도로망을 구축한다. 이미 구축돼 있는 경부·영동 고속 도로와 함께 서울~세종 고속 도로 및 반도체 고속 도로도 구축해 고속 도로망이 완성될 예정이다.

특히 주민들의 출퇴근 편의를 위해 경강선 등 연계 철도망 구축(제5차 국가 철도망 구축 계획)도 추진할 계획이다. 이 노선이 확정되면 용인시 처인구의 땅은 가치가 많이 상승할 것으로 예상된다. 왜냐하면 현재 에버라인은 1량으로 운행되는 경전철이어서 지하철 연계나 수송 인원의 한계와 서울로의 접근성에 시간적 한계가 있는데 경강선이 연장되면 서울로 접근성이 대폭 개선되기 때문이다.

현재 전 세계 반도체 업계는 소리 없는 전쟁 중이다. 엔비디아를 선두로 AI 반도체가 대세로 자리 잡고 TSMC의 파운드리 반도체 사업에 밀린 대한민국 1위 기업 삼성전자가 절치부심 칼을 갈고 있다. 땅 투자 지역에서 1순위는 정부의 국책 사업 지역이고 2순위는 대기업의 공장 건설 등 일자리와 인구 유입, 교통망 개선이 기대되는 지역인데 용인 반도체 클러스터 국가 산단은 정부 정책과 대기업 투자라는 두 가지가 동시에 접목된 대형 호재다. 향후 삼성전자 기흥 캠퍼스와 화성 캠퍼스, 평택 캠퍼스와 연계해 용인 반도체 메가 클러스터 지역을 점으로 이어 보면 확실한 땅 투자처가 보일 것이다.

현재는 토지 거래 허가 구역으로 지정됐지만 향후 용인의 남사읍과 이동읍은 땅 투자의 핵심 지역이 될 수밖에 없다. 땅 투자의 관점에서 용인 땅은 황금알을 낳는 거위다.

전설처럼 떠도는 유명한 일화가 있다. 신도시 조성 공사가 한창 진행 중이던 경기 성남시 판교 신도시 주변에서는 토지 보상금으로 460억 원을 받은 70대 노부부의 이야기다. 이 부부는 1964년 이곳 땅 2만 평을 평당 100원에 산 뒤 축사를 지어 가축을 기르다 판교 신도시가 개발되면서 평당 230만 원의 보상금을 받았다.

흥미로운 사실은 이 부부가 당시에 판교 땅을 살 것이냐, 고향인 강원 철원군을 선택할 것이냐를 놓고 한동안 고민했다는 점이다. 그때만 해도 철원의 땅 시세는 평당 200원으로 판교의 2배였지만 지금은 판교의 약 15분의 1인 평당 15만 원 선에 불과하다. 판교는 이제 더 이상 투자할 땅도 없고 가격도 비싸다.

그럼 다음으로 유망한 지역은 어디일까? '땅' 하면 판교 못지않게 관심을 끄는 곳이 용인이다. 경기 용인시 일대는 서울 강남과 가깝고 각종 개발 호재가 많아 오래전부터 주요 투자처로 꼽혔다. 용인은 수지구, 기흥구, 처인구 세 개의 지역으로 나뉘는데 땅 투자 유망 지역은 면적이 가장 넓은 처인구다. 수지구는 이미 개발이 완료된 상급지고 기흥구도 가격이 만만치 않다. 처인구는 용인에서 면적이 가장 넓고 개발할 땅이 많다. 특히 반도체 클러스터 국가 산단이 들어오는 처인구 남부 원삼면, 남사읍, 이동읍은 향후 큰 변화가 있을 지역이다.

용인의 땅 역사를 한번 살펴보자. 용인 시청 신청사가 입주해 있는 용인시 삼가동 일대의 땅값은 2001년, 2002년까지만 해도 평당 50만 원에서 70만 원이었다. 하지만 2004년 용인 시청 신청사가 들어서고, 용인시 구갈동과 포곡읍을 잇는 용인 경전철(길이 18.3km) 노선이 이 지역을 통과하게 됐다. 2005년부터 공사가 본격화되면서 현재 도로와 가까운 곳은 평당 1,000만원에서 1,500만 원으로 올랐다.

용인시 동부 지역인 양지면과 원삼면은 전원주택지를 찾는 수요가 꾸준히 몰리면서 땅값이 6년 전에 비해 3배 이상으로 올랐다. 양지면은 인구가 급증해 읍 지역으로 승격을 앞두고 있다. 원삼면 좌항리와 사암리의 논, 밭, 임야 가운데 전원주택을 지을 수 있는 땅은 2001년에는 30만 원 선에 거래됐으나 현재 시세는 200만 원 선이다.

용인 지역은 아파트나 타운 하우스, 전원주택을 지으려는 개발 수요가 꾸준해 특별한 호재가 없어도 매년 땅값이 10%씩은 오른다. '분당급 신도시' 후보로 유력하게 거론됐던 용인시 남사읍 등 용인 남부 지역은 동탄 2신도시 발표로 전보다 분위기가 침체되다가 반도체 클러스터 발표 후 땅값이 많이 오르고 있다. 용인시 이동면 송전리,

묘봉리, 화산리 일대 동탄 2신도시와 가까운 곳도 투자로 유망하다.

4. 비수도권 국책 개발 사업 지구

땅 투자 유망 지역은 대한민국 인구의 절반이 모여 있는 수도권이 최선호 지역이다. 하지만 비수도권에도 향후 투자로 유망한 지역이 있다. 다만 국가에서 추진하는 국책 개발 사업이라도 무산될 확률이 있기 때문에 잘 살펴보고 타이밍에 맞게 진입하는 것이 중요하다. 적어도 실시 계획 인가 승인 이후의 사업을 투자하는 방법이 안전하다. 전국에 진행 중인 투자 유망 지역을 살펴보자.

중부권에는 2024년 11월 개통한 서해선 복선 전철과 장항선 복선 전철, 평택선 열차에 이어 12월 서부 내륙 고속 도로(평택~부여 구간)가 개통됐다. 서해선은 홍성역에서 서화성역을 잇는 연장 90㎞의 신설 노선으로 하루 왕복 8회 운영되고 있으며, 미연결 구간인 서화성~원시 구간 4㎞가 2026년 3월 완료되고 경부선 KTX와 연결되면 충남 혁신 도시 성장이 가속화될 것이다.

수혜 지역은 경기도 화성 송산역 인근과 충남 당진의 합덕역이다. 그동안 서해안은 철도가 없어 수도권으로 진입에 어려움을 겪었는데 이번 철도망 신설로 교통망이 개선됐다. 따라서 충남 도청 소재지인 내포 신도시 인근과 충남 당진시가 땅 투자 유망 지역이다.

전라권에서는 토지 투자 유망 지역으로 새만금을 빼놓을 수가 없다. 전라북도 군산(비응도)과 부안(대정리)을 연결하는 33.9㎞의 방조제를 축조한 후 간척 토지와 호소를 조성하여 국토의 효율적 활용을 도모한다는 취지에서 1991년 착공에 들어간 국책 사업이다. 22조 원 규모의 국책 사업으로 국제공항과 국제항, 수변 도시, 국가 산업 단지, 교통망 확충 등 단일 규모로 개발되는 도시로서는 최대 사업이고 첫 삽을 뜬 지 30년이 넘은 지금도 여전히 개발이 진행 중인 프로젝트다. 따라서 매수 타이밍을 잘 판단하고 투자를 해야 한다.

이곳의 개발 변곡점은 정치적인 요소가 많이 좌우할 것으로 판단된다. 개인적으로 투자 시점은 이곳 지자체, 광역 단체장, 정권이 일치하는 시기가 투자 적기일 것이라고 예상한다. 개별 지역으로는 새만금과 접하고 있는 군산과 부안의 인접 땅을 주목하기 바란다.

부산, 경남권에서는 가덕도 신공항 개발 사업이 중요하다. 2023년 3월 14일 기본 계획 용역 중간 보고회가 개최됐는데 2029년 12월 매입식 공법으로 개항을 추진 중이다. 신공항 개항으로 교통망 확충이 필수적이다. 24시간 운영 공항을 위한 도로 확충과 철도망 구축 및 공항 배후 도시와 산업 단지가 생길 예정이다.

투자 유망 지역으로는 가덕도 인근 창원시 진해구 동부권 일대(용원동, 안골동, 두동, 남문동)가 진해신항 호재와 더불어 강세가 예상되고 부산시 강서구 일대(녹산동, 명지동, 지사동) 거제시 장목면 일부도 수혜 지역이다.

경남 거제시는 남부 내륙 철도 건설이라는 겹호재가 있다. 서울에서 거제까지 2시간대로 주파가 가능한 KTX로 2022년 1월 13일 기본 계획 확정 고시 후 2027년 개통 예정이다.

남부 내륙 철도의 신설역 주변이 투자 대상이다. 가장 앞서 나가는 곳은 통영역이 신설되는 죽림동의 통영 역세권 개발 사업으로 2022년 12월 국토부의 투자 선도 지구에 선정돼 공사비 6,500억 원 사업비가 투입 확정됐다. 종착역인 거제시 사등면 사곡리는 이미 가격이 상승 중이며 향후 계속 상승이 예상된다. 또한 거제가 전국 일일 생활권으로 바뀜에 따라 거제 전체가 관광객 유입으로 숙박 시설 부지, 근린 생활 시설 부지가 필요해 가격이 상승할 요인이 있다.

거제와 더불어 대표적인 섬인 남해도 호재가 있다. 여수 남해 해저 터널 사업이다. 경남 남해시 서면 서상리와 전남 여수시 삼일동 신덕항이 해저 터널로 연결되는 사업이 확정돼 2024년에 착공해서 8년의 공사 기간을 거쳐 2032년에 개통 예정이다. 여수에서 남해까지 1시간 20분이 걸리던 시간이 10분으로 줄어드는 획기적인 교통망 개선 사업이다.

보령 해저 터널 이후 상승한 땅값을 참조하면 이곳의 땅값 흐름을 예측 가능하다. 남해는 현재 독일마을, 미국마을 등 이국적으로 조성된 마을로 많은 관광객이 찾아오고 유명 골프장과 5성급 신라호텔 모노그램 남해의 착공이 2025년 확정되는 등의 호재로 제2의 전성기를 맞이하고 있다.

제주도는 '땅 투자' 하면 빠지지 않고 등장하는 지역이다. 유네스코가 지정한 세계 자연 문화유산의 섬 제주도는 성산 신공항 기본계획 고시로 땅 투자 관점의 새로운 변곡점을 맞고 있다. 처음 계획이라면 2024년 공항이 개항해야 되는데 이제야 발표 후 10년 만에 기본 계획 고시가 확정됐다. 그만큼 찬반의 논란이 많은 사업이다.

　현재도 논란이 많지만 제주 2공항 발표로 땅 투자로 큰돈을 번 사람들이 있다. 이제 두 번째 기회가 올 것이다. 현재 제2 공항이 건설 예정인 서귀포시 성산읍은 토지 거래 허가 구역으로 지정돼 있기 때문에 외지인이 토지를 사기 쉽지 않다. 그래서 성산읍과 접해 있는 구좌읍, 표선면의 토지 거래가 더 활발하다.

　제주는 지목이 임야인 토지가 육지처럼 경사도의 영향을 거의 받지 않고 완만한 지형이 대부분이다. 그래서 외지인의 구입이 까다로운 농지보다 임야에 투자하기가 더 낫다. 다만 제주에만 있는 특별법(지하수 자원, 생태계, 경관 보전)을 검토해서 개발과 건축이 가능한 땅을 사야만 투자 가치가 있다.

　2025년 1분기 제주도는 부동산 경기가 거의 바닥권이다. 육지도 규제가 거의 없다 보니 제주까지 투자할 투자자들이 내려오지 않고 각종 고물가, 바가지 상술 등의 악재 속에 부동산 경기가 좋지 않은 상황이다. 하지만 반대로 생각하면 지금 땅 투자를 생각하는 사람들에게는 기회가 될 수 있다. 제주도는 지금 좋은 땅을 저렴한 가격에 구입할 수 있는 기회다.

　현재 상황에서 제주도 땅에 투자한다면 제2 공항의 이슈가 있는 동부의 성산읍 인근이다. 제주의 동부 지역은 제주 전체에서 개발이 더딘 지역이기 때문에 공항 이슈가 아니더라도 시간이 지나면 땅값이 오를 수 있는 지역이다. 따라서 실수요를 겸한 땅 투자(예를 들어 세컨드 하우스 용도)를 해 놓으면 향후 10년 내 크게 수익을 줄 수 있는 곳이다.

다만 공항은 다양한 변수도 존재한다. 제주 신공항 하나의 호재만 보고 투자할 계획이라면 공항 진척 상황을 좀 더 면밀히 지켜본 후 투자하는 신중함이 필요하다. 2024년 말에 발생한 무안 공항 여객기 참사의 원인으로 조류 충돌이 지목됐다. 제주 신공항 인근에도 4곳의 철새 도래지가 있어 향후 사업 추진 상황을 지켜보고 투자 타이밍을 노려야 한다.

여러 호재가 겹친 지역에 땅 투자를 할 때는 현명함이 필요하다. 그래서 어떤 하나의 사업이 좌초되거나 지연돼도 다른 사업으로 인해 호재를 상쇄할 수 있는 지역의 선정이 무엇보다 중요하다. 제주 동부 지역의 경우는 스마트 시티 조성 사업과 스마트 혁신 도시 조성 사업도 함께 추진되므로 제주 신공항과 연계된 중요한 중산간 도로인 1136번 도로 주변의 땅을 주목하면 좋을 것이다.

땅 부자들 시대사 4

2021년
강남 컨테이너 할아버지의 반전

서울 강남은 부의 상징이다. 강남 중에서도 도곡동은 타워팰리스라는 부의 상징이 된 건물이 있는 강남 중에서도 노른자 땅이다.

2021년 화제가 된 이야기다. 도곡동에 컨테이너에서 생활하며 주차장 관리를 하고 있는 할아버지가 알고 보니 약 1,300평의 시가 2,000억 원(추정)의 땅을 가진 땅 부자라는 사실이 알려지며 많은 사람에게 검소하게 사는 할아버지의 삶이 재조명됐다.

보통 이 정도 재산을 가진 땅 부자라면 정말 화려하게 살거나 남부럽지 않게 떵떵거리며 살 거라고 생각하기 쉽다. 특히 이곳은 양재역을 자주 다니는 사람이라면 누구나 아는 땅일 것이다. 양재역과 도보 5분 거리의 이 땅 주변에는 농구 선수였던 방송인 서장훈 씨의 빌딩도 있다. 예전에는 힐스테이트 갤러리라는 대기업 임대 주택 전시관으로 15년간 연간 임대료 15억 원에 임대가 됐다가 지금은 기간 만료로 건물은 철거되고 토지인 상태다.

단순히 기사로만 봤을 때는 이해가 되지 않는 부분이 많다. 이렇게 큰 부자인 할아버지가 어떤 이유로 컨테이너에서 생활하며 주차 요금을 받으면서 살아왔는지에 대해서 사람들은 궁금했다. 실제로

'컨테이너 할아버지'로 불리며 할아버지 부부는 이곳 땅 한편에 6평 짜리 컨테이너를 두고 생활을 하셨다고 한다. 이 땅 주변에 오래된 집을 갖고 있었지만 대부분은 컨테이너에서 생활했다고 한다. 아마도 주차 관리를 하며 집에 왔다 갔다 하는 것보다 이곳에서 거주하며 관리하는 게 더 편했던 모양이다.

땅 일부라도 떼서 팔면 주변의 좋은 집에서 살 수 있었겠지만 너무나 검소하게 사는 모습에 주위 사람들은 한편으로는 안타까워했다고 한다. 특히 이 땅을 임차하고 있던 현대건설 관계자들은 컨테이너에서 생활하며 주차 관리하던 할아버지가 이 땅의 주인이라는 사실을 알고 크게 놀랐다고 한다.

할아버지 부부는 왜 이렇게 살았을까? 할아버지는 원래 부자였을까? 그건 아니다. 할아버지는 서초구 양재동에 있던 말죽거리 토박이였다. 1974년도에 농사를 지을 목적으로 땅을 매입해 꾸준히 농사를 지었다. 겨울에는 논에 물을 부어서 막아 스케이트장으로 만들 정도로 땅을 활용할 줄 아는 분이었다. 그러다 강남이 본격 개발되면서 도시 지역으로 편입됐고 그때부터 계속 이 땅을 갖고 있었다고 한다.

보통 사람이라면 땅이 개발되면 중간에 팔 수도 있지만 할아버지는 단 한 평의 땅도 팔지 않고 갖고 있었다. 일평생 땅을 갖고 있다 보니 점점 가치는 올라가고 땅 부자가 된 것이다. 조금 올랐을 때 팔았다면 이렇게 큰 땅 부자가 되지는 않았겠지만 장기간 보유하다 보니 큰 부자가 됐다.

할아버지는 이 땅뿐만 아니라 다른 땅도 있었는데 그곳에는 빌딩을 올려 월세를 받았다. 할아버지는 늘 임차인들을 생각하는 마음에 몇십 년간 임대료는 올리지 않고 임차인들에게 갑질을 하지 않아서 착한 건물주로 칭송을 받았다고 한다. 빌딩은 강남에 총 6채나 보유하고 있다고 한다. 역시 진정한 부자는 돈만 많다고 되는 건 아닌 것 같다.

그렇게 땅 부자로, 착한 임대인으로 살다가 몇 년 전 할아버지는 돌아가셨다. 할머니는 임차인들이 부담스러워할까 봐 할아버지의 부고를 전하지 않았다. 하지만 소문을 듣고 임차인들이 찾아와 고인의 명복을 빌며 슬퍼했다고 한다. 세상에 부자는 많지만 컨테이너 할아버지는 다른 사람들에게 베풀며 검소하게 살다가 편안히 눈을 감으셨다.

할아버지가 돌아가시면서 이 땅은 유족에게 상속됐고 2024년 이 땅은 거래가 됐다. 최초에 언론에 나왔던 2,000억 원에는 못 미쳤지만 약 1,100억 원정도에 매각됐다. 매각 내용은 아래와 같다.

- 소재지: 서울특별시 강남구 도곡동 914-1
- 용도 지역: 제3종 일반 주거 지역
- 지목: 답
- 토지 면적: 4,189㎡(1,267.17평)

- 거래가: 1,171억 원
- 토지 평단가: 9,241만 647원
- 거래일: 2024년 7월 18일 / 2024년 7월 24일 (소유자 4인, 지분 거래)

이 땅은 거래까지 마쳤기 때문에 이제는 다른 관점에서 이 땅을 한번 살펴보자. 부동산 전문가의 입장에서 보면 할아버지가 검소하게 살 수밖에 없는 이유를 몇 가지 찾을 수 있다.

먼저 세금에서 그 이유를 찾을 수 있다. 할아버지는 보유한 땅과 건물에서 납부해야 할 세금이 아마도 많았을 것이다. 실제로 할아버지의 재산 관리인이 할아버지가 호화 생활을 하면 내야 할 세금을 위해 대출을 받아야 한다고 이야기한 걸 보면 실제로 그럴 확률이 높다.

매년 올라가는 기준 시가 등 세금의 기준이 상승하면서 재산세, 종부세, 임대 소득세 등 세금이 점점 늘어 주차장 관리를 하며 살다 보면 생활의 여유가 없었을 것이다. 또한 생전에 할아버지는 자신이 편안히 살기 위해 임차인들의 월세를 올리는 건 임차인들에게 죄를 짓는 것이라고 말했다고 한다. 결국 매년 할아버지가 내야 할 세금은 늘어나는데 월세는 그대로이다 보니 늘어나는 세금을 내면 실제로 생활비는 빠듯했을 확률이 높다.

이번에는 양도 소득세를 살펴보자. 건물 임대가 끝난 후 건물이 철거되고 나대지 상태가 되어 땅을 놀리면 비사업용 토지로 분류돼 일반 세율이 아닌 고세율(중과세)로 세금을 매긴다. 그래서 할아버지의 자문 세무사가 세금을 절세할 목적으로 주차장 용도로 사용할 것과 컨테이너 설치를 권유했을 것으로 추정된다.

이 정도 규모의 땅과 빌딩을 갖고 있는 사람이라면 당연히 자문을 하는 세무사가 있었을 것이다. 세무사는 합법적으로 절세 방법을 제시해 건물 철거 후 그냥 빈 땅으로 놀리지 말고 주차장으로 운영하라고 조언했을 것이다. 주차장으로 계속 운영하면 이 땅은 사업용 토지가 되고 고세율(10% 추가)이 아닌 일반 세율의 세금을 낼 수 있기 때문이다. 그래서 그 당시 〈중앙일보〉에 나온 세테크 때문에 컨테이너에 살았다는 기사는 사실일 확률이 높다.

다만 할아버지가 의도했다기 보다는 고세율의 세금을 합법적으로 절세하는 방법과 임차인을 배려하는 할아버지의 마음이 결합돼 만들어진 결과가 아닐까 싶다.

컨테이너 할아버지의 사례처럼 땅은 어떻게 활용하느냐에 따라 세금에서 차이가 많이 난다. 사업용 토지와 비사업용 토지의 구분은 지목상 용도로 사용하는지 여부에 따라 판단한다. 예를 들어 농지면 농사를 지으면 사업용이고 농사를 짓지 않으면 비사업용이다. 사업용 토지의 조건은 세 가지가 있는데 아래 내용 중 한 가지라도 해당되면 사업용 토지로 인정받는다.

첫째, 양도일 직전 3년 중 2년을 직접 사업에 사용.

둘째, 양도일 직전 5년 중 3년을 직접 사업에 사용.

셋째, 보유 기간 중 보유 기간의 60% 이상을 직접 사업에 사용.

따라서 나대지 상태로 땅을 보유하고 있다면 땅을 놀리지 말고 합법적인 사업용으로 사용해서 절세할 수 있는 방법을 고민해 보자.

여전히 땅 투자를 망설이지만 땅 부자가 되고 싶은 여러분에게

돌이켜보면 나도 땅을 사서 물린 적이 있다. 모든 사람이 갖고 싶고 필요한 땅을 사야 하는데 내가 보기에 좋고 마음에 드는 땅을 샀더니 덜컥 물려 버렸다. 그때 깨달았다. 나조차 땅을 살 때 이런 실수를 하는데 일반인이야 오죽하랴. 하지만 이런 계기가 나에게는 오히려 땅으로 꾸준히 자산을 쌓을 기회를 줬다. 실패 없는 성공이 어디 있겠는가?

이 책에서 소개해드린 성공 사례와 실패 사례는 실화를 바탕으로 내가 재구성했다. 땅 때문에 울고 웃으며 진정한 부자가 되기 위한 과정을 여러분은 어떻게 느꼈는가? 사람은 누구나 부자가 되고 싶어 한다. 한번 태어난 인생, 자신의 노력으로 열심히 일해서 번 종잣돈으로 어디엔가 투자해서 부자가 되고 싶은 마음은 누구나 갖고 있을 것이다.

대한민국은 땅덩어리가 좁아 예전부터 땅이 귀했다. 그리고 땅은 모든 부동산의 근원이다. 예전부터 우리 조상들은 대대로 땅을 귀하게 여기고 땅을 통해 부를 물려주려고 애썼다. 명당에 묘를 써서 자손들에게 좋은 기운을 물려주려 애썼고, 배산임수의 기운 좋은 곳에 터를 잡아 대대손손 살기를 원했다. 땅의 좋은 기운이 후대에도 영향을 미친다는 생각을 했기 때문에 그렇게 했을 것이다. 그래서 땅을 단순히 돈을 버는 수단으로 보기보다 한 발 더 나아가 좋은 땅의 기운을 통해 대대손손 잘 살고 싶다는 소망을 전달하는 하나의 방법으로 땅을 귀하게 여기고 소중하게 대했는지도 모른다.

나는 이 책을 통해 '땅 투자는 어렵다'는 막연한 인식을 바꾸고 싶다. 어려운 용어와 복잡한 공법 등 기술적인 측면보다는 땅을 소중하게 생각하고 귀하게 여겼던 사람이 결국 땅 부자가 된다는 단순한 진리를 알려 주고 싶다.

입지가 좋은 땅은 그 가치가 올라갈 수밖에 없다. 땅으로 부자가 된 사람들의 공통점은 입지 좋은 땅을 오랫동안 보유했다는 사실이다. 100세 시대다. 100년이란 세월 속에 우리가 땅을 투자할 수 있는 기간은 얼마나 되겠나? 기껏해야 50년에서 60년이다. 그 세월 동안 적으면 서너 번 많아도 10번 이내의 땅을 투자할 수 있을 것이다. 어쩌면 태어나서 단 한 번도 자기 이름으로 땅을 가져 보지 않고 죽는 사람도 많을 것이다. 땅은 그런 존재다. 단 한 번 투자했는데 100배,

1,000배가 올라서 부자가 될 수 있는 가능성, 우리 같은 서민들에게 희망을 줄 수 있는 존재다. 적어도 대한민국 안에서 땅은 앞으로도 영원히 서민들에게 희망을 주는 아이콘일 것이다.

나도 좀 더 많은 사람에게 이런 땅에 대한 가치를 전달하기 위해 강의도 하고 또 집필을 이어 나갈 것이다. 이 책을 읽는 여러분도 이 책으로 땅 부자에 한 발 더 다가서길 기대한다.

끝으로 이 책을 쓰는 데 소중한 영감과 정보를 주신 유마켓의 박 대표님, 제주의 진경임 소장님, 항상 나에게 힘을 주는 사랑하는 가족, 어머니, 형, 주수, 승우, 동우, 필준, 지훈, 성동, 찬호, 그 외 이 책을 출간하는 데 도움을 주신 모든 분께 감사드린다.

절대 변하지 않는 부를 축적하는 비결

한국의 땅 부자들

© 정병철 2025

인쇄일 2025년 3월 13일
발행일 2025년 3월 20일

지은이 정병철
펴낸이 유경민 노종한
책임편집 이현정
기획편집 유노북스 이현정 조혜진 권혜지 정현석 **유노라이프** 구혜진 **유노책주** 김세민 이지윤
기획마케팅 1팀 우현권 이상운 **2팀** 이선영 최예은 전예원 김민선
디자인 남다희 홍진기 허정수
기획관리 차은영
펴낸곳 유노콘텐츠그룹 주식회사
법인등록번호 110111-8138128
주소 서울시 마포구 월드컵로20길 5, 4층
전화 02-323-7763 **팩스** 02-323-7764 **이메일** info@uknowbooks.com

ISBN 979-11-7183-092-3 (03320)